상상력으로 교육에 말 걸기

공간, 시간, 소리, 색채에 관한 교육학적 성찰

상상력으로 교육에 말 걸기
—공간, 시간, 소리, 색채에 관한 교육학적 성찰

첫판 1쇄 펴낸날 2011년 5월 16일
첫판 3쇄 펴낸날 2017년 6월 1일

지은이 | 송순재
펴낸이 | 박성규
펴낸곳 | 도서출판 아침이슬
등록 | 1999년 1월 9일(제10-1699호)
주소 | 서울 은평구 불광로 11길 7-7
전화 | 02) 332-6106
팩스 | 02) 322-1740
이메일 | 21cmdew@hanmail.net

ISBN 978-89-6429-116-0 03370

상상력으로 교육에 말 걸기

송순재 지음

아침이슬

헌정

소중한 가르침을 생각하며

김정환 선생님과 안드레아스 플리트너 Andreas Flitner 선생님께

서문

    우리 학교현장을 위한 근본 문제들이 무엇일까 한번 찬찬히 생각하고 싶었다. 하지만 보통 담론들처럼 논리적 체계를 따르기보다는 '이야기'를 하기로 했다. 교육학을 이론적 체계에 따라 논하면 그 자체로야 명석하겠지만 현실과는 늘 일정한 거리가 생겨서, 그와는 좀 다른 식으로 접근하고 싶었기 때문이다.

    이 구상에서 두 가지를 염두에 두었다. 첫째, 실제 살아오면서 내가 경험한 이야기, 혹은 내가 들은 이야기, 혹은 다른 사람의 이야기나 문헌 속에 등장하는 이야기들을 이론적 논의와 엮어서 썼다. 여기에는 생활에서 얻은 단순한 이야기, 수필, 시, 대화록, 명상록, 전시회 팸플릿 같은 다양한 글쓰기 양식들이 한데 어우러져있다. 모두 손끝이 가닿는 범위와 지평에서 거두어들인 이야기들이다. 사례나 예문들은 그 뜻을 생생하게 전달할 수 있도록 가능한 한 있는 그대로 살리려 인용했지만, '언제나' 굳이 해석을 가하지는 않았다. '이야기'와 '이론'은 앞서거니 뒤서거니 하면서 글 전체를 구성한다. 단, 이렇게 엮인 글들은 완결된 형태를 취하기도 하지만 종종 단초를 제시하기도 한다. '생각의 조각'들을 이어붙인 여백이 있는 글이라고나 할까? 그 여백은 의

도적이며 독자 스스로의 '교육철학적 사유'와 독자들 간의 '대화'를 위한 자리를 뜻한다. 논의 맥락에서 이야기들이 이어져갔으면 하는 바람이기도 하다.

둘째, 내용은 체계화된 주제에 따른 이론적 물음, 예컨대 "교육학이란 무엇인가?"라는 거창한 물음에서 시작하지 않고 교육적 일상에서 부딪치는 문제에서 시작하려 했다. 일상의 문제들을 따라가면서 교육의 실제적 국면들을 직간접적으로 경험하고, 또 이런 경험 속에서 자기 이론을 차츰 형성해갔으면 하는 생각 때문이다. 글이 너무 산만하지 않도록 시작과 그침이 있도록 했고 그 사이에 장과 절을 나누었다. 각각의 문제 속의 하부 주제들도 나누어 배열했다. 각 문제와 주제들은 제각기 독자적인 '마당', 즉 '판'이 있어 그 판을 중심으로 논의를 펼쳐낼 수 있다. 공간, 시간, 소리, 색채는 바로 그 이야기판을 위한 문제들이다. 이런 식으로 계속해서 형태, 음식, 대화, 교류, 산보, 수행, 예술, 생태 같은 주제들로 계속 이어갈 수 있겠다. 하룻저녁 자리를 펴놓고, 부담 없이 혹은 호젓한 숲길을 걸어가며 즐거운 마음으로 여기저기 둘러보며 친구들과 이야기꽃을 피우고 싶다.

일상의 이야기들이란 바꾸어 말하면 '문화'에 대한 이야기들이기도 하다. 교육을 제도나 방법에 치중하여 다루거나 교육문제 자체에 함몰시켜 다루어 삭막하게 만들기보다는, 문화적 맥락에서 교육을 조명해 보고 싶었다. 교육은 문화적 환경 속에서 탄생하는 삶의 현상이어서 그런 방식으로 다룰 때 논의 전체가 생기를 띨 수 있으리란 생각이다. 문화적 맥락에서 다룰 때 교육학적 논의는 자연스레 '통섭적 성격'을 가지게 될 터이니 하나의 주제 속에서 다양한 분야와 영역들이 서로 엮이고 대화를 나눌 수 있으면 하고 바란다.

이 글을 구상하면서, 교육학을 처음 공부하는 학생들은 물론, 교육현장에 대해 늘 성찰하려는 교사들과 교사들의 대화모임, 그리고 우리 교육의 생산적 방향을 모색하는 학부모들을 염두에 두었다. 이 글 도처에는 종교적 함의가 깔려있기도 하다. 교육의 종교적 차원을 위한 몫이다.

네 가지 주제를 배열했으되 각 장마다 제 나름의 구조를 가지고 있으므로 굳이 순서대로 읽을 필요 없이 손에 잡히는 대로 읽는 것도 괜찮겠다.

첫째마당 공간을 쓰면서 학교건축 전문가인 크리스티안 리텔마이어 교수와 유익한 대화를 나누었다. 독일의 사례 하나를 건네주셨는데 많은 공부가 된다. 색채연구가 장형준 교수님(모닝필디자인, 홍익대)은 넷째마당 색채 부분에서 긴요한 가르침을 주셨다. 두 분께 깊이 감사드린다. 또한 더불어 이야기하기를 즐겨 하는 아내 최영란 님은 달팽이 그림 사진 등 일상에서 끄집어낸 소재를 찍은 사진 몇 장을 이 책을 위해 건네주었다. 지면을 빌어 고마운 마음을 전하고 싶다.

원고를 잘 살피고 비판적 의견을 전해준 오랜 친구 김종구 선생님께 깊은 감사의 마음을 전한다. 감리교신학대학교의 동료 교수들과 제자들, '대화와 실천을 위한 교육사랑방'의 여러 선생님들 등 우리 학교 교육의 변화를 모색하기 위해 함께 뜻을 나누어온 선생님들은 이 책의 숨은 대화자들이다. 두 손 모아 감사드린다.

오늘 하루의 아름다움을 위하여
2011년 봄, 냉천골에서 글쓴이

서문 · 6

첫째마당 공간

삶의 근본 조건으로서의 공간 · 17

집이라는 공간 · 22
    집, 공간구성과 공간체험을 위한 기본적 자리
    집, 의미 지향성을 담아내는 자리

학교공간 건축을 둘러싼 이야기 셋 · 28
    일본의 자유학원
    리텔마이어 교수의 학교건축 연구
    러시아의 아름다운 학교운동

학교공간의 교육학적 조성을 위한 제안 · 42
    철학이 녹아있는가?
    몸과 마음에서 느끼고 누릴 합리성과 안전성
    아늑함과 트임
    삶의 분지화와 전체성
    민주적 공간과 통제식—권위주의적 공간
    아름다움
    내면성
    생동성
    전통과의 교류
    생태적 시각
    함께하는 집짓기 프로젝트

상상력이 살아있는 학교공간 · 92

〈부록 1〉 지체장애의 한계를 넘어서 · 99

〈부록 2〉 학교공간 건축에서 고려할 사항들 · 105

둘째 마당 시간

인간, 시간적 존재 · 117

삶의 계획으로서의 시간과 희망 · 122
    삶을 위한 계획과 삶의 형식
    공자가 그렇게 말한 까닭
    삶의 계획이 좌초하다—'희망'을 말하기 위한 기회

학교교육 현장에서 시간이라는 문제 · 137
    기계화되고 표준화된 시간, 그리고 빠른 속도
    서양의 옛 가르침—수도원의 '감속 명령'
    시간과 권력욕구에 관한 명상
    소위 '조기교육'이라는 것이 요구하는 빠르기
    빠른 속도와 '속사포 문화', 느린 속도와 느린 아이
    옛 선비의 하루생활
    논어에서 시습(時習)이라는 뜻
    시간을 넉넉하게 쓰는 '여유학습'
    자발성과 율동이 경험되는 시간표 짜기
    파편화된 시간과 몰두하는 힘
    시간, 죽음, 영원에 관한 물음

셋째 마당 소리

소리, 모든 생명체가 저마다 내는 목소리 · 185

소리—가르침과 배움의 자리에서 · 192
　　인간 형성과 언어와 음악을 위한 소리
　　마음을 이끄는 소리
　　불러일으키는 소리, 타악기, 전혀 다른 음악수업
　　소리와 몸가짐에 관한 옛사람들의 감각
　　소리 내어 읽기
　　음악, 철학, 문학
　　볼 수 있는 말, 볼 수 있는 음악—오이리트미
　　소리와 또 다른 과학수업
　　고요한 소리, 내적 고요, 종교적 세계
　　잃어버린 식물의 언어—자연의 소리는 들을 수 있는가?
　　작은 목소리로 말하는 이유
　　소리와 음악을 통한 치료기법

소리 없는 소리를 들을 수 있다면 · 255

넷째
마당

색채

색채에 의한 세계 경험 · 259

　　색채에 대한 탄성
　　색채를 입은 만물

색채가 존재하는 이유—괴테의 색채론과 교육적 함의 · 263
　　괴테가 이해하는 색채라는 현상
　　색채의 내면적 형성력

슈타이너의 색채론과 교육적 함의 · 269

색채 체험과 표현을 통한 내면의 형성 · 275
　　색채와 빛의 경험
　　자연에서 취한 색
　　그림으로 그려본 색채
　　색채, 과학적으로 해명해보기
　　이야기로 경험하는 색채의 세계
　　시와 동시로 경험하는 색채
　　가곡에서 만나는 색채
　　학교공간의 색채
　　옷 색과 화장 색
　　색채심리학과 미술치료요법

우리 색은 어디에?—교육적 물음으로서 · 308
　　오색 한지공예 색
　　흰 옷과 흰색
　　도자기색
　　오늘날은 어떠한가?

잃어버린 진실—종교적 색채와 빛 · 327

첫째마당

공간

"정말 그랬다. 거기에는 달리지 않는 진짜 전철 여섯 량이
교실용으로 덩그러니 놓여있었던 것이다!"
─구로야나기 데츠코, 『창가의 토토』

삶의 근본조건으로서의 공간

언제부턴가 집에 대한 관심이 생겨 이곳저곳을 둘러보는 버릇이 생겼다. 이십오 년 전쯤이었던가? 충청북도에 있는 한 작은 사진관에서 본 사진이 기억난다. 아주 오래되어 퇴락한 한옥 사진이었는데, 이 집을 보면서 무어라 형언할 수 없는 느낌이 절로 일어났다. 그 까닭인즉슨 다만 그곳에 몸을 붙여 살다간 많은 사람들과 삶의 역사에 대한 상념에서뿐 아니라, 그렇게 생긴 집의 모양과 이제는 세월이 너무 지나 아마도 더 이상 살 수 없으리만치, 그래서 곧 허물어질듯 서있는 그 집의 모양에서, 참으로 기묘한 멋을 맛볼 수 있었기 때문이다.

공간은 시간과 더불어 사람이 생을 영위해가도록 해주는 근본조건

---

* 이 장은 필자가 『좋은 교육』(문음사, 2007)에 기고한 글 "멋진 학교공간 짓기"(259~281)를 재구성하는 식으로 대폭 수정 · 보완한 것이다.

중 하나다. 나는 땅에 발을 딛고 서서 주위를 둘러보고 하늘을 바라보는 식으로 삼차원적 공간을 내 의식 안에서 건축한다. 그 공간은 내가 발을 딛고서 앞으로 옆으로 뒤로 움직여 나아갈 때마다 매번 새 옷을 갈아입고 나타난다. 공간을 벗어난 삶이란 생각할 수 없다.

공간은 주어지는 동시에 내가 스스로 구성할 수 있는 것이기도 하다. 나는 차를 타고 무작정 멀리 여행을 떠나 여기저기 작은 동산, 숲이 우거진 높은 산, 계곡, 마을, 일구어진 밭, 계단 모양으로 된, 혹은 바둑판같이 정렬된 논을 스쳐 지나간다. 이 모두는 주어진 것이다. 그러나 그렇게 스쳐 지나가는 것들 중 마음에 드는 곳이 있어 차에서 내려 하룻밤을 유숙한다고 치자. 그러면 그곳은 내가 선택한 공간이라는 점에서 단지 여기저기에 있는 공간들과는 그 뜻이 다르다. 나아가 그곳이 좋아 집을 짓고 산다면 그 공간은 보다 다른 차원에서 의미를 획득하게 될 것이다. 내게 주어진 자연이 있는가 하면 내가 꾸민 정원이 있다. 이렇게 자연을 재구성하는 순간 나에게는 전혀 다른 공간이 나타난다. 집에서 가구를 가끔 바꾸어 배치하는 것도 그러한 공간 구성을 위한 우리의 욕구를 반영하는 것이다. 여기서는 특정한 공간 안에서 사물들 사이의 균형감각과 조화, 생동감이나 역동성, 파격성 그리고 갖가지 미적인 감각들이 작용한다. 어떤 식이든 이렇게 구성된 공간을 바라보고 그 안으로 들어가면서 나는 그 공간의 주인이 창조한 전체 구조, 그 안에 배치된 사물의 형태, 색깔, 빛이나 조명도 같은 것들에서 특별한 인상을 받는다. 안정된, 활발한, 환상적인 느낌을 받거나 불안한, 혼란스런 혹은 위압적인 느낌을 받기도 한다. 이 모두 제각각 공간에 특정한 의미를 부여하는 정신작용 때문에 나타나는 현상이다. 이는 달리 말해서 공간체험이라 할 수 있다. 역사라고 하는 것은 이렇게 저렇게 공간을 체험하면서 살아낸 삶이기도 하다.

이런 맥락에서 오토 프리트리히 볼노(Otto Friedrich Bollnow)[1]는 "체험된" 공간에 대하여 말했다. 그것은 단순히 물리적, 기하학적으로 측정할 수 있는 공간이 아니라, 특정한 계기를 통해서 의미가 부여되어 있는, 다시 말해서 삶의 체취가 묻어있는 공간을 일컫는다. 학창시절 다녔던 교정을 밟을 때, 지금은 시집간 딸이 쓰던 방에서, 북녘 고향땅을 생각하면서 나는 남다른 느낌을 가지게 되는데, 이것이 바로 체험된 공간이다.

특정한 공간체험은 나의 내면세계를 의미있게 형성하기도 하고 부정적으로 작용하기도 한다. 교사라면 이런 체험이 어린이와 청소년들에게 교육학적으로 쓸모있게 되도록 애쓸 것이다. 다시 말해서 '공간의 교육인간학적 문제'라 하겠다. 어떻게 하면 특정한 공간형태가 인간의 내면을 유의미하게 자극하고 불러일으키는지, 어떤 형태와 색채와, 어떤 분위기와 어떤 사물과 가구 배치가 그렇게 하거나 그렇게 하지 못하는지 묻는 것이다. 또 사람들마다 나름대로 반응하는데 그 개개 이미지는 어떠한지에 대해서도 생각할 수 있다. 이는 여러 공간에서, 즉 집에서, 거리에서, 학교와 자연에서 찬찬히 새겨보아야 한다. 도시건축이나 거리의 배치와 조성 그리고 그 안에서 움직이는 사람이나 자전거나 자동차의 속도, 이 모든 것들 속에서 어린이와 청소년들은

---

1) 볼노는 실존철학, 인간학, 생철학, 정신과학과 해석학 같은 여러 영역에서 자신의 철학과 교육학을 구축하면서 역사적으로 다대한 업적을 남긴 이로, 우리의 주제를 '교육인간학'의 관점에서 심도 있게 밝혀낸 바 있다. 이 대목에서 과거, 현재, 미래라는 시간적 흐름에서 개진된 볼노의 논지를 부분적으로 다른 말로 풀어 소개하였다. Otto Friedrich Bollnow: 『교육의 인간학 Pädagogik in anthropologischer Sicht』, 오인탁 · 정혜영 역(문음사, 1999).

특정한 느낌과 인상을 받으며 이를 서서히 체화해 나간다. 어떤 보행속도나 어떤 주행속도는 거리를 안정감 있고 활기차게 하지만, 질주하는 자동차, 늘 자동차에 위협받는 인도 같은 것들은 불안을 가중시킨다. 일을 위한 공간구조가 있다면, 놀이와 산책을 위한 공간구조는 분명 이와는 달라야 한다.

자, 이제 학교건축물이 그 외양과 내부구조라는 점에서 이곳에 사는 사람들에게 얼마나 매력적인지 한번 물어보자. 교육학적 안목에서 사람들이 이 문제에 관심을 기울이기 시작한 것은 그리 얼마 되지 않는다. 그런가 하면 굳이 사람의 손으로 지은 집 말고 '자연'이라는 자리도 교육적인 공간이 될 수 있는데 이런 문제도 마찬가지다. 강, 계곡, 동굴, 바다, 들판, 하늘, 땅, 이 모두 나름대로 특정한 공간을 형성한다. 동일한 공간이라 할지라도 우리가 이를 어떻게 체험하느냐, 이것과 어떻게 관계를 맺느냐에 따라 공간은 개개인에게 전혀 다른 것을 뜻할 수 있다. 볼노는 이를 특정하게 교육인간학적 관점에서 밝혀내고자 했다. 이를테면 인간에게 '거주(居住)'란 특정한 공간에서의 체류를 뜻하는 것만이 아니라, 엄연한 노력에 의해 비로소 획득되어야 하는 것으로, 즉 "인간이 그 안에서 자신의 공간과 관계하는 어떤 특정한 인간의 내적 상태"를 뜻한다는 것이다. 현대인이 도시에서 잃어버린 고향은 다시금 거주함을 배우는 과정에서 되찾아질 수 있다. 그래서 교육이 중요한 것이다. 또 다른 문제로 우리는 종종 소년들이 나무에 기어오르거나 미지의 동굴을 탐험하려 드는 식의 행동을 볼 수 있는데, 부모는 이를 불안해하면서 억제하려 들지 말고 십분 발휘하도록 해야 한다고 한다. 왜냐하면 이는 일찍이 프뢰벨(Friedrich Fröbel)이 이 현상을 "공간을 정복하려는 자연적 욕구의 발로"로 표현한 것처럼, 자라나는 청소년들이 공간과의 관련성 속에서 자기를 특정하게 방향 지우려 하는 내적 태도이기 때문이라는 것이다. 그렇게 하지 않고 보호하려 들기만 한다면 아이는 온실 속 화초나 안방샌님으로 갇혀버리고 만다. 우리는 오히려 그러한 요구를 적극 고무할 뿐더러, 나아가서는 뒤로 물러서서 주저하는 아이들을 그러한 방향으로 이끌어내야 한다. 내적 욕구는 그러한 공간과의 교류를 통해서 발산되고 강화되고 이를 통해 자라나는 아이들의 인격이 생명력 있게 형성되기 때문이라는 것이다. 이와 같이 체육에서 '뛰어오름(Springen)'은 중요한데, "뛰어오름으로써 안전한 바닥에서 분리되어 자유로운 공간에 자신을 내맡기기 때문이다." 역시 "방랑이나 노천에서 밤을 지새우는 것" 같은 행위들도 모두 이러한 맥락에서 교육학적 과제가 된다.[2] 이렇게 볼 때 교육학적인 공간 문제는 다만 학교건축공간을 어떻게 조성하느냐 하는 문제에 국한되지 않는다. 그것은 아이들이 다양한 공간구조와 유의미하게 교류하게끔 돕는 과제이기도 하다. 이는 학교교실과 마당 뿐 아니라, 다채롭고 심오하게 전개되어있는 수천수만 겹의 자연세계 같은 공간과 그 안에서 이루어지는 특정한 활동들, 즉 춤이나 무술, 체육, 장거리 도보 여행, 산행, 야영과 수영 같은 활동들 안에 함축되어있는 체험의 문제를 뜻한다.

---

2) Otto F. Bollnow: 『교육의 인간학』, 137~153, 특히 148~151.

집이라는 공간

집, 공간구성과 공간체험을 위한 기본적 자리

공간구성과 공간체험을 위한 기본주제로 그저 '집'이라는 보통명사에 초점을 맞추어 이야기를 풀어보기로 하자. 집은 인간이 스스로의 거주를 위해 조성한 것이라는 점에서, 동굴이나 숲속 어느 아늑한 자리를 이용한 원시적인 형태에서부터 고도의 정신적 표현을 담아낸 현대적 작품에 이르기까지, 역사적으로 또한 세계적으로 아주 다채로운 면모를 보여준다.

나는 자연스레 형성된 촌락에서 볼 수 있는 가옥의 형태나 배치구조에서 혹은 현대의 잘 발달된 건물이나 고층빌딩의 형식에서 이런저런 느낌을 가진다. 작은 산들을 배경으로 몇 십 채 안 되는 작은 농가들이 옹기종기 모여있는 마을에서는 인간이 자연에 기대어 서로 어울려 사는 정경이 눈에 잘 들어온다. 농가는 대개 뜰이 열려있어서 쉬이 왕래할 수 있고, 저녁이면 서로들 둘러앉아 한판 벌일 수 있는 터도 있고, 담도 나지막하여 서로 건너다 볼 수도 있다. 하지만 수천, 수십만 채 건물이 군집해있는 대도시에서 자연 위에 군림하고 있는 인간의 거주방식을 보게 된다.

요즈음 집들은 이전 집들과는 비할 데 없이 편리해졌고 그 모양새도 기기묘묘하다. 그러나 그 모양새란 이전에 우리가 자연에서 찾던 우리들 특유의 삶의 양식과 아름다움 같아 보이지는 않는다. 도시의 집은 농가처럼 뜰이 없거나, 담도 높고, 대량생산의 요구에 부응하기 위해서 대충 비슷비슷한 형태를 띠고 있다. 도시의 건물에서 무엇보다도 유감스러운 건 건물이 그 개성적 얼굴을 잃어버렸다는 것이다. 현대식 농가가 이전의 가옥구조를 버리고 도시의 건물형태를 따라가기 시작하고 있는 것도 요즈음 경향이다. 부엌은 입식으로 바꾸고 방도 보일러 시설을 들여와 무척 편리하게 만들었다. 농촌에 대한 도시의 영향력 때문이다.

하기야 농가가 본래의 모습을 잃어버리게 된 것은 요즘 일이 아니다. 그건 사십여 년 전부터 시작된 '새마을운동'으로 거슬러 올라간다. 이때 농촌의 생활개선이라는 취지로 도입된 것이 여럿 있었는데 그 중 하나가 가옥 구조개량이다. 그렇게 해서 좋아진 것도 있지만 그렇지 못한 것도 있다. 지붕 모양이 그렇다. 짚을 엮어 덮던 것을 슬레이트로 바꾸고 양옥 기와를 올려 색을 칠했다. 지붕이 가옥 전체에서 차지하는 비중이 이다지 큰 것임을 나는 이 지붕을 볼 때마다 새삼 느끼게 된다. 이 지붕 모양 때문에 간혹 지방을 다닐 적마다 기분을 잡치고 만다. 슬레이트 지붕은 초가의 두툼한 두께나 둥근 선과는 비할 수도 없으려니와 원색으로 새빨갛게, 새파랗게 칠해놓은 지붕은 원래 초가 지붕이 만들어내던 훈훈하고 따뜻한 느낌을 대신할 수 없기 때문이다. 우리는 예전엔 이렇게 각진 선이 아니라 둥근 선을 애호하였고, 흙이나 자연에서 얻은 색으로 단장을 하였다. 그런데 지금 이렇게 농가 지붕에 칠해진 '빵끼 색'은 과연 무엇인가? 색이 어떤 정신적인 상태를 나타내거나 형성한다는 사실은 이미 괴테(J. W. von Goethe)가 이야기한 바 있거니와, 당시 우리네 농촌개발정책에서 이 점까지 고려할 만한 여유나 여지는 없었던 것 같다. 결국 십분 공들여 생각하고 가꾸어야 할 우리들 정신생활이 단순한 기능성과 편리함이라는 그늘에 갇혀버린 셈이다.

나는 현대적 첨단도시의 길거리와 골목길을 걸으면서 종종 생각하곤 한다. 도대체 이런 건축양식은 어디서 온 것일까? 물론 일본을 거쳐서 그리고 미국의 영향 아래 서구화과정에서 지어진 것이 대부분임은 두말할 나위가 없다. 하지만 웬만해서 흡족한 마음을 갖기는 어렵다. 건물과 거리들은 종종 무질서하고 불안정한 느낌을 자아낸다. 그리고 높은 빌딩들이 늘어선 거리나 끝도 없이 지어진 아파트 숲을 보면서, 여기서 어떻게 사람과 삶을 위한 철학이 가능할까 하는 의구심이 든다. 또 지방도시 어디를 가든 왜 그렇게 특색 없이 '서울 같은 거리'와 '서울 같은 빌딩'들로만 되어있는지 묻곤 한다. 일단은 생존과 개발이라는 각박한 삶의 현실을 헤쳐 나오느라 거기까지 신경을 쓸 수는 없었다고 답할지 모르겠다. 그렇다면 지금은 꽤 먹고살 만한 생활수준인데도 집이나 거리는 왜 여전히 그런가?

옛 서울문리대 자리에 들어선 대학로를 문화의 거리라고 하는데 난 도통 이게 무슨 말인지 알 수가 없다. 그 난삽한 느낌을 무어라 표현할까? 인사동 거리를 요즘 현대적으로 조성한 결과, 사람들은 북적이지만 그 풍경이란 역시 황당하다. 옛 거리의 정취는 온데간데없고 심지어 옛 한옥들 사이에는 고층빌딩들이 불쑥불쑥 들어서있다. 낙동강이 휘감아 도는 아름다운 하회마을이 관광명소가 되면서부터 이 고유한 역사적 자리는 너무도 간단히 망가져버렸다. 새로운 아름다움을 짓지는 못할망정, 제대로 이어가지도 못하는 사정이 안타깝다. 그래도 경남의 정여창 선생 고택이 자리한 전통마을들처럼 손때 묻지 않은 남녘의 어느 마을 거리를 돌아볼 수 있었던 것은 분명 고마운 일이었다. 숱한 건물과 거리들의 무미건조함 혹은 아름답지 못함은 추악한 간판의 형태와 색들 때문이기도 하다. 이 간판만 두고 보더라도 그것이 돈 문제만이 아님은 분명하다. 안타깝게도 '아름다움'은 그저 일부분 잘 다듬어 조성한 민속촌이나 관광명소에서 찾아볼 수 있다. 그러나 이러한 '아름다움'(?)은 일상과는 관계없는 것이다. 돈을 주어야 입장할 수 있는 곳이 대부분이고, 들어가서도 박제화된 사물들을 보는 것으로 만족할 수밖에 없기 때문이다. 나는 그 까닭을 아름다움이라는 가치가 일상생활에서 돌봄을 받지 못하고 학교교육에서도 그저 별 볼일 없는 것으로 치부되어온 때문이 아닌가 생각한다. 한마디로 그런 교육을 받지 못했기 때문이다.

집, 의미 지향성을 담아내는 자리

집이 서있거나 자리잡고 있는 모양이나 형세를 보고 어떤 멋과 아름다움을 느끼며 혹은 그와는 반대로 좀 어설프고 이건 아니라는 느낌을 받게 되는가 하면, 나아가서는 어떤 특정한 정신적 상태—안정감이나 불안정감, 약동감이나 정체감, 따뜻함이나 차가움, 억누름이나 해방감을 주는 식으로, 혹은 진정성이나 사이비에 관련된 느낌으로서, 그것이 긍정적이든 부정적이든—를 느낄 수 있다는 사실은 인간학적으로 보아 흥미로운 주제임에 틀림없다. 왜 이런 느낌을 가지게 될까? 사람들이 이 집이라는 것을 그저 무작정 살기 위한 단순한 도구로서가 아니라, 공간체험이라는 점에서 나름대로 힘을 들여 표현해낸 정신적 양식 때문이 아닐까. 모든 집은 일정한 의미 지향성을 담아내고 있을 터이니.

단순한 형태의 농가나 민가가 보통 사람들이 일하고 살아가고 휴식하고 사회적으로 관계 맺는 방식을 담아내고 있다면, 사찰이나 교회, 서원 혹은 웅장한 궁전 같은 경우 명백히 어떤 특정한 지향성을 나타내고 있다. 궁전은 왕실의 위엄과 권위 그리고 통치권을 나타내기 위해 웅장하게 서있지만, 불교 사찰에서 특히 탑 같은 구조에서 탑의 각 층들은 다른 존재를 떠받치기 위해 스스로를 하부에 위치시키면서 전체구조를 만들어냄으로써 겸비(謙卑)를 나타낸다. 그런가 하면 고딕식 교회당의 뾰족탑은 하늘과 신을 숭배하기 위한 인간의 신앙심을 나타내며, 종종 유럽의 교회당 조감도에서 볼 수 있듯이 십자가 형태로 배치된 건물구조 역시 이 종교의 핵심적 상징을 나타내준다. 이런 유에 비해서 우리 강산 각처 산수 좋은 곳에 자리 잡은 서원들은 비교적 자그마한 형태로 단청 같은 것은 될수록 쓰지 않고 소박한 여인네처럼 웃음 짓고 서있다. 이런저런 건축양식에서 볼 수 있듯 초가지붕의 둥근 선이나 기와집이나 궁전 건축의 추녀에서 찾아볼 수 있는 선의 아름다움은 모두 우연한 것은 아니다. 마찬가지로 흙벽돌로 쌓아 올린 민가나 농가의 벽 색깔이나 나무기둥의 색깔이 자아내는 정감어린 분위기도 우연한 것이 아니고, 사찰의 단청들도 우연한 것이 아니다. 이러한 소재와 형태, 색, 문양들 모두는 특유한 미의식과 정신세계를 반영하는 방식들이었던 것이다.

학교공간 건축을 둘러싼 이야기 셋
—학생들의 삶과 학습을 위한 공간으로 만들기 위해

이제 학교건축물과 그것이 만들어내는 공간에 대해서 눈길을 한번 돌려보자. 학교가 다만 공부하는 곳일 뿐 아니라, 우리 어린이와 청소년이 대부분의 시간을 보내는 삶의 공간이라는 점에서 이 문제에 대해 생각해보자.

그 한 가지 사례로 교실공간의 구성 문제 같은 것이 있다. 같은 수업 내용이라도 어디서는 아주 성공적으로, 어디서는 아주 불만족스럽게 이루어지는 경우가 있는데, 그 까닭은 종종 교실의 공간구조 때문인 듯 싶다. 교실의 형태나 책걸상의 배치구도, 조명도 같은 요인들이 만들어내는 특정한 분위기가 이미 학생들의 의식 상태를 긍정적으로든 부정적으로든 일정한 방향으로 이끌어가고 있기 때문이라는 뜻이다. 이 말이 참이라면 부정적으로 작용하는 교실공간들은 어떠한 조건들을 새로 충족해야 하는가? 이런 방향에서 거듭 물음을 제기해볼 수 있다.

우리의 학교건축물 구조는 흔히 일본제국주의 통치기의 학교 조성 방식으로부터 얼마나 자유로우며 또 얼마나 새로운 방향을 모색하고 있는가? 학교건물구조가 병영과도 흡사하다는 말은 참인가? 수위실은 위병소, 운동장은 연병장, 교실은 막사, 이런 식으로……. 교육을 훈육으로 이해한 일제는 교육공간, 즉 교지(校地)와 교사(校舍)의 구조를 그저 되는 대로가 아니라, 일제식 훈육에 들어맞도록 조성했다. 운동장은 연병장 구실을 하고, 교장실은 관리통제를 위해 중앙에 자리잡고, 교실 내부구조는 일사불란한 규율에 따른 수업이 가능하도록 시선이 정면을 향하도록 했다. 교실은 정돈과 청결의 원칙에 따라 유지하고, 교실, 복도, 휴게실 등은 학생들의 미감을 고려하면서, 모범을 따르고 일본을 배우도록 하기 위한 문자, 그림, 지도를 배치하도록 했다.[3] 이 구조는 해방 후 50여 년이 지나도록 큰 틀에서 그대로 답습·유지되었던 것이다. 1950년대 후반 그리고 60년대 이후 지속적으로 증가하는 학생 수를 고려하여 1969년에는 「학교시설·설비기준령」(이후 14차 개정)이 제정되었고, 이 기준령에 의거해 '학교표준설계도'가 만들어졌다. 이 설계도에 따라 대부분의 학교가 지어졌는데, 이는 그저 학생을 수용하고 가르쳐야 하는 현실적 필요에 부응하기 위한 것이었을 뿐, 그 외양이나 내부구조에 어떤 참신한 생각을 반영한 것은 아니었다. 개발독재시대를 거쳐 1990년대 말경에 이르기까지 형편은 대체로 그러하였다. 학교건축물들은 대부분 과거를 답습하는 정도로 남아 있으며, 개성 있는 건축물들을 찾아보기는 어려우며, 대도시의 대규모

---

3) 이호진: "교육 100년 교사 100년", 『한국교육신문』, 1999.4.26～1999.11.29 연재기사 참조: 김진균 외 "일제하 보통학교와 규율", 『근대주체와 식민지 규율권력』, 김진균·정근식 편저 (문화과학사, 1997), 110～111.

학교들은 보통 네모지고 각진 커다란 틀 속에 빽빽하게 자리잡은 교실들로 이루어진 건축물 구조를 보여주고 있다. 기능주의적이거나 권위주의적이거나 획일적인 범주를 크게 벗어나지 않는다.

이 와중에서 근래 들어 새로운 방향을 향한 의미있는 움직임이 감지되고 있다. 그것은 먼저 법령상의 변화에 관한 것으로 교육부가 새로운 사회적 변화와 교육적 요구에 부응하여 종래의 '기준령'을 대폭 개정하는 법률을 제정하고, 1997년 9월 「고등학교이하 각급학교 설립·운영규정」(대통령령 제15483호)을 공포한 것이다(8차개정 2008. 2. 29. 대통령령 제 20740호). 그 핵심은 학교공간이 종래의 표준화 기준을 상당부분 벗어나서 새롭고 다양한 교육관에 상응하여 건축될 수 있도록 법적 근거를 마련하려는 데 있었다. 이에 따라 학교건축 전반에 있어 어느 정도 유연한 접근이 가능해졌다고 할 수 있다.[4]

또 하나는 현장에서 이 문제를 둘러싸고 고조되고 있는 교사들의 비판을 들 수 있다. 이대로는 더 이상 안 되겠다는 것이다. 그런가 하면 신축을 하거나 재건축 중에 있는 학교건물들에서 기존의 틀과는 좀 다른 건축기법을 도입하고 있는 것도 역시 그 징후 가운데 하나라 할 수 있겠다. 그러나 좀더 정확히 말해서, 문제는 아직 초보적인 수준에 머물러있는 것으로 보인다. 새로운 법적 변화에도 불구하고 아직까지는 새로운 감각이 살아있는 건축물 공간을 찾아보기가 그리 쉽지 않기

---

4) 1990년대 말까지의 상황에 대해서는 다음 연구가 상세하다. 한용진 외 : 「21세기를 위한 학교 건축모형개발」(교육부 학제간 연구지원 사업에 의한 연구), 1999. 이 연구에는 근대기 우리나라 학교 건축에 관한 상세한 분석과 해법 문제가 국내·외의 풍부한 사례와 함께 다루어지고 있다. 아울러 김지원 : 「학교공간에 대한 교육철학적 고찰」(고려대학교 석사학위논문, 2000), 13~19 참조.

때문이다. 아마도 그런 정도의 법적 개선 조치만으로 문제의 본질에 다가가기에는 제반 여건이 턱없이 부족한 것이 아닌가 하는 의구심이 든다. 넘어야 할 산은 많고 극복해야 할 문제는 산적해있다.

이를테면 교육현장에서는 학교건축에서 단위학교가 자유롭게 사업을 수행할 수 있는 여지가 제한되어있다는 비판이 종종 제기되고 있다. 혹은 최근 지어지는 학교건축은 거의 같은 모형을 찍어내는 식이라는 비판도 들려온다. 건축행정은 전반적으로 불투명하고 또 전문적인 건축가가 마음놓고 활동할 수 있는 여지가 크게 제약되어있다는 의견에 대해서 교육현장에서는 거의 이의가 없다. 폐쇄적인 행정구조가 유의미한 학교건축공간 조성 문제를 어렵게 하는 셈이다.

하지만 건축가가 독자적으로 작업할 수 있는 경우라 할지라도 문제는 여전히 존재하는데, 즉 건축가의 전문성을 확보할 수 있을지라도, 이것이 다시금 종종 다른 필수적 요인, 즉 교육학적인 성찰을 결여할 수도 있다는 것이다.

그 한 예로, 유럽에서는 1970년대 사회적 학습이나 민주화라는 모토 아래 학교건축이 이루어진 적이 있다. 그 방향에서 독일의 한 직업학교(하노버 시)에서는 '기회균등'이라는 교육적 이념 아래 창문 없는 교실을 만들었다. 여기에는 책걸상 자리를 비추는 등의 빛을 동일하게 하고, 어떤 학생만이 창문 곁에 앉는 특혜를 누리도록 해서는 안 된다는 생각이 반영되어있었다. 하지만 이것은 교육학적 이념을 건축에 무사려하게 그대로 전치(轉置)한 경우로 오늘날에는 건축가의 우스꽝스런 발상으로 종종 평가된다.[5]

이 점에서 학교건축에서 건축전문가의 역할은 불가결하지만, 동시에 위험요소로 간주될 수도 있음을 지적하고 싶다. 학교건축에서 교육학적 성찰이 필요하다면 그것은 어디서 또 어떻게 구현되어야 할까?

그러나 현장에서 이러한 논의 수준은 아직 요원해 보인다.

나아가서 학교공간 조성에서 또 한 가지 중요한 문제는 이를 건축물 조성이라는 완결된 작업으로서가 아니라, 끊임없이 함께 완성해가야 할 과제로서 이해하는 일이다. 이 과제는 전문가로서의 건축가의 몫이라기보다는 모두의 몫에 해당한다. 그것은 건축가가 기초설계 단계에서부터 교육학자와 교사와 학부모들과의 다양한 의사소통 구조를 모색하도록 함으로써, 또한 무엇보다도 그 안에서 살게 될 아이들과 청소년들의 관심사를 적극 반영함으로써 비로소 가능할 것이다. 여기서 다시금 그 안에서 살게 될 이들이 함께 만들어갈 창조적인 공간 구성력이라는 주제가 중요해진다. 이 문제와 관련하여 몇 해 전 '디자인교육 새야' 출판사가 "학교공간, 어떻게 꾸릴 것인가"라는 주제하에 기획한 대담이 있는데, 교사, 건축가, 교육학자, 교육행정가가 참여한 이 대화모임에서 나온 이야기들은 충분히 귀담아들을 만하다. 그중 우리 상황의 핵심을 드러내주는 대목 한 부분을 인용해보자.[6]

우리 사회의 관료조직은 원천적으로 상상력을 허용하지 않습니다. 학교를 짓는 과정에서 교사와 학부모, 지역주민이 함께 생각해볼 여유란 없

---

5) Christian Rittelmeyer: "Qualitätskriterien schülergerechter Schulbauten. Ein Einblick in die internationale Schulbauforschung", *Lernraum Schule. 1. Maler Symposium Architektur & Pädagogik* (15. Mai 2008), Gelsenkirche: Bund Deutscher Architeken BDA 2009, 9.

6) 『디자인교육 새야』는 이 대담을 5(2004년 여름)에서 다른 다섯 편의 글과 함께 엮어 실었다 (50~63, 특히 58). 이 글들 모두 현재 우리 학교공간조성을 위해 시사적인 내용을 담고 있다. 그 주제는 다음과 같다: "창조적 학습 환경 조성을 위한 연구 보고서—영국정부의 학교시설 혁신 프로젝트"(64~73); "이우학교의 교실 디자인—건축가 리포트"(74~81); "도덕교과교실 구성—공항중학교 사례"(82~85); "하자작업장 학교의 작업방 사례"(86~91); "영국 킹스데일 학교재건축 프로젝트"(92~101).

어요. 개교 날짜는 정해져있는데 급히 예산 책정하고 토지 매입하고. 그러다보니 실제로 학교에서 생활하는 교사와 학생 얘기는 거의 못 듣는 거죠. 학교가 내 것이라는 생각으로 같이 만들어야 할 조직, 주체가 있어야 하는데, 지금은 서울시 교육청이 맨 꼭대기에 있습니다. 마을마다 학교를 지어도 그 마을 사람들, 주체들의 의견을 받아들일 통로가 없고, 책임질 사람도 없죠. 앞으로 교사들과 함께 설계를 점검할 수 있는 제도를 만들어야 해요. 또한 공개 입찰을 하다보니까 건축가가 정말 능력이 있는지 어쩐지도 알 수 없죠. 공무원 사회에서 강조하는 투명성, 공정성 때문에 실질적 질을 담보할 수가 없는 겁니다. 부실공사나 상납 등도 근절시켜야 하는데 업자나 교수들은 학교건축의 어두운 면을 드러내려고 하지 않더군요. 학교건축에 관한 한 복마전이 건축설계 단계에 도사리고 있는 셈인데 말입니다.

　　　　　　　　　—당시 서울시 교육위원 안승문 선생의 이야기 중 한 대목

이 문제의식을 배경으로 우리 상황을 비판적으로 조명해줄 만한 세 가지 사례를 살펴보고 싶다.

일본의 자유학원

나는 몇 해 전 일본 동경 미나미사와 지역 한구석에 위치한 유서 깊은 '자유학원'을 방문한 적이 있다. 숲이 우거진 드넓은 부지에 자리잡은 교사는 본관을 중심으로 사이사이 잘 가꾸어진 연못들과 함께 참으로 평화롭고 조화로운 자태를 보이고 있었는데, 특히 눈에 들어온 것은 대부분이 1층으로 지은 교사건물들이었다. 이 건물들은 가운데 초

일본 자유학원

지를 두고 ㅁ자로 배치되어 있었다. 안내하는 선생님으로부터 이런 얘기를 들었다. 이런 구조는 설립자 하니 모토코 여사의 생각을 반영한 것이라고 한다. 즉, 아이들은 늘 자연 속에서 흙을 밟으며 살아야 하는데 2층 건물이 되면 그럴 기회가 그만큼 적어지므로, 교사는 1층으로 지어야 한다는 것이었다. 1921년 하니 모토코 여사가 그의 남편 하니 요시카즈와 함께 세운 이 학교는 이들 부부의 자식양육 체험을 바탕으로 탄생한 교육적 이상에 그 뿌리를 두고 있다. 모토코 여사는 당시 일본에 체류하고 있던 미국의 유명한 건축가 프랭크 로이드 라이트 (Frank Lloyd Wright) 씨에게 자신의 교육적 이상을 제시했고, 여기에 대해서 라이트 씨는 공감을 표시하면서 흔쾌히 설계를 떠맡았다 한다. 그러나 내가 방문한 곳은 메쪼로에 처음 지어진 학교가 아니라 이를 기반으로 두 번째로 옮겨 지은 곳이었다. 다음은 자유학원 건물이 완성되었을 때 라이트 씨가 설립자에게 보낸 편지로, 교육자와 건축가가 함께 어우러질 때 얼마나 아름다운 결실을 보게 되는지 여실히 느끼게 끔 해준다.

저는 이 학교 이름에도 나와 있듯이 학교 설립의 기본정신인 자유의 이념을 마음 깊이 새기며 이 작고 아담한 자유학원 건물을 설계하였습니다. 가식적이지 않은 순수한 아이들, 그래서 행복한 아이들에게 걸맞은 하나의 소박하지만 행복한 생활공간이 되었으면 하는 바람으로 설계하였습니다.

자유학원은 이미 공인된 건축양식의 어느 한 형태를 따온 것이 아니며, 온전히 자유학원만을 위해서 새로이 설계되었습니다. 싫든 좋든 자유학원의 건축양식은 학교의 정신을 조화롭게 담아낼 수 있도록 설계된 것입니다.

감수성이 예민한 아이들은 자유학원에서 생활하면서 후에 모든 판단의 기준이 되어야 할 우정이나 아름다움에 대한 안목을 자연스럽게 체득할 것이라고 확신합니다.

사실 지금은 건축물들이 별 생각 없이 혼란스럽게 지어지고 있어서 소박한 안식처를 준다는 사실만으로도 가치가 있지만, 자라나는 아이들의 교육이라는 관점에서 본다면 자유학원의 가치는 훨씬 더 중요하게 될 것입니다.

만약에 어린아이들이 이제 막 뜨기 시작한 눈을 통해 일상에서 경험하는 단순한 일에서도 진리와 아름다움을 발견하여 자신의 정서를 풍요롭게 할 수 있으려면, 선천적인 것들을 제외하고는 아마도 환경이 가장 중요한 요인으로 작용할 것입니다. 학교건물이 진리와 아름다움을 경험할 수 있도록 배려한 조화로운 생활공간이라면, 그것은 학생들에게 주는 다른 어떤 좋은 영향중에서도 으뜸일 것입니다.

　바로 이 점을 늘 중요하게 마음에 새기면서 저와 제 동료들은 하니 부부와 상의하면서 자유학원을 설계하였고, 이제 마치 나무가 꽃봉오리를 맺고 있듯이 자유학원이 아이들을 품고 있는 것을 보니 참으로 행복합니다. 꽃봉오리들이 나무의 일부인 것처럼 아이들이 자유학원과 조화를 이루고 있고, 다시 나무가 꽃봉오리의 한 부분을 이루듯이 자유학원이 아이들의 일부가 되어있는 듯하여 참으로 기쁩니다.

　이 편지글은 미국에서 온 한 저명한 건축가가 하니 부부와 상의하면서 이 학교의 교육적 이념을 담아내기 위해 얼마나 정성을 기울였는지를 느끼게 해준다. 이 설계는 아이들을 위한 생활공간이 되도록 하였다는 점, 모모한 건축양식을 따온 것이 아니라 온전히 자유학원의 정신을 담아낸 것이라는 점, 진리와 아름다움을 경험할 수 있도록 하였다는 점, 그리고 이 과제를 위해 건축설계 팀이 하니 부부와 상의를 거듭해간 과정이 여기에 잘 드러나 있다.[7]

리텔마이어 교수의 학교건축 연구

　또 하나 건축물에 대한 교육학적 조명이라는 견지에서 1990년대 중

---

7)　하니 게이꼬: 『참자유인을 기르는 학교』, 서울평화교육센터 역(내일을 여는 책, 1999), 17~19, 28f.

독일 겔젠키르헨–비스마르크 소재 개신교 종합학교. 홀 천장과 내부 구조 전체가 변화무쌍(좌)하고 계단과 2층 천장의 구조(우)가 생동감 있다.

반 독일에서 시도된 사례를 또 하나 들어보자. 괴팅엔 대학교의 크리스티안 리텔마이어(Christian Rittelmeyer)[8) 교수팀은 학교 건축과 색채의 형상화가 그곳에 터 잡고 살아가는 학생들과 나아가서는 그들의 학습태도 및 사회적 행동양식에 있어 결코 간과할 수 없는 영향을 미치고 있음에 착안하여, 수년 동안 아이들과 청소년들이 어떻게 다양한 학교건물 형태를 체험하는지 어떤 건축학적인, 색채적 특징들이 호감을 주거나 반감을 자아내게 하는지 알기 위해 연구 프로젝트에 착수했다. 연구팀은 다양한 연령층에 걸쳐 500명의 학생들에게 배포한 설문

---

8) 괴팅엔 대학에서 교육학을 가르치다가 은퇴. 주 연구 · 교수분야는 교육이론과 역사, 교육인간학, 아동발달심리학, 교육건축 등.

지에 기초하여, 학생들의 육체적 면에 건축 형태와 색채가 미치는 작용이 어떠한지를 밝히고자 했다. 그리고 이 연구를 통해 학교건축 및 재건축의 계획과 수행에 참여한 사람들(설계가와 건축가, 교사와 교육관련 관청)에게서 학생들에게 걸맞은 학교건축이 어떻게 이루어져야 할지, 그 형상화의 특징을 위한 감수성이 일깨워졌다. 연구 결과는 『학교건축을 긍정적으로 형상화하기: 학생들은 색채와 형태를 어떻게 체험하는가 Schulbauten positiv gestalten: wie Schüler Farben und Formen erleben』(Wiesbaden · Berlin, 1994)라는 제명으로 출간되었고, 이후 이런 방향에서 많은 사람들이 학교건축을 교육학적으로 이해하고 밝히는 데 도움을 받을 수 있었다. 일깨워진 '감수성' 덕분이다. 리텔마이어 교수는 이 연구서에서 그 가장 중요한 진술을 학교건축물이 "말을 걸어오는 형상"이라는 문장으로 시작하고 있다.

학교건축물은 '말을 걸어오는' 형상이다. 그것은 학생들이 무의식적으로 인식하는 바, 특정한 소식을 표현한다. 그것은 이를테면 폭력적이거나, 활기차거나, 진지하거나, 쾌활하거나, 밀어닥치거나 혹은 해방감을 주거나 하는 식으로 나타난다. 이렇듯 학교건물의 형태와 색채와 시설이 나타내는 바는 사회적 의미 맥락에서 학생들에 의해서 긍정적으로 혹은 부정적으로 평가되는데, 이는 어찌 보면 교사의 이런저런 태도, 이를테면 사랑스러운, 아이러니한, 거부하는, 혹은 친절한 태도가 학생들에게 일정한 반응을 자아내는 것과 마찬가지 범주에 해당한다. 이 책의 포괄적인 연구 프로젝트는 독일에서 학교건물의 사회적 표현을 평가하기 위한 세 가지 근본적인 질적 범주를 탐구하기 위한 것이다. 이 속성이 표현된 후에 비로소 건축물은 호감을 준다거나, 마음을 끈다거나, 아름답다는 식으로 평가된다. 이런 것이 결여된 곳에서는 (대부분 무의식적으로) 건축물에 대하여 거부적 반응이 나타난다. 첫째로, 건물은 다채롭고 흥미를 자아낼 수 있어야 하되, 지루하거나 단조롭게 작용해서는 안 된다. 둘째로, 건물은 해방감을 주고 자유롭게 풀어주는 효과가 있어야 하되, 협소하게 하거나 억누르는 듯 작용해서는 안 된다. 셋째, 차디차거나 딱딱한 느낌보다는 온기와 부드러운 느낌을 발산해야 한다. 이 범주가 실제적으로 무엇을 뜻하는지 하는 것은 이 책 본문에서 예시하는 사진이나 그림들을 보면 잘 알 수 있다.[9]

연구팀은 여기서 한 걸음 더 나아가 다음과 같은 점을 명확히 해 보이려 했다. 즉, 우리는 학교건물을 지적이거나 인지적으로서뿐 아니라, 우리의 몸 전체를 가지고 인식하고 평가한다는 사실인데, 이런 식의 학교건축공간에 관한 연구는 지금까지 거의 시도되지 않았다는 것이다. 이러한 안목과 의도는 이런 방향에서 새로이 사고를 진작시키는 흥미롭고 인상적인 사례가 아닐 수 없다.

러시아의 아름다운 학교 운동

리텔마이어 교수팀의 연구는 이런 맥락에서 러시아에서 1997년부터 2007년까지 수행되었던 '아름다운 학교 운동(Beautiful School Movement)'을 위한 다양한 노력에 신선한 자극을 줄 수도 있었는데,

---

9) 이 책의 한국어 역본 『느낌이 있는 학교건축』(내일을 여는 책, 2005). 독자들에게 드리는 필자 Chr. Rittelmeyer의 인사말 중.

우파 511학교의 튀어나온 수도관을 활용해 교실 벽 꾸미기

이것이 세 번째 사례이다. 나는 1998년 러시아의 바슈꼬르또스탄 공화국의 수도 우파(Ufa)에서 열린 아름다운 학교 운동 제2회 행사에 참여했다가 러시아의 교사들이 학교공간을 아이들에게 친근하게, 그리고 교육학적으로 의미있게 만들어내기 위해 기울이고 있는 여러 역동적 현장을 볼 수 있었다. 그곳에서 교사들은 그들에게 닥친 재정적 재앙의 상태에도 불구하고 이를 극복하기 위해 혼신의 노력을 다하고 있었는데, 그중 하나가 학교공간을 새로이 조성하는 일이었다. 교사들은 학부모와 아이들 그리고 지역사회와의 협력적 틀 속에서 그들이 할 수 있는 한, 학교의 외관과 내부 구조를 미학적 안목에서 아름답게 만들

고자 했다. 이들의 열정적 몸짓을 처음 대했을 때 받은 감흥은 아주 특별했다. 이를테면 학교건물 외양과 내부 전체에 변화를 주어, 즉 입구로부터 시작해서 구석구석에 이르기까지 새로운 관점을 적용해서 공간을 다른 식으로 바꾼다든지, 네모진 통로 문을 아치형으로 바꾼다든지, 교실 벽의 색채를 바꾼다든지, 벽화를 그린다든지, 그림이나 화초를 이용해서 교실 공간에 생기를 불어넣는다든지 하는 다채로운 시도들이 그것이다.

이렇게 흥미를 자아내기에 충분한 사례들을 우리는 주위를 둘러보게 되면 계속해서 찾아낼 수 있을 것이다.

학교공간의 교육학적 조성을 위한 제안

　우리나라에서 학교공간 문제는 전반적으로 보아 지금까지 비교적 저열한 상태에 놓여있었다고 할 수 있겠지만, 유서 깊은 사립학교나 종립학교, 혹은 최근 대안학교나 내적 개혁을 시도하는 학교 중에는 꽤 고무적이며 이야깃거리가 될 만한 사례들을 찾아볼 수 있다.

　이를테면 이화여자고등학교(서울시 중구 정동)나 경복고등학교(서울시 종로구 청운동)가 그렇고, 혹은 이화미디어고등학교(서울시 중랑구 망우동) 같은 경우도 그렇다. 이화미디어고의 경우, 진입로 옆에 조성한 드넓은 정원이나, 원형으로 된 대규모 집회소, 숲 조성 등에서 훌륭한 안목들을 보여주고 있다. 마산성지여자고등학교(경남 마산시)의 연못은 매혹적인 느낌을 주기에 충분했다. 연못은 경사진 자연환경을 이용하여 땅을 파고 무학산에서 끌어온 물로 조성한 듯했는데, 그 옆에 가지런히 심긴 측백나무들과 잘 어우러져 한 폭의 아름다운 정경을 보여준다. 남한산초등학교(경기도 성남시)에서는 학교를 둘러싸고 있는 천혜의 자연을 배경으로 학교공간 전체를 교육학적으로 새로이 구성하려 시도하고 있다. 그런가 하면 소명여자고등학교(경기도 부천시)가 '학교숲 가꾸기' 사업의 일환으로 조성한 학교 앞마당은 아름다울 뿐 아니라 역동적인 느낌을 주어 아주 참신하게 여겨졌다.

명지초등학교(서울시 서대문구 홍은동)는 산기슭을 배경으로 도시를 내다보는 형태로 위치해 있는데, 흔히 볼 수 있는 ㄱ자 형태 구조를 벗어나 여러 건물이 복합적으로 어우러지게 하면서, 널찍한 로비를 중심으로 여러 갈래로 난 회랑을 따라 교실이 배치되도록 했다. 저학년 교실들은 복도 쪽의 벽을 터서 복도를 향해서 활짝 열린 형태로 교실들이 서로 이어지도록 했으며, 교실들마다 책걸상이 있는 부분과 앉아서 활동할 수 있는 부분으로 구획을 지었고 칠판 앞쪽에는 빈 공간을 마련하고 카펫을 깔았다. 책장은 반구형으로 복도 쪽과 교실 사이를 경계 짓는 형태로 설치했고, 뒤쪽에는 대형 게시판을 설치했다. 색채도 고려하여 저학년은 온기를 느낄 수 있는 분홍빛에서 고학년으로 올라가며 청색 계통을 사용하였다. 영어교실, 컴퓨터실 등 특정한 학과목 교실들과 아울러 과학실, 음악실, 미술실, 목공실, 조리실 등이 빠짐없이 마련되었다. 특히 음악실은 계단식 반원 형태로 마치 자그마한 콘서트홀처럼 된데다 서양악기, 전통악기, 음향시설이 잘 갖추어져서 매우 인상적이다. 운동시설로는 체육관과 운동장이 뒷산을 배경으로 잘 배치되어있고, 건물들 틈에 난 빈 공간은 두런두런 이야기도 하고, 운동도 하고, 한 학급 정도가 회의를 할 수 있는 반원 형태의 계단 구조물을 조성해 놓았다. 역시 이런 방향에서 계성초등학교(서울시 서초구 반포동), 이대부속초등학교(서울시 서대문구 대현동) 등은 기존의 틀을

이우학교

바탕으로 새로운 변화를 주거나 전혀 새로운 발상에서 접근한 시도들로 흥미롭다.

아울러 요즈음 대안학교들의 시도 역시 흥미롭다. 기존의 건축물 조성 과정과는 달리 건축학적인 동시에 교육학적인 접근 방식에 대해 유의하려 하고 있기 때문이다. 이를테면 청주양업고교(충북 청주시)는 본관 건물과 그 뒤에 이어 지은 다목적 학습공간에서 그런 안목을 보여주며, 운동장도 모두 초지로 바꾸고 연못도 들여놓았다. 신설된 지 몇 년 안 되고 열악한 재정 형편 속에서도 훌륭한 교육공간 만들기에 그간 기울였던 노력이 돋보인다. 역시 이우학교(경기도 성남시)는 건물 전체를 그렇게 좀 다른 견해를 가지고 설계·건축했고 교실 역시 그렇게 새로이 조성하려 했다. 야트막한 뒷산에서 흘러내리는 실폭포를 끌어다가 연못을 만들고 이 물이 건물 뒷마당을 통과하여 흘러내리도록 한 모양새는 학교건물이 자연과 어울리도록 배치한 것과 나란히 아주 운치 있다. 아울러 학교 구내에 숲과 정원을 아름답게 배치한 훌륭한 시도들도 언급해야겠다. 이를테면 이정혜 작가가 '교실 디자인'이라는 과제 앞에서 구상한 계획을 들어보면 다음과 같다.

- 개인의 독자적인 공간을 형성하면서도 다양한 공동체의 형태를 경험할 수 있는 책상의 형태와 유연한 배치
- 공동으로 관리하는 물품 보관장소는 다양한 크기의 수납이 가능하게
- 선생님과 학생들이 같은 눈높이로 의사소통할 수 있는 방법을 모색
- 게시판과 정보공유 장소를 적극적으로 제공
- 각자 활동에 필요한 기본면적을 최대한 확보하면서 동시에 활발한 접점을 가지도록 함

이 구상에서 중요한 것은 작가가 이 작업이 다만 자기 자신만의 작품이 아니라 학생들이 참여한 모두의 것이 되기를 바라고 있다는 점이다. 그것을 작가는 '뿌듯함'과 '착잡함'으로 표현한다.[10]

이런 사례는 계속 이어진다. 좀 오래되었거나 근래의 것이거나 모두, 우리나라에서 추구되고 있는 이러저런 시도들 가운데는 인상 깊고 역동성이 느껴지는 사례들이 적지 않다. 다만 교육이론적인 연구는 아직까지 초기단계에 있는 것으로 보인다.

이런 이야기들 속에서 점차 분명해지는 것은 학교공간조성 문제가

---

10) 이정혜: "침묵을 깨고 대화를 시작한 교실—이우학교의 교실디자인", 『디자인교육 새야』, 5(2004년 여름), 74f., 78.

근본적으로 그리고 최종적으로는 행정가와 건축가의 문제일 뿐 아니라, 학교의 실질적인 주체들, 즉 교사와 학생, 학부모와 교육이론가들의 문제라는 것이다. 양자가 적절한 대화를 통해서 상호 접점을 발견할 때 학교공간은 좀더 나은 면모를 갖출 것이다. 이 자리에서 그런 방대한 논의를 시작할 수는 없는 고로 다만 교육이론적 견지에서 가능한 몇몇 쟁점들을 추려서 살펴보고 싶다.

철학이 녹아있는가?

학교공간을 건축하는 데 철학적 관점이 바탕으로 깔려있어야 하리라는 것이다. 초등학교 건물은 대충 이렇고, 중고등학교 건물은 대충 이렇고, 대학교 건물은 대충 이렇고 등등. 나는 지금까지 본 숱한 우리 학교건축물에서 어떤 특별한 인상을 갖기 힘들었다. 대충 획일적으로 이러저러하게 만들어진 학교건축물이나 공간양식이 그 학교의 철학을 나타내고 있다고 믿기는 어렵다.

덴마크의 수도 코펜하겐이나 오덴세(동화작가 안데르센의 생애와 사상이 개화한 곳이자 덴마크 자유교육이 번창한 역사적 자리) 거리를 걷다 보면 거리 이곳저곳에 동화의 주인공들이 동상으로 만들어져 배치되어 있다. 이런 것을 일컬어 철학을 담은 거리라 할 수 있다. 이런 뜻에서 앞서 언급한 일본의 자유학원 역시 그 한 예이고, 루돌프 슈타이너(Rudolf Steiner, 1861~1925)가 스위스 도르나하(Dornach)에 지은 초창기 발도르프 교육건축물인 괴테아눔(Goetheanum, http://www.waldorf.co.kr)이 또 그런 것이다. 슈타이너는 하나의 건축물에서 '개별적 특성'이 각인되도록 했으며, 나아가서 모든 건축물의 표현 양식에서 하나의 특정한, 건축물의 기능과 상태와 결합된 '내적 자세'가 포착될 수 있어야 한다고 보았다. 괴테아눔에 대한 두 번째 설계에서 슈타이너는 그 건물이 진지하고도 엄격한 질을 갖추도록 했는데, 요는 그곳이 "정신과학을 위한 자유대학"으로서 정신적 영역을 연구하기 위한 센터임이 드러날 수 있어야 했던 것이다.[11]

우리나라에서도 최근 이런 방향에서 건축가의 철학적 안목이 잘 살아난 좀 특색 있게 지어진 건물들을 볼 수 있어서 반갑다. 그런 것으로는 아마도 동명중고등학교(건축가 정기용) 같은 사례를 들 수 있을 것이다.

> 그것은 이를테면 관리자가 보기에 효율적인 공간이 아니라, 학생들 스스로가 그 공간 안에서 스스로를 능동적으로 발견할 수 있도록 도와주는 공간을 위한 것이었는데, 이는 다시 말해서 그저 왔다갔다 다니는 학교가 아니라 학생들이 오랫동안 머무는, 삶을 영위하는 공간을 의미한다. 아울러 이 학교는 도시와 격리된 구조로서가 아니라 도시의 일부로서 형상화되도록 했다. 그리하여 크고 작은 마당들, 넓고 좁은 길들, 그리고 큰 운동장과 교사동, 강당 겸 체육관과 식당, 기숙사, 남북 축을 중심으로 조직된 정원이 고안되었다.[12]

---

11) Luigi Fijumara: "Individualität und Entwicklung, Grunlegende Motiv zur Architektur im Werk Rudolf Steiners", *Mensch und Architektur 69/70*(10/2009): 14~17.
12) 건축가가 구상한 면면을 좀더 자세히 살펴보기 위해서는 다음 글 참조. "학교공간 다시 생각한다. 반복과 차이의 공간 만들기—동명중고등학교", 『우리교육 중등』 121(2000년 3월): 134~141.

풀무학교 운동장

또 우리나라에서 거론할 만한 것으로는 운동장을 숲으로 바꾸어놓는 시도이다. 우리네 운동장이 옛 군사훈련을 목적으로 조성된 것이라면, 이 숲은 생명과 생태적 삶을 추구하는 가치를 반영하는 것이다. 언젠가 풀무농업고등기술학교의 홍순명 선생께서 대화 중 들려주신 대목이 생각한다. "아이들에게는 학교 본관 앞 빈터가 운동장 용도보다는 아무래도 숲이 좋을 것이라 생각했지요." 그래서 본관 앞 빈터를 드넓은 정원으로 만들고 그 사이에 굽이굽이 길을 내고, 또 한쪽 구석에는 연못을 만드셨다는 것이다. 물론 학교 뒤로 돌아가면 나무로 빽빽이 둘러싸인 운동장이 있기는 하다. 운동장을 그렇게 잎새 무성한 꼿꼿한 나무들로 뺑 둘러친 점도 아주 인상적이다.

한 걸음 더 나아가 바랄 것이 있다면 그것은 앞으로 그곳에서 살아가게 될 사람들의 철학적인 관심사를 명료하게 반영하는 것이다. 무슨 말인가? 그것은 교육청이나 학교 관리자의 관심사뿐 아니라, 교사들 개개인의 참여를 담보해내는 것이다. 아마도 이해 당사자들을 위한 모종의 생산적인 협의체 같은 것이 이런 차원을 가시화시킬 수 있을 것이다.

이 방향에서 본격적으로 거론할 만한 것으로는 아마도 최근 지어진 삼우초등학교(전북 완주군 고산면) 같은 시도가 아닐까 싶다. 농촌에서 폐교 위기에 처한 삼기초교와 고산서초교 학부모와 교사들이 힘을 모아 삼우초교로 다시 탄생시킨 이 학교는 생태학적 '농촌형 학교건축'이라는 지향성 속에서 학교 구성원의 주체적인 참여를 통해 지어졌다.[13] 아울러 최근 완공된 학교 도서관('만남 도서관')은 교직원은 물론 학생, 학부형, 마을 주민들의 뜻을 한데 모아 건축가 명재범 선생이 지은 것으로 사방이 툭 터진 홀을 이용하여 지식을 찾는 곳이라는 뜻을 담아 물음표 모양의 열람대를 만들고, 한쪽 벽에는 서가를 둘러쳤으며, 저학년 열람실은 동굴 모양으로 짓고 그 위에 놀이터로 다락방을 꾸며놓았다. 농촌 주민을 위해서는 비닐하우스 모양의 독서교실이나 서로간의 만남을 위해 유기농 관련 전문서적 코너를 설치하고, 갖가지 문화행사를 할 수 있는 전시공간도 설치했다.[14] 그 전체적 면모는 매우 인상적이고 도전적이다.

우리나라 대안학교들이 나름대로 다른 형태의 학교건축물이나 교육공간을 추구하고 있는 것도 바로 이런 방향의 철학 때문이다. 이를

---

13) 나영성: "작은 학교의 희망, 그 대안을 찾아서",《학교교육개혁연구회 6차 행사 자료집. 생명을 살리는 통전교육》(2007), 148~151.
14) 권복기: "만남 도서관 연 완주 삼우초교" 기사.〈한겨레신문〉2006년 12월 1일자.

테면 산돌학교(경기도 남양주시 수동면)는 풍부한 자연을 배경으로 자리잡고 있다. 교실에서는 보통 책걸상을 치우고 옛 법식대로 서안(書案)을 이용하여 바닥에서 공부하도록 하였고, 지금은 퇴락한 조선시대 말 옛 정자를 현대적으로 복원하여 교육적으로 활용하거나 옛 서원 구조를 활용한 교사 건축계획도 가지고 있다.

하지만 우리는 그러한 철학을 어떤 이데올로기에 의해 혹은 목적론적으로 규정된 목표를 추구하는 행위와 혼동해서는 안 된다. 독일 학교건축의 개척자로 평가받는 한스 샤우론(Hans Schauron)은 일찍이 이를 '현대의 프로젝트'란 동일한 것을 반복하는 것이 아니라, '변화'라고 간명하게 표현했다. 현대적 의미에서 발달과정이란 역동적이어서, 건축물이 그에 부합하기 위해서는 가능한 한 불특정적, 개방적 시각 안에서 진행되도록 해야 한다는 뜻이다.[15]

몸과 마음에서 느끼고 누릴 합리성과 안전성

아이들이 몸과 마음에서 느끼고 누릴 합리성과 안전성은 학교와 교실의 크기는 알맞은가, 공간구조 내에서 다양한 시설물들을 활용하기에 합리적인가, 다양한 수업을 소화해내기 위해서 공간구조는 유연한가, 교실의 조명도는 충분히 밝은가, 혹은 따뜻한가, 햇빛과 바람은 잘 통하는가, 또 학교에서 지내는 동안 학생들은 안전한가, 그들은 다양한 학습활동에서 충분히 보호받고 있는가 등에 관한 문제이다.

---

15) Christian Rittelmeyer, "Qualitätskriterien schülergerechter Schulbauten.", *Lernraum Schule. 1. Maler Symposium Architektur & Pädagogik* (15. Mai 2008), 8.

학교와 교실의 크기는 알맞은가? 다양한 수업을 위한 공간구조는 유연한가? 공간구조 내에서 다양한 시설물들은 활용하기에 편리한가? ―신체발달이 왕성한 초등 및 중고등학교 학생들은 신체구조상 상당한 차이를 보인다. 나는 초등학교시절부터 큰 키로 애를 먹었는데, 책걸상이 너무 작아 늘 구부리거나 쪼그리고 앉았어야 했다. 이런 난점을 개선하기 위한 노력이 아쉽다. 이를테면 높아졌다 낮아졌다 하는 걸상과 여러 가지 기하학과 미술 수업까지 잘 소화할 수 있는 책상, 혹은 밝고 경쾌한 느낌을 주는 색깔 같은 것 등을 고려한 책걸상 말이다. 몇 년 전 덴마크의 '자유학교(friskole)'에서 자체 개발한 책걸상을 본 적이 있다. 전체 구조상 학생들의 체형에 맞게 높낮이 조절이 가능한 형태의 개인용으로 환하고 밝은 색채를 띠고 있었고, 상단 전면은 어깨를 구부리지 않아도 될 만큼 앉은 사람을 향해 경사를 이루고 있었으며, 인문·자연계 교과를 자유롭게 소화할 정도로 충분한 크기와 계량 척도 표시도 갖추고 있었다.[16) 우리나라에서 이런 것으로는 앞서 거론한 명지초등학교의 열린 교실 형태가 아마도 여기에 해당하지 않을까 생각된다. 또 이 대목에서 프로젝트 수업이나 토론식 수업 혹은 협력작업을 위한 교실이나 책걸상의 다양한 배치, 혹은 때때로 쉼이 필요할 경우 쉴 수 있도록 교실 안에 작은 공간을 확보하여 바닥에 돗자리나 카펫을 깔고 소파를 놓아두는 방식에 대해서도 생각해본다. 다목적 체육시설이나 수영장 같은 시설도 그런 것이다.

주간과 야간에 교실 빛의 조명도는 알맞은가? 칠판은 사방좌우에서

---

16) 요즈음 우리 학교에서도 높이를 조절할 수 있는 의자가 제작·보급되기 시작하고 있다. 그러나 개별적인 신체구조에 잘 들어맞는지, 학생들의 미적인 감각에 잘 들어맞는지, 책상과 일정한 연계성을 갖추고 있는지 등의 문제는 여전히 미결상태로 남아있다.

잘 보이는가? ―형광등 대신에 백열구가 달린 종이등 같은 것을 설치할 필요는 없을까? 도서관의 책상 조명시설을 개개인을 위해 좀더 치밀하게 설치하는 것은 어떨까? 예컨대 책상에 등을 가까이 끌어오는 방식으로, 어떤 구석에는 개인별 등을 설치하는 식으로…… 명지고등학교 도서관은 이 점에서 참신하다.

또 왼손을 쓰는 아이들을 위한 시설이나 혹은 장애아를 위한 보조장치 같은 배려는 어떤가? ―성심여고(서울시 용산구 원효로)에 설치된 장애학생들을 위한 엘리베이터 시설은 참 인상적이었다.

학교에서 지내는 동안 학생들은 안전한가, 그들은 다양한 학습활동에서 충분히 보호받고 있는가? 예컨대 3층 건물에서 추락할 위험은 없는가? 과학실험실은 몸을 보호하기에 사려 깊은 시설을 갖추고 있는가? ―덴마크 학교의 화학실습실에서 학생 개개인 자리마다 커다란 환기통을 달아놓은 것을 볼 수 있었는데, 아주 인상적이었다. 최근에는 이우학교나 이화여고도 역시 그런 설비를 갖추어놓았다.

학생들은 더위나 추위로부터 충분히 보호를 받고 있는가? 몸의 유지와 발달을 촉진할 수 있는 시설들은 적절하게 갖추어져있는가? ―이런 문제들은 모두 자라나는 어린이와 청소년의 심리 및 신체 구조에 대한 섬세한 교육학적 안목을 요한다.

아늑함과 트임

공간의 아늑함과 트임에 관한 문제이다. 아늑함이 정서적 안정을 가능케 해주기 위한 것이라면, 트임은 외부세계에 대해 개방적이고 미래를 향해 열린 구조를 확보하기 위한 것이다. 이 문제는 학교의 진입로, 교실 안의 분위기, 조명도를 조절하는 문제에서부터 복도와 운동장과 창문의 구조, 자연 안에 학교를 배치하거나 자연을 학교 안으로 끌어들이는 문제, 지역사회와 일정한 연계 구조를 확보하는 것에 이르기까지 다양한 영역에 걸쳐있다.

지적 활동에 앞서 늘 정서적인 안정이 선행되어야 하고 이후에도 늘 동반해야 한다는 것이 오늘날 교육인간학 연구가 거듭 강조하는 점이다. 정서적 안정은 모든 삶의 전개과정을 뒷받침해주지만, 그렇지 못할 경우 아이들은 병들고 시들고 꺾여버린다. 정서적 안정을 위한 주제 중 하나가 '아늑함'이다. 낯설고 위협적인 상황으로부터 감싸이듯 포근하게, 엄마품에 안긴 듯 보호받거나 신뢰가 경험되는 상태라 바꾸어 말할 수 있다. 예컨대 지붕을 나지막하게 앉히고 벽을 아담하게 둘러치는 식으로 아늑함을 확보할 수 있다. 아이들은 종종 책상 밑으로 들어가거나 커튼 뒤로 들어가서 놀곤 하는데 이런 놀이 습성들이 이 문제의 성격을 밝혀주는 것이다. 그런 뜻에서 네덜란드의 랑에벨트(Martinus J. Langeveld)는 아이들만의 '비밀스런 장소'에 대해 말했다.[17] 우선 '길에서 학교까지 이르는 경로'에서 이런 느낌을 가지도록 해보자. 종종 병영훈련[18]을 연상케 하는 운동장과 압도적인 건물 같은 구조는 이러한 물음에 들어맞기 힘들다. 시골 학교들은 길 양쪽으로 화

---

17) Martinus J. Langeveld: "Die geheime Stelle im Leben des Kindes", in: *Die Schule als Weg des Kindes*, Braunschweig, 1960, 74ff.
18) 위병소 같은 학교 정문의 감시체제나 구령소리 같은 것은 그러한 아늑함을 무차별 부숴버리는 경우가 허다하다. 이런 까닭에 교육학적인 공간체험은 그런 뜻에서 다만 물리적 시설 갖추기만의 문제만은 아닌 것 같다. 사람들은 물리적 조건을 늘 어떤 정신적 과정이나 사건과 연계시켜 체험하기 때문이다.

단을 조성하거나 가로수를 심어놓아 좋다. 도시 학교들도 이런 점에서는 배려한 흔적이 많다. 정문에 들어서자마자 정원을 조성해놓은 학교들이 적지 않다. 역시 이런 것으로 물이 흐르는 연못이나 담장을 특이하게 처리하는 기법 같은 것도 도입해볼 만하다—예컨대 경기도 광주의 보원요(窯)에서는 돌담을 쌓되 물결이 굽이치는 형상을 조성하면서, 한쪽에는 자연지형을 이용하여 물줄기가 아주 가늘게 떨어지는 잔잔한 연못을 조성했다. 대안학교들이 시도하고 있듯이 운동장이나 건물 후원에 본격적으로 정원이나 텃밭을 풍부하게 가꿀 수 있다. 거리와 마당에서 줄 수 있는 이 느낌은 그러나 거기서 끝나지 않고 계속되어 교실에 발을 들여놓는 순간에도 여전히 계속되고 강화될 필요가 있다. 유치원 같은 경우 방안에 천을 지붕처럼 드리우고 걸상을 빙 둘러 배치하거나 혹은 야영텐트를 쳐서 마치 방안에 또 하나의 작은 방이 있는 것처럼 만듦으로써 아이들이 그런 느낌을 가지도록 할 수 있다. 혹은 발도르프 학교처럼 교실의 벽이나 창문의 커튼이 다양한 느낌을 내도록 천의 감이나 색을 새롭게 꾸미는 기법은 시사하는 바가 많다. 저학년 때는 부드럽고 따뜻한 색을 칠하다가 차츰 강도가 느껴지는 색을 칠하는데, 이를테면 파스텔 톤의 분홍색에서 녹색과 청색의 방향으로 움직여가는 식이다.

우리나라에서 눈에 띄는 것으로는 소명여중고(경기도 부천시 원미구) 같은 경우로 운동장 양끝은 둔덕으로 처리하여 전체적으로 둥그런 모양이 나게 했고, 그 옆으로 완만한 굴곡의 오솔길을 내어 교실 입구에 이르게 했다. 건물 입구마다 둥그런 모양의 계단을 조성하여 걸어 들어가는 발걸음을 환영하는 듯한 분위기를 느낄 수 있다.

아울러 트임에 대하여: 학교는 보호할 뿐 아니라 미래를 예시하는 곳

다양한 발도르프 학교 모습. 건축물의 형태와 색채, 잔디를 기르는 지붕, 벽의 디자인 등에서 변화, 생동감, 부드러움 등이 느껴진다.

이기도 해야 한다. 아이들은 어느 땐가 그들을 감싸안은 자리를 걷어내고 사회에 진출해야 하고 그곳에서 어려운 과제들과 씨름해야 한다. 그러한 과제를 몸으로 느낄 수 있도록 상징화시켜야 한다는 뜻이다. 독일 크레펠트(Krefeld) 시에 소재한 몬테소리 학교는 초등학교를 상급학교가 바라보이도록 위치시키고 커다란 창문을 통해 늘 그곳을 바라볼 수 있도록 했는데, 이 사례가 바로 그런 것이다.

근화여고(경북 경주시)에서는 사각형 운동장 주위로 나무를 두 겹으로 일정한 간격에 따라 심어놓았다. 즉, 사각형으로 운동장을 둘러싸고 있는 건물들 가까이 삥 둘러쳐 나무를 심어놓고 여기서 일정한 간격을 떼어 다시 운동장을 삥 둘러가며 나무를 심었다. 그렇게 하니까

운동장을 주위로 계속 연결되어 돌아가는 오솔길이 양쪽에 나무가 서서 그늘을 만드는 식으로 생겨났다. 학생들은 쉬는 시간이 되면 툭 터진 운동장을 공유하면서도 이 오솔길을 따라 걷기도 하고 의자에 앉아 쉬기도 한다. 운동장만 휑하니 열려있는 구조와는 전혀 다른 느낌을 준다. 그런가 하면 풀무농업고등기술학교의 경우, 본관에서 나와 식당으로 올라가다보면 길 오른쪽 위편에 키가 훌쩍하니 큰 나무들로 둘러친 자그마한 빈터가 있다. 그윽함과 아늑함이 느껴지는 멋진 공간이라 생각되었다. 이들 모두 아늑함과 트임이라는 점에서 눈에 띄는 사례들이다.

삶의 분지화와 전체성

분지화(分枝化)란 개별 과학의 분화과정 및 현대산업사회에서 작업의 효율화를 위해 도입한 분류구조로 인해 삶과 교육에 초래된 문제나, 전체성의 해체 현상을 말한다. 다른 한편 전체성이란 그렇게 해체된 분지들을 다시금 한자리에 불러 모아 함께 엮어내기 위한 작업을 말한다. 전자가 교과와 전공을 세분화시키고, 다양한 연령층을 위한 교실을 만드는 것 등이라면, 후자는 전일적 교육과정을 모색하고, 개개의 삶을 상호 연결시키거나 공동생활의 유의미성을 복원하는 등, 학교 내 다양하게 분지화된 구조를 전체성 안으로 통합시키기 위한 과제이다.

미분화된 생활여건 속에서는 모두 함께 살고 일도 함께 했기 때문에 공간도 함께 사용하였다. 그러던 것이 전문화 과정이 이행되면서 공간 역시 분지화되었다. 칸막이가 쳐지고 개개인들은 그 칸으로 배치되기 시작했다. 이렇게 하여 개개 분야별 심도는 깊어지고 능률은 향상되었지만, 사회적-공동적 삶은 갈가리 찢겨졌다. 학교도 그렇게 되었다. 옛 가정제도를 모형으로 운영되던 가정학교나 수도원학교나 대학 모두 초창기에는 공동성이 잘 살아있었다. 이론과 생활은 한데 어우러져 있었고 나이를 불문하고 서로 섞여 공부하도록 했다. 그러다가 차츰 전문화 과정이 도입되면서부터 학교의 구조 역시 분지화되기 시작했다. 클라우스 몰렌하우어(Klaus Mollenhauer)가 묘사했듯이 그렇게 학교는 일종의 '분류기계'[19] 같이 학생들을 세세히 분류해냈으며 그들 각자를 위한 공간을 배정했다. 학년별, 능력별, 전공별로……. 그 대신 모두가 함께 만나고 교류할 수 있는 공동적 공간은 상당 부분 상실되었다. 이 문제의 심각성을 인식하기 시작한 오늘날 세계 여러 나라에서는 그러한 분지화를 극복하기 위한 여러 방안들을 강구하고 있다. 작은 학교들은 이 점에서 유리한 위치에 있다. 대형학교라 할지라도 학교 안에 학교를 설치하는 구조를 통해서 출구를 마련하려 한다.

독일 비스바덴(Wiesbaden) 시에 위치한 헬레네랑에 학교(Helene-Lange-Schule)는 재래식 건물을 새로운 교육과정에 부합하도록 내부 구조를 대폭 개조했는데, 개개 교실의 특징을 살릴 뿐 아니라 교실 사이의 벽을 터서 필요할 경우 넓은 공간을 함께 쓸 수 있게 한다든지, 복도 자체를 본격적인 학습활동이 가능하도록 재구조화했다. 하르트무트 폰 헨티히(Hartmut von Hentig)가 시도한 빌레펠트 실험학교(Die Bielefelder Laborschule)는 아주 독특하다. 여기서는 커다란 강당이 학

---

19) Klaus Mollenhauer: "어린이와 그들의 어른들", 『사유하는 교사 *Pädagogisches Sehen und Denken*』, 송순재 역(내일을 여는 책, 2008), 111~125.

년별, 과목별 학습을 비롯하여 다양한 학습이 가능하도록 설계되었는데, 이를테면 학년과 교실을 나누는 벽은 어른키 정도의 높이로 이모저모로 그저 구획되어있으며 문도 없다. 그래서 계단을 올라가서 위에서 내려다보면 커다란 공간이 한눈에 들어온다. 그리고 각각의 영역은 세밀하게 구획되었으되 이들 구획 사이는 일직선상으로 연결되지 않고 사방으로 연결되어서 이동이 자유롭고 사용하기에 따라 서로 이어서 사용할 수도 있게끔 되어있다.

그런데 이런 문제는 우리 전통한옥 구조의 장점을 되살리면 훌륭하게 풀어낼 수 있어 보이기도 한다. 1자형이나 ㄴ자 형, 혹은 ㄷ자 형이든 ㅁ자 형이든 한옥에서 마당과 대청마루의 기능은 중요하다. 개인은 방에서 나와 바로 밖으로 나가지 않고 늘 이 공동의 공간을 통과하도록 되어있다는 점에서 그렇다. 실은 우리나라 현대식 아파트의 내부구조는 서양식 아파트 구조와는 다르게 이런 식으로 되어있다. 학교공간 구성에 있어서도 이런 식의 착상은 필요해 보인다.

몇 해 전 완공된 이화여고 백주년기념관은 오래된 옛 건물들과 조화 속에서 일정한 연계성을 확보하도록 하고, 그 내부공간을 다양하게 구성해냈다. 이곳을 방문한 나는 분지화와 전체성이라는 견지에서 특별한 인상을 받았다. 그중에서도 눈에 띄는 것은 다목적홀인데, 공간 중앙에 사각마당을 만들어 배치하고 주위를 한두 층 계단을 만들어 둘러쳤다. 그곳에 와서 아이들은 공개토론도 벌이고 춤출 수도 있고 수다를 떠는 등 어떤 식으로 사용해도 좋을 것이다. 혹은 필요할 경우 사면 벽을 걸어내 복도와의 경계선이 사라지도록 했다. 설계자의 솜씨가 돋보이는 부분이었다.

민주적 공간과 통제식-권위주의적 공간

우리네 소위 '근대식 학교'가 갖추고 있는 통제식-권위주의적 공간을 극복하고, 수평적 의사소통에 기여할 수 있는 민주주의적 공간을 어떻게 만들어낼 수 있겠는가 하는 물음이다. 이는 교장실을 학교의 어느 부분에 배치하느냐 혹은 교장실 내부를 얼마나 수평적이며 의사소통적 구조로 제시해볼 수 있겠는가 하는 문제에서부터 교실과 강당의 좌석 배치를 어떻게 하느냐, 혹은 본관과 다른 건물들 사이의 위치 배열이나 연계구조를 어떻게 확보해낼 수 있겠는가 하는 물음에 이르기까지 다양한 영역에 걸쳐서 검토해볼 수 있다.

미셸 푸꼬(Michel Foucault)가 포스트모던적 시각에서 가한 학교공간 비판은 흥미롭다.[20] 그는 이 문제의 핵심을 '일망(一望) 감시시설'(Panopticon)이라는 말로 표현하고자 했는데, 요컨대 중앙에서 "끊임없이 대상을 바라볼 수 있고, 즉각적으로 판별할 수 있는, 그러한 공간적 단위를 구획 정리"하는 구조에 관한 것이다. 이런 식의 감시구조가 감옥이나 병원에서, 그리고 학교에서 힘을 발휘하고 있다는 것이다. 우리네 소위 근대식 학교들의 경우, 상당수 이런 비판으로부터 자유롭지 못할 것이다. 오늘의 개방적인 흐름에 비추어보아 변화는 불가피해 보인다. 교장실이나 교무실을 건물 중앙에 배치하기보다는 특정한 자리에 위치하도록 하고, 학생과 교사가 모두가 참여할 수 있는 공동적인 자리를 확보해보자. 이를테면 강당을 특정한 방식으로 재구조화하는 방식을 통해서. 앞에는 높은 단이 있고 앞사람 뒤통수를 바라보면

---

20) Michel Foucault: 『감시와 처벌 Surveiller et punir : naissance de la prison』, 오생근 역 (나남, 1994), 295.

핀란드 야르벤빠 고등학교 원형공간 내부

서 앉는 구조가 아니라, 이를테면 원형으로 둘러앉는 구조를 바탕으로
사방에 높낮이가 다양한 좌석을 조성하면 어떨까? 이는 교장실이나
회의실, 혹은 면담과정에서 자리를 어떻게 배치하느냐 하는 물음과도
연관된다.

덴마크에서는 일층 벽돌 건물을 ㅁ자 형으로 배치하고 중앙에 마당
을 배치한 학교들이 흔하고 그저 3층 정도의 아담한 건물 한 채 정도
의 학교도 많다. 그 안에는 민주적 의사소통이 가능한 방식의 다양한
공간들이 마련되어있다. 핀란드의 야르벤빠 고등학교(Järvenpään lukio)
는 중앙에 둥근 원을 배치한 후 이것을 중심으로 햇살이 여러 갈래 뻗
어가는 식의 여러 층 건물을 지었는데, 교장실은 그 갈래의 한 구석에

위치해 있었고, 그저 한 사람이 활동할 수 있을 정도의 조그만 공간만을 가지고 있었다. 성심여고 교장실에는 회의용으로 그저 아담하고 자그마한 크기의 작은 원탁형 책상만이 놓여있다. 원탁형 책상에서 사람들은 서로 동일한 거리로 연결되어 있어 직사각형의 긴 책상보다는 소통구조상 민주적 성격의 이미지를 잘 맛볼 수 있으리라는 생각을 해보았다.

이런 관점은 예전 우리들 삶의 양식에서 잘 살아있었다. 그런 것으로 '판'이라는 것이 있다. 씨름판, 풍물판, 탈춤판에서 그런 구조는 생생히 살아있다. 지금도 서울을 벗어나 조금 내려가다보면 계룡산 밑 어느 마을 혹은 남도 어느어느 곳에 가면, 쭉 둘러서서 풍물판을 벌이는 광경을 볼 수 있다. 연주자는 어디 있고, 관객은 어디 있는가? 서당과 서원을 답사하면서 눈으로 확인하게 되는 바는 소위 유교식 서당교육이 그렇게 고답적이고 권위주의적인 것이 아니라는 점이다. 어디서 그런 오해가 생긴 것인지? 나는 이런저런 곳에서 엄하면서도 한편 자애로운 빛을 읽는다. 서울 종로구 구기동 서당 훈장 한재훈이 소년시절에 서당수업을 받을 때 자기의 노스승을 회상하던 대목이다. "엄한 것 같지만 그렇지 않아요. 참 따뜻하셔요. 어떤 때는 어린아이 같으세요!" 내게 이 말은 인(仁)의 한 자태로 여겨졌다. 이 인을 가운데 두고 학생과 스승은 가르침과 배움을 주고받으며 서로 내적으로 녹아들어 갔던 것이다. 서당에서는 주기적으로 시험을 보아 장원을 하면 장원한 학생이 떡을 내고 잔치를 벌인다. 공부를 모두 마치면 '영가무도'를 추면서 함께 어우러져 축제를 벌인다. 이것이 교육적인 '판'이다. 서당교육이 행해졌던 한옥의 구조는 그런 판을 위해 꽤 들어맞는다. 학교공간을 그렇게 하나로 어우러지는 생동적인 판처럼 만들어낼 수는 없을까?

아름다움

공간이 함축하는 미적 차원의 문제다. 학교건축물 외부나 다양한 내부공간은 아름다워야 한다. 그 까닭은 아름다움이 청소년들의 마음을 잡아 이끌고 강한 호소력을 발휘하기 때문이며, 이 삶의 차원 없이 참된 의미에서 정신적 삶은 형성되기 어렵기 때문이다. 아름다움은 예술적 표현 형태에서 촉발되며 발전한다. 그러기에 학교건축물에서 예술적 안목을 적극 도입하자는 것이다. 이런 학교에 학생들이 가고 싶고, 살고 싶고, 즐기고 싶어 할 것은 당연하다.

한국의 근대식 학교건축 형태가 상당수 미적 감각과는 관계가 멀다는 점은 널리 알려진 사실이다. 예로부터, 도동서원(道東書院, 대구시 달성군)이나 병산서원(屏山書院, 경북 안동시 풍천면) 같은 아름다운 건축물들—풍부한 자연을 배경으로 하고 있다든지, 단청도 없이 소박한 자연소재를 바탕으로 자그마하게 지은 강당과 교실과 기숙사가 서로를 바라보며 어깨를 이웃하여 어울린다든지, 담을 처리하는 기법이라든지, 연못이나 정원을 만든 기법들 등등에서 볼 수 있듯이—의 역사를 지닌 후손들에게서 이러한 근대적 전개는 매우 유감스러운 일이 아닐 수 없다. 오늘날 이런 규모로 이런 형태를 그대로 이어받는 것은 무리가 있겠으나 그 기본착상을 빌려오는 것은 결코 무리하지 않다. 서양에서는 수도원 같은 종교시설을 현대적으로 각색하여 학교나 교사교육기관 등으로 이용하는 경우가 적지 않다—이를테면 독일의 잘렘성 학교(Schule Schloss Salem)나 '가톨릭교회 교사재교육아카데미(Kirchliche Akademie der Lehrerfortbildung)' 같은 경우가 그렇다. 수도원은 보통 자연이 좋은 곳에 자리하고 있어서 풍광이 아름답고 시설 또

발도르프 학교(렌골츠하우젠 소재) 전경

한 정교하기 때문에 이를 조금만 개조하면 훌륭한 건축물로 사용할 수 있다. 그 외양이나 내부시설의 아름다움에 대해서는 새삼 강조할 필요가 없다.

하나의 예술품으로서의 학교! 불가능한 요청일까? 이 점에서 교육을 '교육예술(Erziehungskunst)'로 이해하려는 발도르프 학교건축물은 그 좋은 사례라 할 수 있다. 건축물 외양에서 그리고 내부의 예술적 조형에서 그 교육정신은 독특하게 나타나있다. 최근에 지어지는 서구의 학교들은 건물을 다양하게 배치하고, 색채와 형태를 다양하게 사용하고, 이동식 천막을 쳐서 건물과 건물을 연결하는 등, 갖가지 시도를 도입하고 있다.

이 모두 예술과 미적 경험의 가치가 별 볼일 없는 것처럼 치부되고 있는 우리네 학교현장에서 일견할 만한 노력들이다. 도시 숲 한복판을 지나 큰 거리와 작은 골목들을 통과하면서 우리의 도시 풍경은 왜 이다지 혼란스럽고 개성도 없고 추한 몰골을 하고 있는가, 해안을 거닐면서 해안가 공간구조가 왜 이다지 조잡하게 조성되었을까 자문하곤 한다. 왜 이렇게 되었는가? 그건 교육 때문이다. 바로 이러한 가치를 일상생활에서 내쫓은 교육 말이다. 예술의 의미와 가치가 학교에서 일상적인 문제로 되도록 바꾸어내는 것, 이것은 학교공간 형성을 재구조화하기 위한 노력의 시발이다. 중요한 것은 다만 교사나 건축가의 작품으로서가 아니라, 학생들이 느끼는 아름다움에 따라 만드는 것이다. 창문에 색을 같이 칠하고, 커튼을 만들고, 식당을 아름답게 꾸미고, 그곳에서 정신적인 가치가 느껴지도록 하고, 벽과 복도, 교실 내부가 늘 생동적인 아름다움으로 가득 차도록 하고, 내부공간이 색채와 빛으로 다채롭게 변하고, 초목을 들여오고…… 이렇게 착상들을 모아보자. 이렇게 작은 변화를 향해 움직여보자. 교육이라는 이름하에 쓸데없이 쏟아붓는 돈의 일부만이라도 제발 이쪽으로 끌어올 수는 없을까?

내면성

학교는 내적인 공간을 필요로 한다. 학교는 다만 지식만을 전달하는 곳이 아니라, 삶의 전체적인 면을 배양하는 곳이다. 그렇다면 마땅히 육체적, 감정적 면뿐 아니라, 이를 넘어서 내적 세계도 중시해야 한다. 내적 세계란 양심의 작용이 일어나고, 형이상학적-종교적인 체험이 발생하는 자리를 일컫는다. 그런 뜻에서 꼭 어떤 종교적 예배실이 아니더라도 가만히 머물러 스스로 침잠할 수 있도록 하기 위한 그런 공간을 확보하자는 것이다.

현대적 학교는 내적 세계를 등한시해왔는데, 그 까닭은 그러한 세계가 과학의 영역에서 벗어나기 때문에, 혹은 특정한 종교나 세계관으로부터 중립을 지키기 위해서, 혹은 그런 건 학교가 관심할 바가 아니라 여겨왔기 때문이라 한다. 오늘날 우리 사회와 교육이 질주하고 있는 방향에 대해, 근자에 주목받고 있는 북미의 영성교육적 시도들[21]에 한번 귀 기울여보자. 이러한 시도들은 기능에 치우쳐 가치감각을 상실하게 한 그들 서구의 공교육적 실패에 대한 자성으로부터 비롯된 것인바, 그 핵심은 상실한 가치감각을 되살리는 것이며 바로 영성교육, 즉이 자리에서 말하는 '내적 세계'를 건설하기 위한 교육적 노력에 있다. 미국교육을 시종일관 얼마쯤 떨어져 뒤따라온 우리 교육이 돌이켜볼 대목이다. 만일 이 점을 제대로 간파할 수 있다면, 그러한 교육을 위한 공간적 자리 역시 확보해야 하지 않겠는가 하는 생각이다.[22]

우리네 옛 전통적인 학교건축물에서는 정문을 열고 들어가면 물 흐르는 개울이 있거나, 물을 끌어들여 연못을 조성한 것을 볼 수 있다. 이는 모두 청수(淸水)를 바라보며 마음을 돌아보도록 하기 위함이었다 한다. 서원이나 향교나 모두 뒤뜰에 사당을 설치하였다. 오늘의 예배 공간이다. 모두 여기서 말하는 내적 공간과 견주어볼 수 있다. 몬테소리 학교(독일, Krefeld)에서는 그러한 영성행위가 이루어질 수 있도록 명상실을 만들었다. 아이들은 여기에 와서 자유롭게 쉬고 이야기도

---

21) 이를테면 파커 팔머나 존 밀러 등의 시도. Parker P. Palmer: 『기독교교육인식론 *To know As We Are Known*』, 박원호 역(광나루, 1991); John P. Miller: *Education and the Soul, Toward a Spiritual Curriculum*, State University of New York Press, 2000.

22) 이 점에 관한 문제의식에 대하여. 송순재: "기독교적 삶의 형성을 위한 일상성 문제", 『신학과 세계』 48(2003년 겨울), 77~84.

이화여대 기도처

나눈다. 때로 혼자 와서 고요히 앉아있다 가거나 예배를 드리고 회의도 한다. 제단은 단출하다. 문양이 들어간 연한 녹회색 커튼이 드리워져있고, 바닥도 카펫을 깔았다. 누구나 시간에 관계없이 자유롭게 들어갈 수 있다. 마리아 몬테소리(Maria Montessori)는 일찍이 아이들의 내면세계에 관심을 가졌다. 아이들의 내적인 집중과 침묵, 아이들이 이르는 고도의 종교적인 상태가 그들 삶 전체에 주는 의미를 깊이 통찰하였다. 이 학교의 명상실은 이러한 통찰을 반영한 것이다.

　이 대목에서 앞서 거론한 마산성지여고 안에 위치한 유서 깊은 옛 '성요셉 성당'을 한번 떠올려본다. 1928년 로마네스크 양식과 르네상스 양식을 결합하여 지은 이 성당은 원래의 모습이 손상되지 않은 채 남아있어 외관만으로도 깊은 인상을 주기에 충분하다. 외벽을 화강암으로 조성한 건물 안으로 들어가보니 밤하늘의 별들을 박아보고 싶을 정도로 아담하게 흰색 바탕의 둥근 천장이 있었다. 마치 초가지붕 아래서 오손도손 모여앉아 이야기꽃을 피우듯 그렇게 학생들이 앉아서 이야기도 하고 기도도 할 수 있을 성 싶은 공간이라 생각되었다. 학교는 이 건물 문 위에 '명상실'이라 명패를 붙여놓았다. 얼마나 아름다운 안목인지! 그와 흡사하게 성심여고 안에 있는 유서 깊은 카펠레(작은 예배당) 역시 작은 동산을 곁에 두고 학교 중앙에 자리잡아 그 아름다운 자태로 학교를 어떤 특별한 종교적 분위기로 이끌고 있다.

　언젠가 어떤 지방에 있는 학교 선생님들과 이야기를 나누던 중, 한 선생님으로부터 학교 뒷산에 작은 동굴을 파겠다는 생각을 들은 적이 있다. 아니면 작은 나무들로 둘러싸인 공터가 있는 자리를 만들어보겠다고. 산돌학교에서는 학생들이 선생님들과 함께 아침 일찍 30여 분 침묵으로 산행을 한다. 그다음 날에는 다 같이 한자리에 앉아 촛불을 켜고 명상을 한다. 산행을 하는 자연이든 명상을 하는 교실이든 그러한 내적 공간의 자리이다. 이 모두 오늘날 학교들이 돌이켜볼 문제이다.

생동성

생동성이란 정지 상태나, 고형화된 상태, 도식적 상태 등이 아닌, 운동성, 활기, 변화무쌍함 등 생명적 현상을 표현하는 말이다.

내 경험으로나 여러 학교건축 연구 사례에 비추어볼 때, 아이들과 청소년들에게 호소력을 가지는 것은 생동성과 관련된 현상이다.

그러나 우리가 흔히 볼 수 있는 박스 형태의 학교건축물들은 아이들과 청소년들의 약동(躍動)하는 성정을 손쉽게 죽여버릴 수 있는 형태이다.

리텔마이어는 학생들에게 호소력 있는 건축물의 범주 세 가지와 그 반대의 세 가지를 들었다.

그 첫째는 생산적 자극과 운동감(anregend und abwechslungsreich)으로 지루함과 단조로움의 반대이고, 둘째는 자유감과 해방감(freilassend und befreiend)으로 협소함과 억압적 느낌의 반대이며, 셋째는 따스함과 부드러움(warm und weich)으로 차가움과 딱딱함의 반대이다.

첫째, 생산적 자극과 운동감이란, 이를테면 같은 규격으로 된 창문, 단조로운 복도, 동일하게 반복적으로 구획된 공간, 한 가지 색으로만 칠해진 층들이 만들어내는 느낌을 벗어나는 형태를 말한다. 3층으로 된 퀼른 발도르프 학교는 각 층의 외양이 다르고 지붕의 형태도 규격을 벗어나 운동감 있게 조성되었다. 1951년 한스 샤우론이 설계한 다름슈타트 초등학교 건축물 구조 전체는 이 점에서 독일에서 가장 선구적인 시각을 보여준다고 한다. 조감도를 보면 건물들은 전체 구도상 일직선을 벗어나 사선으로 이리저리 배치되었고 개개 건물들도 직사

빨강색 벽과 둥근 형태의 창문이 있는 계단. 옥인교회의 벽과 계단인데, 학교공간을 이렇게 구상해볼 수도 있겠다.(사진 제공: 장형준)

각형보다는 다양한 변형들을 많이 사용하고 있다.

둘째, 자유감과 해방감이란, 무겁게 내리누르는 듯한 느낌을 주는 지붕이나 지나치게 많은 것을 걸어놓은 교실벽, 좁은 복도 등과는 반대의 느낌을 자아내는 형태를 말한다. 지붕의 선을 가볍게 처리한다든지, 벽을 간소하게 장식하고, 청색 계열의 풍경이 있는 그림이나 사진, 화초 등을 걸어놓으면 느낌이 확 달라질 것이다.

셋째, 따스함과 부드러움은 어떻게 자아낼 수 있을까? 리텔마이어는 그 반대 상황을 이렇게 서술한다. 가령 색채가 연결성 없이 사용되면 딱딱한 느낌을 준다. 하지만 지붕과 기둥을 서로 단절시키지 않고 이어지는 형태로 하면, 이를테면 기둥들을 다양하게 변형하여 세운 다든지, 건물의 한쪽 날개 부분에 쓴 색채를 기둥이나 난간(혹은 퇴창 —밖으로 내민 창)에서도 느껴지도록 약간 변형하여 쓴다든지 하면 부드러운 느낌이 날 수 있다. 또 붉은색은 온기를 자아낸다. 어린아이들은 붉은색 계통을 특히 선호하는 심리 구조를 가지고 있다. 따라서 청색 계열의 찬색을 쓰는 건 좋지 않다. 하지만 찬색은 나이 든 아이들이나 청소년들에게 호소력이 있다. 한편 빨강을 너무 진하게 쓰면 억압적 느낌을 줄 수 있다. 포스트모던 건축에서 즐겨 사용되는 강철 뼈대와 여기에 사용되는 회청색은 건축학적으로는 문제가 없겠지만 학생들에게는 부정적으로 작용할 수 있다.

여기서 리텔마이어는 세 가지 범주를 별개로 구별해서 보지 말고 한데 엮어서 볼 것을 주문하고 있는데, 그건 한 가지 범주가 타당할 수 있을지라도 다른 범주와의 연관관계 속에서는 자기주장만을 할 수 없는 측면이 있기 때문이다. 이를테면 운동감이 넘치지만 너무 장식적인 전경(前景)은 억압적일 수 있다든지, 혹은 진한 주홍색은 따뜻한 느낌을 주지만 해방감을 줄 수 없다는 것이다.[23] 요컨대 이 세 가지 범주가 잘 어우러질 때 결과적으로 좋은 느낌을 자아낼 수 있다는 것인데, 내가 보기에 이는 한마디로 학생들이 어떤 건물에서 '생동감'을 느낄 수 있는가 하는 물음으로 요약할 수 있다.

우리나라 학교건축물에서 이런 점이 잘 살아있는 사례를 보기는 그리 쉽지 않지만, 최근 거론할 만한 다음 두세 가지 사례가 있다. 하나

---

23) Christian Rittelmeyer: "Qualitätskriterien schülergerechter Schulbauten", Lernraum Schule. 1. Maler Symposium Architektur & Pädagogik, 11~13.

는 지평선중고등학교(전북 김제시 성덕면)로, 이 학교에서는 정미자 교장과 미술교과를 맡은 김홍일 교감이 교육에서 학교건축이 차지하는 의미를 중시하고, 또 이를 실제로 구현하기 위해 세심한 정성을 쏟았다. 그 과정에서 건축가 정기용이 이 작업에 참여하여 현재까지 일군 성과는 인상적이다. 예를 들어 흙벽돌 건축기법으로 지어진 2층짜리 남자기숙사는 입구와 내부구조에서 사선(斜線)을 많이 도입하여 구조 전체는 직사각형을 벗어난 다양한 형태들의 조합으로 되어있으며 단조로움을 벗어나 운동감이 느껴지게 한다. 내부에는 중앙에 널찍한 홀을 만들어 일상적 거주뿐 아니라 공적 모임을 위한 공간으로도 사용할 수 있게끔 했다. 앞으로 지어질 여자기숙사 외양 중 지붕 처리 방식도 그러한데 중앙을 중심으로 여러 개의 지붕이 사선으로 교차하는 식이다. 중학교 본관은 외부와 내부에 흙벽돌을 많이 사용하되 자연에서 취한 다양한 황토색 질감이 그대로 살아나도록 하여 건물 군데군데에서 온기와 상쾌함을 느낄 수 있다. 여기에 복도 바닥이나 문에 파격적인 빨강과 노랑을 적절히 입혀 그 운동감을 더했다. 식당은 좌식으로 널찍한 마루에 측면마다 커다란 창을 내어 나무가 무성한 밖을 호흡할 수 있도록 했다.

그런가 하면 옛 마을 구조를 바탕으로 깔고 전통 건축기법을 십분 활용하여 지어진 산마을고등학교(강화도 양사면 교산리—건축가 이은)도 이 점에서 특히 눈여겨볼 만하다. 이 학교의 건물 지붕선은 수평이 아니라 한쪽으로 기울어져있다든지, 혹은 정중앙을 기준으로 양쪽으로 내려오되 한 면은 한 번 완만하게 더 꺾어서 전체적으로 굽이치는 느낌을 준다. 또 위가 좁고 아래가 넓은 형태나 아래가 좁고 위가 넓은 식으로 된 창틀은 직사각형 창틀과 더불어 변화무쌍한 느낌을 자아낸

지평선 중고등학교 중앙홀에서의 신입생 오리엔테이션

다. 건물들이 옹기종기 모여있는 골목들 사이를 지나다 보면 그러한 운동감은 한층 더한다.

　팔렬중고등학교(강원도 홍천군 내촌면)에서는 교사가 숲과 정원 그리고 도로와 함께 조화롭게 어우러지도록 하여, 봄에 학교로 들어서서 본관으로 걸어가노라면 흡사 한 편의 서정시를 읽는 듯한 느낌을 받게 된다. 이 학교에서 신학봉 교장과 교사들이 매년 함께 조성하고 있는 정원은 그 규모가 상당한데 눈여겨볼 필요가 있다. 물레방아가 도는 커다란 연못은 이 정원의 매력적 특징 중 하나이다. 전체적으로 보아 따스함과 운동감이 잘 살아있는 학교이다.

산마을고등학교 창문틀

전통과의 교류

앞서 간간히 우리네 전통가옥 공간구조가 만들어내는 유의미성에 대해 짚어보았거니와 이 옛 학교건축물의 전승으로부터 한번 깊이 배우자는 것이다.

오늘날 우리 민가나 공공건물이나 학교를 막론하고 전통과 단절된 형태를 보이고 있음에 이의를 달 사람은 아마 없을 것이다. 이러한 단절은 어느 모로 보나 바람직해 보이지 않는다. 서양의 경우, 그들은 나름대로 전통과의 끊임없는 대화를 통해서 새로운 공간문화를 건설해 가고 있다.

덴마크의 코펜하겐 시에 위치한 그룬트비 기념 교회당은 옛 고딕식 건축양식을 벽돌을 이용하여 현대적으로 지은 것인데, 그 외양이나 내부는 그 단순 소박함에 있어 그리고 고도로 정련된 내면적-종교적 정신을 음미하기에 더할 나위 없이 특유한 형상을 보여주고 있었다. 또 한 가지 내 눈길을 끈 것은 네덜란드에서 본 도시의 민가와 농촌 가옥들이었다. 민가들은 종종 큰 유리창을 사이에 두고 거리를 향하고 있는데, 거리를 지나는 사람들이 방안을 들여다볼 수 있도록 커튼도 없이 반투명 상태로 공간 내부를 보여주고 있었다. 밤중에 불을 켜면 이 방이 가진 개방성은 보다 두드러지게 나타난다. 농가가 있는 곳을 지나면서는 우리의 초가와 비슷하나 2층 양옥 구조로 더 크고 안정된 집들이 늘어서 있는 풍경을 볼 수 있었다. 초가가 정겹고 신기하여 가까이 내려 물어보니까 갈대로 만든 이 초가지붕은 백년도 넘게 간다고 하였다. 갈대는 자주 바꾸어야 하니까 현대적인 공법으로 새롭게 처리하였기 때문이란다. 여기에는 전통과 현대가 살아있었다. 전쟁의 참화를 겪지 않았다는 스위스 취리히 시에서 황혼녘에 작은 산에 올라 그 도시 전체를 내려다본 적이 있었는데 이때 교회의 종소리와 함께 내 앞에 펼쳐진 이 도시의 광경을 잊을 수 없다. 수많은 옛 집과 그 지붕들과 색깔들이 하나의 완벽한 조화를 보여주고 있었다. 요컨대 나는 현대화를 이끌고 있는 유럽의 도시에서 엄연히 뿌리박고 광대하게 펼쳐져 있는 고전을 만나고 있었는데, 여기서 나는 다만 건축물이 아니라, 자기 토양에 뿌리박고 끊임없이 변전해가는 그들만의 삶의 자취와 그 역사를 볼 수 있었다.

그렇다고 이런 문제의식이나 실천사례들이 우리에게 전혀 고갈되어있는 것은 아니다. 도처에서 이런저런 식의 작은 노력들이 이론과 실천의 영역에서 기울여져 왔으며 또 차츰 의욕적으로 새로이 시도되고 있다. 종교건축물의 경우 참신한 사례들을 찾기는 그리 어렵지 않다. 다만 아직은 초기단계이고 대중화되어있지 않을 따름이다. 이에 비해 학교건축물의 경우는 이렇다 할 만한 것을 찾기가 쉽지 않아 보인다. 그래서 이런 제안을 해본다. 우리의 농가와 민가가 어린이에게 안정감을 배양하고 정서적인 느낌을 기르는 데 더할 나위 없이 좋은 구조를 가지고 있다는 점은 잘 알려져있다. 앉았을 때 지붕이 낮고, 그 구조가 둥글어서 마치 어머니나 어떤 작은 우주의 품에 안긴 것 같으며, 창호지 문은 유리문과는 전혀 다른 정서를 불러일으킬 수도 있기 때문이다. 이런 구조는 아마도 유치원에 잘 어울리지 않을까? 혹은 치유교육학을 위한 자리로 도입해보면 어떨까?

그런가 하면 서원을 떠올려본다. 이 건축물은 우리네 살림집, 사찰과 궁궐, 누정(樓亭) 등 다양한 건축물 중에서 모든 면을 두루 구비한 공간조성의 사례로 손꼽히는데, 이 훌륭한 작품들이 현대 학교건축 기법에서 외면당하고 있는 것은 참으로 안타까운 일이다. 이 건축물은 누마루, 뜰, 정원(때때로 연못을 곁들인 구조로), 기숙 공간, 강학 공간, 도서관(출판과 대여 기능을 갖춘), 사당 등으로 이루어져 있으되, 십수 명 내외만이 거주할 수 있도록 작은 형태를 갖추고 있으며, 늘 빼어난 자연풍광을 배경으로 삼고 있다. 강당의 온돌방과 마루공간은 서로 조응하는 형태로 어우러져있으며, 방 내부는 창호지 문과 벽을 통해서 외부로부터 보호하고, 사방으로 트인 마루를 통해 외부와 소통하는 구조를 갖추고 있다. 그런 소통구조는 누마루에서 잘 나타난다. 여기서 사람들은 자연 안에서 소요(逍遙)하며 세계를 관조할 수 있었다. 그런가 하면 사각형으로 된 뜰은 건물과 담으로 감싸안아 고적(孤寂)한 느

고산향교 정면

낌을 가질 수 있도록 하였다. 단청은 거의 없거나 아주 절제된 형식으로만 도입되고 있어서 대부분 이 공간에서는 자연의 소재 그 자체만을 느낄 수 있다(이는 흔히 '노출 골조미'로 불린다). 그런 구조를 통해서 서원은 총체적으로 하나의 완결된 소우주를 나타내고 있다. 작은 크기, 소박함과 절제미, 건물들의 어우러짐, 아늑함과 트임, 아름답고 신비로운 자연과의 어울림, 명상적 구조, 기숙학교, 생태적 시각 등등, 논하기로 하자면 오늘날 도입해볼 만한 중요한 단서들을 고루 갖추고 있는 이 서원의 공간형성의 철학과 기예를 오늘날 학교공간조성을 위한 문제로서 한번 배워보고 싶다. 현대라는 시점에서 볼 때 서원이 일정한 한계를 가지고 있음도 사실이다. 이를테면 정순우는 서원 공간을 솔성하고 수덕하려는 유학의 본령에 따라 성리학적 심학(心學)을 위한 곳으로 파악하면서 그런 점에서 특이성을 말할 수 있으되, 한편 시간에 따른 변화나 운동의 개념이 부재한 곳으로 인식함으로써, 근대문명을 위해서는 일정한 한계가 있을 수밖에 없음을 지적했다.[24] 이런 한계를 인정할 수 있다. 하지만 바로 그러한 심학적 공간이야말로 오늘날 현대적 진보에 지나치게 경도된 학교, 즉 마음을 위한 공부자리가 상실된 오늘날의 학교를 향해 또 다른 차원에서 말을 걸어올 수 있지 않겠는가 하고 생각해본다. 이를테면 다음과 같이:

정문에 들어서면 건너야 하는 실개천이나 연못 같은 구조는 오늘날 속도와 폭력에 내몰리는 청소년들의 삶의 공간에서 분명 어떤 새로운 것을 의미할 수 있을 것이다. 서원이 빼어난 자연 안에 자리잡고 있다는 사실—이런 조건을 현대 도시 학교들이 향유하기는 불가능하다. 그러나 그러한 정신, 그러한 자연의 요소들을 일정한 방식으로 교육공간 안에 끌어들일 수는 있다. 교실과 학교 전체가 꽃과 화초로 가득하도록, 숲이 무성하도록 가꾸기, 아니 아주 파격적으로 현대식 건물 옆에 작은 정자나 누를 갖춘 서원을 그냥 옛 형식대로 지으면 어떨까? 그리고 국어수업은 누에서 한번 해보고. 현대식 학교는 서원의 사당과 같은 영적 공간에 대해서는 거의 고려하지 않고 있다. 반드시 기도처가 아니라도, 철학을 이야기하고 적막함을 경험하며 마음공부 한번 해볼 만한 그런 처소를 학교의 가장 깊숙한 자리 혹은 중심부에 배치할 수는 없을까? 혹은 대안학교들은 서원 건축양식을 바탕으로 이를 현대

---

24) 정순우: "교육공간에 대한 역사적 성찰",《한국교육사학회 2008 공동연차학술대회자료집. 역사 속의 교육공간 그 철학적 조망》(2008), 1~17, 특히 14~16.

화시켜 볼 수도 있을 것이다. 이 경우 규모는 좀 커지고 집의 수도 많아지겠지만, 약간의 창조적 변형을 가하여, 너무 잔잔한 느낌을 준다면 역동적 구조를 배치하고, 색채가 단조롭다면 좀 바꾸고, 뜰은 뜰대로 두되 운동장은 다시 만들고, 자연에 다가가거나 자연을 끌어오거나, 책걸상을 사용하는 교실이 아니라 모두 앉아서 서안을 가지고 한번 해보는 식으로. 도시에서도 대형학교 건물을 한곳에 짓지 말고, 몇 개의 뜰을 사이에 두고 서로 마주 보도록 혹은 원형으로, 혹은 이웃하도록 지을 수는 없을까? 그러니까 건물과 건물 사이를 작은 뜰로 연결하는 것이다. 아기자기함과 아늑함과 고즈넉함과 엄숙함 같은 분위기가 느껴지고 인간적 삶을 위한 시야가 확보되도록. 체육관이 있다면 굳이 그 넓은 운동장을 현재와 같이 유지할 필요가 있을까? 이것은 요즈음 학교숲 만들기의 일환으로 조성되고 있는 작업에 보충적인 견해가 될 수 있을까? 혹은 서원 공간구조에서는 전체적으로 보아 대칭과 비대칭 구조가 어우러져 있다. 이것은 대칭적 구조를 선호하던 전통적 서양건축물에 비해서 특기할 만한 점이다. 이 두 가지 요인은 서원 공간에 안정감(대칭)을 주고 동시에 역동감(비대칭)을 가지게 한다. 오늘날 청소년들이 혹 대칭구조에서 어떤 고착성과 질서를 강요받을 수 있다면 이 느낌은 비대칭구조가 충분히 상대화시킬 수 있으리라는 추정을 해본다. 현대 학교건축물에서는 보통 이러한 역동성을 찾아보기 쉽시 않다.

이런 제안은 다만 옛것만이 좋다는 전통주의를 말하려 함이 아니라, 이 밑도 끝도 없는 공간문화를 옛것을 한 바탕으로 하여 새로이 만들어보자는 것뿐이다. 서원건축 연구가 이상해 선생이 안토니오 그람시(Antonio Gramsci)를 인용하여 "옛것은 죽어가는데 새로운 것은 태어나지 않은 상황"을 위기로 인식하고 있음은 결코 흘려들을 수 없다.[25]이 런 점에서 서울애화학교(청각장애특수학교, 서울 성북구 미아동)에서 기 울이고 있는 노력은 눈물겹게 아름답다. 자그마한 운동장을 둘러싸 초 목을 가꾸되, 오른쪽에는 연못을 잘 가꾸어놓고 그 안에 방아를 설치 했는가 하면, 왼쪽에는 세심하게 돌본 흔적이 역력한 널찍한 꽃밭 옆 에 정자를 지어놓았다. 이 정자가 아이들이 즐겨 찾는 곳임은 어렵지 않게 확인할 수 있다. 이러한 시설들은 그냥 한번 지은 후 내버려두지 않고, 끊임없이 돌보고 있다는 느낌이 와 닿았다. 마당은 운동장이면 서 동시에 하나의 독특한 정원이라는 느낌을 받게 된다. 어떤 마음이 이런 아름다운 정원을 가능케 했을까?

좀더 본격적인 사례는 앞서 말한 산마을고등학교다. 전통 한옥의 가 옥구조가 기초를 이루도록 하고 약간의 서구식 기법을 겸용한 구조는 영락없이 우리네 옛 서원건축물이나 시골마을 집의 정서를 고스란히 간직하고 있다. 아마도 서원이라면 비대칭구조가 생동감 있게 살아있 는 소수서원(경북 풍기군)을 여기에 견주어볼 수 있을 것이고, 마을이 라면 아마도 영암 구림마을의 어느 민가를 떠올려볼 법한 그런 느낌 이다. 건물 벽을 담으로 해서 학교 전체를 둘러친 데서 그렇고, 골목을 돌아서 뜰과 뜰을 이어가는 대목이 그렇고, 돌과 흙과 나무 같은 자연 재료의 질감이 그대로 느껴지게 한다든지, 천장 목조의 노출 골조미를 그대로 살려낸다든지 하는 점이 그렇고, 서원의 누(樓) 같은 느낌을 주 는 2층 동아리실이 그렇고, 연못이 그렇고, 모든 자연물이 순환되도록

25) 이상해:『書院─조선시대 사회문화사의 심원한 흐름을 이어온 강학과 제향의 건축공간』(열 화당, 1998), 12. 위 문맥 중 서원 건축에 관한 설명 부분(10~12) 참조.

한 생태적 구조가 그렇고, 오손도손 모여 사는 듯한 느낌, 그런 작은 규모만이 낳을 수 있는 정겨운 느낌이 그렇다. 동아리실만 빼고는 모두가 단층이다. 그 흡사한 사례는 아마도 대부분 단층 목조건물로 지어진 일본의 자유학원(동경 미나미사와)이 아닐까 생각된다. 여하튼 이 학교에서 나는 우리나라의 여느 일반 학교건축이나 어떤 다른 대안학교 건축물이나 또 어떤 다른 서양의 학교건축물에서도 찾아볼 수 없는 그런 독특한 느낌을 받았다.

배움은 다만 학교에서만 시작되고 끝나는 것이 아니다. 일상생활이 중요하다. 그런 점에서 용인 민속촌에서처럼 우리의 거주문화를 박물관의 박제물로 만들수록 일상사에서 우리의 집이 살아날 길은 요원해진다. 전통이 살아있는 농가와 민가, 그리고 마을을 현대적으로 보존하거나 복원하는 일이 중요하다. 그래도 아직은 충청북도 어느 깊은 산기슭, 혹은 남도에 가면 부서지지 않고 남아있는 옛집들을 간간히 찾아볼 수 있다. 그곳에 가면 우리네 선인들이 가졌던 그런 소박한 심미안이 그리워진다. 적어도 그러한 정신적 지향성이 그립다. 앞서 소개한 전통적 학교건축 사례들은 그런 지향성을 다만 그리움으로써만이 아니라 우리 일상적 삶에 용기있게 구현해낸 시도들로서 '오래된 미래'를 위한 하나의 명백한 방향타라 말하고 싶다.

생태적 시각

오늘날 생태위기에 관한 문제의식은 학교교육에서도 긴급한 과제가 되었다. 이는 교육이 이루어지는 학교공간의 자리 그 자체부터 변화시키는 노력 없이 기약하기 어렵다. 이런 점에서 '생태적 학교건축'이나 '생태적 학교공간조성'이라는 주제를 내걸어본다. 이 과제는 아마도 근래 대안학교들의 공통적 관심사이기도 하겠지만, 공교육 현장에서 새로 지어지는 학교나 내부시설 재건축을 요하는 부분들에 해당되기도 한다. 그런데 이는 결국 다만 학교만이 아니라, 개개 학생들이 장래 자기 집을 짓고 도시를 건설하는 주체로 나섰을 때 그들이 어떤 관점을 가지고 선택하고 행동할 것인지를 돕기 위한 준비작업이기도 하다.

오늘날 생태교육이 종종 다만 환경보호운동인양 오해되고 또 그런 차원에서 끝나는 것 같아 유감스럽다. 단순한 환경교육이라도 인간중심주의적 사고를 바탕으로 한 것이기 때문에 우주자연을 기술과학적으로 대상화하는 대신, 살아있는 유기적 전체로서 보는 것이 중요하고, 그것이 내비치는 아름다운 면모와 신비로운 차원을 감지할 수 있도록 하는 것이 중요할 것이다. 생태교육의 진정한 과제가 있다면 그것은 자연세계와 교류하고 대화를 나눌 수 있기까지 하는, 생명에 대한 감수성을 키워내는 것이다. 소위 환경보호란 이러한 감수성 있는 행위의 부수적인 결과에 불과한 것 아닌가? 어쨌든 우리 사회에서 이런 문제의식을 둘러싸고 상당수 학교와 교육운동단체들이 최근 몇 년간 힘을 기울여 교육과정을 만들어내고, 공간 역시 그에 맞도록 구성해내려 애쓰고 있는 것을 볼 때, 자못 깊은 인상을 받게 된다. 그런 뜻에서 '생태적 학교건축'이나 '생태적 학교공간조성'은 미래를 기약해볼 만한 아주 매력적인 주제라 할 수 있다. 상상력에 날개를 달아줄 몇 가지 사례를 살펴보기로 하자.

일본의 엔도 야스히로가 '마을 만들기'라는 구상 아래 소개한 '아지로키요코초'라는 공동주택 사례(우치 시 소재)[26]가 있다. 약 3천 m^2의 토지에 17호의 주택과 집회장이 건립되어있는데, 이 주택의 첫 번째 특징은 전체적으로 연결되어있으면서 각자 자기 집 '다움'의 소망을 실현시키고 있다는 것이다. 따라서 획일적이지 않다. 레이아웃, 지붕, 차양, 마루 등에서, 방의 배치 구조에서, 현관문에서 그 집에 사는 사람의 생각과 느낌이 반영되어있다. 두 번째 특징은 집 한 채 한 채에서 또 그 집들 사이에서 자연이 드러나고 어우러지도록 한 것이다. 집으로 들어가는 길은 포장을 하지 않아 흙이 그대로 드러나고, 풍부한 지하수를 이용해 샘을 파 시냇물을 내고, 그 주변에는 갖가지 초목을 심어, '흙'과 '푸르름'과 '물'이라는 자연이 한데 어우러져 생기를 뿜어내고 있다. 그렇게 해서 벌레와 새들이 모여들게 되면 자연은 그곳에 사는 사람들과 아이들과 더불어 하나의 유기적인 세계 전체—"세계는 하나의 생명체이다."—를 이룬다. 이렇게 하여 아이들은 일상에서 열매 터지는 소리와 닭 우는 소리를 듣고, 꽃향기를 맡으며, 벌레들이 노는 모습을 보며 자연세계를 친숙하게 대하고 공감할 수 있는 능력을 키우게 되었다. 아지로키요코초 공동주택은 현대도시가 상실한 자연세계를 다시금 아이들 품에 되돌려준 아주 매력적인 사례이다.

이런 식으로 지열이나 태양열 혹은 빗물 같은 자연 에너지에서부터 생태주택 건설에 이르기까지, 농촌과 도시에서 생태적으로 일하며 살 수 있는 법을 연구하고 또 실생활에 도움이 되도록 하기 위한 즉 '생명과 멋지게 교류하며 살기 위한 연구'는 이제 현대 인류에게 본격적 과

---

26) 엔도 야스히로: 『이런 마을에서 살고 싶다. 주민들이 직접 나서는 마을 만들기』, 김찬호 역 (황금가지 1990), 171~179.

제로 부상했다.

최근 덴마크에서 시작되어 전 세계로 확산되고 있는 '숲 유치원'은 일 년 내내 아이들이 숲속에서 생활하도록 한다는 점에서 아주 특이하다. 아이들은 그저 가끔씩 필요할 때만 보호된 공간, 즉 집에 들어갈 뿐이다. 밥도 밖에서 먹고 낮잠도 밖에서 잔다. 새들이 지저귀는 소리와 솔솔 불어오는 바람, 작은 돌멩이와 나뭇가지, 잎새와 꽃, 나무들이 아이들의 친구이다. 눈이 오나 비가 오나 기온이 영하 10도로 떨어져도 밖에서 놀고 생활하게 한다. 이런 식으로 아이들은 자연 속에서 자라고 자연을 자연스런 삶의 토대요 친구로 여기게 된다. 인위적 건축 공간은 여기서 최소화되고 탁 트인 자연세계가 본래적 공간이 된다.

이런 흥미로운 시도들은 모두 나름대로 풍부한 상상력을 바탕으로 한 것으로 오늘날 생태교육이 어때야 하는지 또 그 공간조성이 어때야 하는지, 그 방향을 가늠케 해준다.

'페터페터젠 초등학교'(독일 베를린)에서는 교실과 교사(校舍)를 쾌적한 학습환경이 되도록 조성하고, 생태적 음식을 제공하고, 학교 전체를 초목으로 뒤덮이게 하고, 인근 거리의 가로수도 잘 가꾸어놓았다. 학교숲도 조성하고 시내도 만들었다. 이 모든 것은 자연세계와 스스로 좀더 친근하게 교류하도록 하기 위한 것이다. 또 다른 학교(Köllerholzschule, 독일 보쿰)에서는 건물을 밝고 친근감이 가게 짓고, 교정은 수년간의 프로젝트를 통해서 아이들에게 자연을 가까이 대하며 지낼 수 있도록 재구성했다. 학교 주위에는 생태정원을 조성하되 예술품을 함께 곁들이거나 그곳 빈터에서 연극이나 연주회가 열리도록 했다. 연못, 들판, 농장들과 연결 지어 아이들이 자연을 일상에서 관찰하고 연구할 기회의 폭을 넓혔다. 무엇보다 이 학교에서는 생태정원을

게르노트 밍케(G. Minke) 교수의 진흙집 내부 천장(독일 카셀). 이런 구조도 명상을 위해 좋아 보인다.

예술작품 활동과 연계하여 조성한 것이 인상적이다.[27]

　이런 사례는 계속 거론할 수 있으리라. 생태적 학교건축공간 조성을 둘러싼 참신한 학문적 시도들도 있다. 예컨대 게르노트 밍케(G. Minke, 현대 독일의 생태건축가)는 전통적 소재인 점토의 생태적 가치라는 시각에서 그 현대적 건축기법을 연구하고 아울러 다양한 실천사례들을 발전시켰다.[28] 〈한국생태유아교육학회〉는 "생태건축으로 여는 아이

---

27) Bertelmann Stiftung(Hrsg.): *Schule neu gestalten*, Gütersloh 1996, 67, 73, 103.
28) Gernot Minke: *Lehmbau-Handbuch. Der Baustoff Lehm und seine Anwendung*, Staufen bei Freiburg 1994.

들의 삶터"라는 주제하에 학술대회(2005. 6. 18)를 개최했다. 아마도 학교건축이라는 주제를 본격적인 논의의 장으로 끌어들이되, 이를 생태학적 시각에서 조명하고자 한, 아주 고무적인 시도 중 하나가 아닌가 생각된다. 이 자리에는 세 가지 주제 발표(1. 생태적 삶과 생명의 살림집, 2. 새로운 대안으로서의 생태건축, 3. 유아교육기관의 생태건축: 신축과 리모델링)가 있었다. 앞서 거론한 산마을고등학교의 경우 다양한 학교건물 모두가 우리네 전통 흙집 구조물인데다 뒷간도 현대적 생태화장실 공법을 이용하여 지어 그 전체가 생태적 공간이라 할 수 있다.

이런 참신한 시도들이 학교건축 영역에 긴급히 도입되어야 함은 두말할 나위가 없으리라. 이화여자대학교 박물관은 영암군과 협력하여 구림(鳩林) 도요지의 역사적 유산을 발굴 보존하기 위해 인근의 폐교를 인수하여 '영암도기문화센터'를 설립하였는데, 이 과정에서 새로 단장한 폐교의 건축구조는 여러 모로 인상 깊다. 이를테면 한쪽 지붕을 치켜올려 채광이 잘 되도록 하였다든지, 지하수를 이용해 냉·온방 설비를 함으로써 생태학적 설비를 갖추었다든지, 혹은 원래의 골격은 그대로 두고도 미감이 살아나게 지었다든지, 전체적으로 합리적 구조를 갖추고 있다든지, 밝은 느낌을 준다든지 하는 점들이 눈에 띈다. 이 건축물은 기존의 농촌지역 학교들이 어떻게 변신할 수 있겠는지에 대한 좋은 사례로 보였다. 이 문화센터 안에 전시된 이런저런 희귀한 역사적 유물도 유물이려니와 바로 그 곁에 자리한 옛 구림마을의 토담집, 종가 건축물들, 정자 같은 역사적 유산들은 생태적 집짓기에 관한 선인들의 지혜를 유감없이 보여준다.[29] 이런 유산은 분명 오늘날 우리

---

29) 나선화 편: 『영암의 토기전통과 구림도기』(이화여자대학교 박물관, 1999), 특히 김홍남 박물

의 과제를 위해 시사적이다.

함께하는 집짓기 프로젝트

> 학교공간을 학생들에게 단순히 완성해서 주는 것이 아니라, 그들과 함께 지속적으로 만들어가자는 것이다. 이는 학과수업에서 다룰 수 있는 소소한 문제에서부터 학교공간 전체를 어떻게 구성해내느냐 하는 커다란 문제에 이르기까지 다양한 과제 영역을 의미한다.

독일의 발도르프 학교는 개혁교육학적 노력에 있어 상당 부분 특이하고 탁월한 시도들을 발전시켜왔지만, 다른 한편 비판받는 점도 있다. 학생들이 참여하기 전에 이미 규정된 틀을 주기 때문이다. 이곳에서는 기본적으로 벽에 어떤 색을 칠해야 할지가 이미 정해져있는 것이다. 이에 비해 '글록제 학교'(Glocksee-Schule, 1970년대 시작된 현대 독일 대안학교의 효시)에서는 창문 유리 색을 칠할 때 아이들이 무얼 원하는지 귀담아 듣고 그들 스스로 칠하도록 한다.

교육전문지 『우리교육』은 186호(2005. 8)에서 "아이들과 함께하는 학교 만들기 프로젝트"라는 기획하에 학교공간구성을 위해 거론할 만한 세 가지 사례들을 발굴 소개했다(90~112). 그것은 조한인 교사(충북 옥천중)와 조중현 교사(서울 개웅중), 그리고 김인규 교사(충남 서천 애니메이션고)의 실천사례들이다. 이분들 모두 미술 선생님들로서, 공통적으로 일종의 '학교 만들기 프로젝트'라는 시각에서, 그간 어른들

관장의 소개말(13).

에 의해 설정된 학교공간의 틀을 '학생들 자신'의 생각과 욕구를 바탕으로 재구성해보도록 이끈 노력이 평가되고 있다. 이 자리에서 이 고무적인 시도들 모두를 자세히 살피면 좋겠으나, 지면상 한 가지 사례만을 간추려 이야기해보련다.

김인규 교사(106~112)는 미술교과의 과제에 대해 다년간 고심한 끝에 그 핵심을 "학생들을 공간에 참여하게 하고 그곳을 자신의 삶의 방식에 따라 활력 있는 곳으로 만드는 것"에서 찾아냈다. 그는 이 착상을 '산길 프로젝트'나 '화장실 프로젝트', 혹은 '벽화로 공간 바꾸기'라는 프로젝트로 구현해보았다. 등하교 길에 학생들이 지름길로 오가는 산길이 있다. 이곳은 소나무 숲이 아름다운 야산이지만, 무덤도 있고 아이들이 어느 구석에서 우중충한 짓을 하기도 하고 벌레들이 득실대는가 하면 비가 오면 질척거리는 그런 길이기도 하다. 김 교사는 이곳을 하늘과 숲이 자아내는 풍취의 아름다움을 즐길 수 있는 그런 곳으로 만들고 싶었다. 선생님의 제안에 학생들의 반응은 적극적이었다. 그리하여 벤치가 만들어지고, 길가의 잡목도 정리되고 그리고는 길 어느 어귀에 축제가 벌어져 새로운 느낌이 분출되도록 했다. 이런 식으로 화장실도 역시 재구성했다. 그래서 이제 늘 엄숙하고 청결해야 했던 화장실 구석구석에는 크고 작은 귀신 인형들이 내걸리게 되었다.

이 일련의 작업 속에서 그는 학생들로부터 즐거움과 정겨움의 체험을 읽어낼 수 있었다 한다. 그러나 이런 성과에도 불구하고 그는 두 가지 점에서 들려오는 비판적 목소리에 귀를 기울여야 했다. 하나는 "그건 미술교과에 제한된 과제가 아니냐? 그렇다면 모든 교과에 호소력을 가질 수는 없지 않겠는가?" 하는 것이었고, 다른 하나는 학생들이 특별한 체험을 하기는 했지만, 아직은 이를 '공간에 대한 언어'의 차원으로 파악해내지는 못했음을 확인하게 되었다는 것이다. 그는 학교 전체를 대상으로 하면서, 학생들 누구나 밀접한 관련성을 가지고 참여할 수 있는 그런 좀더 '체계적인' 과제가 필요함을 인식했다. 그래서 착안한 것이 바로 '내가 다니는 학교공간 리모델링 계획 세우기' 수업이었다. 여기서 그는 '연구와 분석' 작업의 의미를 좀더 강조하였다. 그렇게 그는 학생들이 학교공간의 특성을 객관화시켜 이해할 수 있도록 친구의 인터뷰를 수집하고, 자기 학교공간을 다른 학교와 비교하고, 일반 상가나 공공기관 시설물들과도 비교하게 했다. 이는 학생들이 이 작업을 통해서 각각의 공간마다 그곳에 사는 사람들의 의도가 반영되어 있음을 인식하게 되고, 이를 바탕으로 "장차 자신들이 바라는 삶의 틀에 맞는 공간을 설계할 수 있게 되리라"는 희망어린 가정 때문이었다 한다.

그러나 그의 이 계획은 교장선생님의 급작스런 제안으로 다른 계획으로 대치되었다. 그것은 애니메이션 고등학교의 특성을 살릴 수 있는 공간구성 방안으로 '벽화 그리기'가 어떤가 하는 제안으로서, '낡고 어두컴컴한' 후동 교사의 내부구조를 바꾸는 과제였다. 이렇게 하여 세 번째 프로젝트, 즉 '벽화로 공간 바꾸기'라는 프로젝트가 마련되었다. 따라서 그가 기왕에 의도했던 좀더 포괄적인 계획은 일면적인 과제로 축소된 셈이다. 그러나 그는 이를 다만 그저 벽화를 그려보자는 식으로서가 아니라, 좀더 체계적이며 과학적으로 접근하여, 먼저 학생들로 하여금 기존의 교실과 복도에 대한 '(다른) 아이들의 의견과 바람', '그림에 대한 제안들'을 연구·발표하게 하였다. 이 과정에서 학생들이 삭막한 교사(校舍)를 불만족스럽게 여기는 것으로 파악되었다. 그렇다면 벽화는 공간이 좀더 친근한 느낌이 들도록 그려져야 했다.

이를 토대로 "아이디어 모으기, 의견수렴, 밑그림 그리기, 그림팀 조직"이라는 과정을 순차적으로 밟아나갔다. 가능한 한 많은 학생들이 참여하게 하여 한달 정도 걸려 밑그림을 완성했다. 아이들이 내놓았던 것은 교실과 복도라면 대충 이리저리 생각되는 정형화된 구조와는 딴판의 것이었다. 아이들의 상상력은 친근한 캐릭터를 비롯하여 신나고 기발한 아이디어들로서 속속 모습을 드러냈다.

- 3층 복도 막다른 곳에 옥상으로 가는 철문을 동화의 나라로 들어가는 문의 이미지로 바꿔놓았다.(2학년 최영, 노미나 등)
- 계단의 턱 부분에 원형으로 색면 그림을 그렸는데, 올라가면서 변화되는 모양이 옵티컬 아트처럼 착시를 불러일으키면서 발랄한 느낌을 준다.(2학년 안단령, 고이슬 등)
- 화장실 맞은편 벽에 난 두 개의 창문 사이 공간에 창문을 하나 더 그린 다음 창문으로 귀신이 들어오는 모습을 그렸다.(2학년 최정희, 구성희 등)
- 후동에서 전동으로 넘어가는 통로 앞 안쪽 문가를 "겨울이 가고 따스한 햇빛 아래 나무와 새들이 기지개"를 펴는 풍경으로 그려냈다.(2학년 최희정)
- 계단의 경사진 벽면을 미끄럼틀처럼 하여 아이들이 미끄럼 타는 모습을 그렸다.(2학년 전애영, 김보람 등)

이렇게 하여 공간은 부분적으로 좀 이상하다는 이견도 있고 지저분해지기는 했지만 더욱 편안하고 즐거운 공간으로 탈바꿈하게 된 것 같다. 김인규 교사는 이 모든 수업과정에서 아이들이 보인 신명나는 붓

질을 그냥 보아 넘기지 않았다. 아이들은 자신들의 요구와 관심을 거침없이 창조적으로 표현해냈던 것이다. 그러나 이러한 짜릿한 성과에도 불구하고 그는 앞서 두 개의 프로젝트에서 느꼈던 문제를 되풀이 경험하게 된다. 그러니까 이번 기회에 학생들은 그리고 싶은 그림을 그리고 공간을 좀더 친근하게 만들기는 했을지 모르나, 여기서 한 걸음 더 나아가 이 작업이 학생들 스스로에게 '공간 자체에 대한 사유'를 촉발시켰는가? 하는 데 대해서는 의문을 가졌던 것이다. 그런 까닭에 그는 또 하나의 수업과정을 기획했다. 그것은 학생들이 "벽화를 그린 후 이전과 달라진 느낌이 무엇인가?"라는 물음을 주제로 한 수업이다. 다시 말해서 이상 세 개의 프로젝트는 그에게 다음과 같은 좀더 본격적인 과제, 즉 "학교공간의 일반적 특성에 대해 스스로 설명하고 벽화가 그려진 공간의 특성을 말하면서 학생들(이) 공간을 만들고 형성하는 원리와 과정을 (익히게 되기)"를 위한 전 단계 작업을 의미하는 것이다.

이 시도들은 모두 학생들의 시각을 출발점으로 했다는 점에서 중요하다. 하지만 다음과 같은 문제점도 있다. 그것은 이 시도들이 미술교사의 것이라는 점이다. 즉, 이 생산적인 작업은 미술교사이기 때문에 가능했던 것으로, 이러한 활동을 학교 내 다른 교과 교육활동으로서 일반화시킬 수는 없지 않겠는가 하는 비판적 물음이다. 그러나 학교공간문제를 바라보는 그들만의 섬세한 안목과 능력으로 보아 이는 당연한 것이 아니겠는가? 또 문제는 그런 식으로 학내에서 촉발될 수 있는 것이 아니겠는가 하는 반론도 가능하다. 그렇다면 이 일은 다만 교과 수업의 일환으로서가 아니라 학교 전체 프로젝트로 해봄직도 하다. 만일 이 경우 교사 여럿이 함께 작업해야 한다면, 그때 미술교사를 중심으로 팀을 구성하여 생산적 효과를 기대할 수도 있겠다.

　여하튼 이런 의욕적인 시도는 좀더 다양하게 촉진되었으면 좋겠다. 방학을 이용하여 혹은 학기중 프로젝트 학습법을 통해 청소년이나 젊은이들과 함께 간단한 흙집을 지어보면 어떨까? 집짓기는 참으로 멋진 일이 아닐 수 없다. 건축에는 나무를 다루는 법, 흙일, 조직력과 기하학적인 지식, 예술적인 감각, 공동체 의식, 윤리적인 책임의식 그리고 마지막으로 몸을 사용하여 사는 법 같은 것들이 모두 잘 어울려 작용해야 성공할 수 있는 종합적 창조활동이기 때문이다. 처음에는 땅을 깊이 파서 그 안에 하나의 방을 만들고 지붕을 짚으로 대충 쌓아올린 움집을 짓고, 그리고 짚으로 간단한 막사를 엮거나, 간단한 농가를 지어보자. 무너져가는 농촌을 일으키기 위한 사업으로서 여러 곳의 후원을 받아 전문가와 함께 농촌 집을 고쳐주거나 새로 지어주기 같은 식으로 시작할 수도 있을 것이다. 제대로 된 집이 들어선 마을을 잘 다듬어 발전시키는 것이 중요하다. 앞서 말한 생태적인 집을 짓거나, 여러 나라의 농가를 한곳에 지어놓고 이를 교사(校舍)로 쓰거나, 아니면 그런 집들이 다양하게 지어진 마을을 만들어 어떤 교육촌으로 키우는 것은 또 어떠한가? 혹은 파격적으로 자연의 모양을 본 따 짓는다든지. 이런 뜻에서 어린 시절부터 해변에서 모래집 만들기를 하거나 굴을 탐색하거나 여행을 떠나 이곳저곳의 건축형태를 감상하도록 하는 교육활동들은 매우 중요할 것이다.

상상력이 살아있는 학교공간

    우리들의 학교가 현재의 한계를 넘어서기 위해서 가장 필요로 하는 것이 있다면 그것은 아마도 상상력이 아닐까 싶다. 구로야나기 테츠코가 『창가의 토토』에서 어릴 적 자신의 추억을 바탕으로 그려낸 고바야시 소사쿠 선생님(1893~1963)의 '도모에 학원'(초등학교) 교실과 도서관은 폐차된 전동차들을 가져다 만든 것이었다. 그리고 교문은 콘크리트가 아니라 살아있는 두 그루의 나무였고, 교정 주변에는 담장 대신 갖가지 나무와 꽃들이 가득 피어있었다. 이 기발한 학교 건물만큼이나 여기저기서 아주 기발한 교육이 이루어지고 있었는데, 그것은 고바야시 선생님의 독특한 철학에서 비롯된 것으로, 아이들은 천성적으로 선하며 저마다의 개성에 따라 자유롭고 행복하고 기쁨에 가득 차서 살아가도록 해야 한다는 것이었다. 아름답고 행복했던 학창시절에 대한 갖가지 추억담을 가득 담은 이 소설의 처음을 저자는 바로 그 전동차 교실에 대한 이야기로부터 시작하고 있다. 학교는 1945년 이차대전 중 폭격으로 불타버려 지금은 자취도 없지만 이 학교에 대한 기억은 저자에게 평생토록 끊임없이 창조적 생각을 불러일으켜 마침내『창가의 토토』라는 소설을 쓰게까지 하였던 것이다.[30]

이 이야기는 나로 하여금 다시금 이렇게 반문하게 만들었다. 오늘의 이 천편일률적인 건축물들은 바로 그러한 '가치의 학교' 같은 것을 꿈꿀 수 없었던 빈약한 상상력 때문이 아니었겠는가?

지난 2008년 준공된 스위스 상트 긴골프 지방 산악지대에 위치한 초등학교(Chemin des Rasses, 1898 Saint-Gingolph, 건축가 Galletti & Matter 설계, 2008년 준공)는 주위 산악지대 환경에 들어맞도록 지어진 건축물로, 지붕과 벽면 전체는 콘크리트라는 한 가지 소재로 되어있다. 콘크리트는 질감이 그대로 살아나도록 노출시켜 건물 전체의 용도가 극대화되도록 했다. 내부는 산악지대 경사도를 따라 올라가면서 3층으로 구성했으며 지붕을 마주한 제일 높은 층은 천장을 넓게 뚫어 빛이 시원하게 들어오도록 했다. 지붕은 한쪽 면을 짧게 하여 가파르게 세운 후 이것을 보다 길고 완만한 경사도로 이루어진 다른 쪽 면과 결합시켰다. 이렇게 하여 건물의 에너지 효용도 역시 탁월하게 되었다. 양면의 길이가 다른 사각형들을 조합하여 구성된 벽면에 군데군데 직사각형 유리창을 배치시켜 건물 전체는 변화무쌍한 느낌을 준다.[31]

---

30) 구로야나기 데츠코:『창가의 토토』, 김남주 역(프로메테우스, 2000), 23~26, 44, 177, 276~287.

31) Sibylle Kramer, *Schools. Educational Spaces*, trans. by Cosima Talhouni, Braun-Publishing AG., 2010, 76~79. 2010년 독일에서 간행된 이 도록에는 세계 여러 나라에서 최근 눈에 띄는 다양한 학교건축물 사례들을 풍부한 사진에 간략한 설명을 달아 소개하고 있다.

상상력 넘치는 최근의 시도라는 점에서 역시 눈여겨볼 만하다. [32]

　이 마지막 자리에서 지난 몇 년간 철학자 고제순이 기울인 인상 깊은 시도를 말하지 않을 수 없다.[33] 그는 살아있는 철학이 어떻게 가능할까 하는 관심사에서 강원도 원주 산악지대 양지바른 곳에 자리를 잡고 몇 년 동안 험한 산을 일구어 터를 닦으면서 독학으로 집짓기 공부를 한 끝에 드디어 몇 채의 근사한 흙집들을 지어냈다.
　고제순은 본래 철학을 하던 분으로 전문적 건축가라고 하기는 어렵다. 그럼에도 그를 거론하는 이유는 그가 집을 짓게 된 사연과 또 그 성과 때문이다. 그가 이 일을 시작하게 된 경위는 정신노동에만 치우쳐 살아온 '기형적 삶'에 대한 자각에서 비롯된다. 그가 생각할 때 자신의 삶은 정상적이지도, 조화롭지도 행복하지도 않은 삶이었다. 몸과 이성과 영성이 각각 따로 놀고 있다는 생각에 사무쳤다. 그것은 그의 철학함에 있어 근본적 위기를 뜻했다. 이 분열은 반드시 극복되지 않으면 안 되었다. 그는 오랫동안 심사숙고한 끝에 이 문제를 극복하기 위한 길로, 생존의 세 가지 기초라 할 수 있는 식(食), 즉 먹는 것, 주(住), 즉 쉬고 사는 것, 의(醫), 즉 치유라는 생활 능력을 위해 스스로 길을 모색하면서 이 기초 위에서 삶의 방향을 근본적으로 전환하고자 결

---

32)　상상력이라는 점에서 발도르프 학교건축물은 어제나 오늘이나 끊임없이 시사적이다. 최근 Immer Denker 외 여럿이 편집·간행한『발도르프 학교건축 변천사 *Waldorfschulbau im Wandel, Beispiele aus Deutschland, Beobachtungen und Beiträge*』는 과거에서 현재에 이르기까지 독일에서 지어진 발도르프 학교건축형태의 변천과정을 풍부한 사진을 곁들여 보여주고 있어, 현재 시점에서 미래를 전망하기에 또한 다양한 시각에서 영감을 고취시키기에 충분하다(*Mensch und Architektur* 69/70, 10/2009).

33)　고제순:『일주일 만에 흙집짓기』(시골생활, 2006), 프롤로그, 14~16, 17~23, 26~30.

심한다. 어느 날 그는 홀연히 철학박사로서의 신분과 '대학 강의'의 길을 접었다. 그리고 그의 결심은 팍팍한 현실 위에서 그대로 결행된다. '집짓기'는 그 세 가지 중 하나에 해당한다.

놀라운 것은 집짓기같이 고난도의 작업을 거의 혼자서 해냈다는 것이다. 어떤 목수로부터 사사 받은 것도 아니고 건축학을 체계적으로 공부한 것도 아니다. 그저 혼자서, 함께라면 부인과 함께, 책을 읽고 군데군데 수소문을 하면서 돌아보고 연구를 했다. 그는 한국의 전통가옥에 몰두했다. 그곳에서 조상의 삶과 철학과 과학과 지혜가 담겨있는 그 집들이 그의 마음을 끌어당겼다. 그중에서도 고관대작이 사는 복잡한 기와집이 아니라 초가집과 흙집이 그의 마음에 자리하였는데, 그 까닭은 초가집이 서민들을 위한 집이요 생태적이라는 인식 때문이었다. 그는 까다롭고 복잡한 기술을 요하는 기와집이 아니라 누구나 조금만 노력하면 손수 지을 수 있는 '초가집'과 '너와집' 형태의 살림집에 승부를 걸었다. 하지만 이 연구과정에서 문제가 드러났다. 단열이 아주 좋지 않다는 것이다. 얇은 벽체, 허술한 천장, 바람에 취약한 창문과 출입문 등을 그대로 둘 수는 없었다. 바로 여기서 새로운 집짓기를 위한 단초가 발견되었던 것이다. 그는 옛 형식에 기반을 두되 오늘날 극복해야 하는 문제점들을 기록해 나가면서 자기 나름대로 설계도를 만들고는 이것대로 하나씩 집을 지어보기 시작했다. 이 현실화 과정에서 그의 흙집은 차츰 진화를 거듭해갔다.

과연 그것은 독창적인 작품으로 나타났다. 그는 자기가 지은 흙집의 몇 가지 인상적인 면모들을 설명해준다. 이를테면 그가 사는 흙집은 일단 보통 흙집과는 달리 상당히 규모가 커서 그곳 농촌 생활에 필요한 거의 모든 사안을 넉넉히 감당하고 남을 만하다. 또 거실에는 페

고제순이 지은 흙집 찜질방

치카를 설치했는데, 이것도 서양 것처럼 그저 그곳만을 데우고 굴뚝으로 뽑아 올리는 식이 아니라 온기가 거실 공간 전체를 데울 수 있도록 했다. 그리고 나무를 때면 굴뚝 밑동에서 연기가 올라가면서 떨어지는 목초액을 받을 수 있도록 고안했다. 또 하나 인상적인 부분은 구들에 놓는 돌의 두께를 차별화하여 아랫목에는 두껍고 윗목은 얇게 하여 온기가 고루 퍼지고 보존되도록 한 것으로, 추운 산악지대에서 겨울을 나기에는 안성맞춤이다. 지붕은 나무껍질을 매무새 있게 다듬어 쓸모 있을 뿐 아니라 미학적 취향이 잘 살아나도록 했다. 그리고 마지막으로 아주 재미있고 참신한 것 하나, 이곳에는 개 두세 마리가 같이 살고 있는데, 이 개들을 위하여 정성껏 지은 나무집들이다. 아주 널찍한 공간 위로 올린 지붕은 마치 멋진 모자를 씌워놓은 듯하다. 앞쪽으로 터진 문 맞은편 뒤쪽에는 역시 여닫이가 있어 개들도 여닫을 수 있도록 하여 여름에는 이 집에서 시원한 바람을 쐬며 하루를 지낼 수 있도록 고안했다. 이곳저곳을 돌아보면 마지막으로 가지게 되는 인상은 고제순이 그저 사람들이 몸에 좋다 하니 흙집을 지은 것이 아니라, '그'의 철학을 토대로 '그'의 철학이 배어나도록 지었다는 것이다. 이 아름다운 흙집들을 그는 계속 지어나가고 있다.

처음에는 두세 채 정도 밖에 없었는데 지금은 멀리서 바라보면 조그만 마을이라 할 정도 규모로 많은 집들이 지어져 가고 있다. 최근에는 댓 명이 들어가 쉴 수 있는 '찜질방'을 둥근 형태에 너와를 얹어 지었다. 특이한 것은 보통 밖으로 나와있는 부뚜막을 방안으로 집어넣어 배치한 모양이다. 매우 맵시 있고 실용적인 작품이라 탄성을 자아낸다. 얼마 전부터는 또 좀더 규모가 큰 이층집도 짓기 시작하고 있다. 멀리서 보아도 규모가 있고 아주 멋지다. 많은 사람들이 와서 쉬고 강의도 듣고 여러 공간으로 나누어 사무를 본다든지 일을 해도 되겠다.

이 흙집 마을에서 고제순은 원주시와 인근 지역에서 현대문명의 새로운 돌파구를 모색하기 위한, 또는 그들 삶 한복판에 대안적 삶을 모색하려는 사람들이 와서 쉬면서 공부도 할 수 있는 자리를 펴보고 싶어 한다. 그는 이 작업을 처음에는 혼자 시작했다가 지금은 흙집 학교 '흙처럼 아쉬람'(강원도 원주시 흥업면 매지 3리 739번지, 회촌마을. www.mudashram.com; http://cafe.daum.net/mudhouse)을 개설하여 관심 있는 이들이 주기적으로 와서 배우고 작업할 수 있도록 하였다.

이렇게 건축가로서 변신한 고제순의 뜻은 다음과 같은 그의 철학적 진술에 잘 녹아있다:

흙집 짓기는 일종의 자기 수행의 도량(道場)이다.

머리와 손발이 따로 노는 먹물의 세계를

벗어날 수 있는 구원의 방주와도 같다.

말과 행위가 일치하지 않는 창백한 지식인의 자기모순을

더 이상 범하지 않는 현장이기에

마음이 불편한 갈등이 사라진다.

자기 분열의 고통으로 더 이상 괴로워하지 않아도 된다.

마음에는 평화가 깃든다.

또 하나 본격적인 시도는 경북 봉화에서 농사를 지으며 손수 집을 지어온 정호경 신부에 관한 이야기이다. 신부님의 우리 '집생활운동'에 관한 오롯한 생각이나 그러한 실천적 면모는 그의 책 『손수 우리 집 짓는 이야기』[34]에서 접할 수 있듯이 우리 사회에 매우 호소력 있는 것일 뿐 아니라 학교교육에도 절실하게 말 걸어올 수 있는 것이 아니겠는가 하고 생각해본다.[35] 이렇듯 집과 집짓기, 그리고 공간과 공간체험 문제는 교육적 삶을 다시금 시작해보려는 이들을 위해 하나의 근본적 과제를 의미할 수 있음은 분명하다. 그래서 나도 이렇게 제안한다.

"우리 모두 집을 함께 지어봅시다. 참으로 다시 한 번 살아보기 위하여……."

---

34) 정호경: 『손수 우리 집 짓는 이야기』(현암사, 1999).
35) 아울러 다음 두 권의 책 참조: 강준모: 『흙과 통나무로 짓는 생태건축』(발언, 2002); 전원속의내집 편집부: 『흙집으로 돌아가다』(주택문화사, 2009).

지체장애의 한계를 넘어서

학교건축 분야에서 유력한 전문가인 크리스티안 리텔마이어 교수는 대화 중 공간문제에 있어 한 가지 매우 흥미롭고 시사적인 사례 하나를 알려주었다. 이 학교는 뮌헨에 소재한 청각·시각 장애아동을 위한 학교센터(Schulzentrum für hör- und sprachgeschädigte Kinder, Musenbergstraβe 32, D-81929 München)로 우츠-페터 슈트렐레(Utz-Peter-Strehle)가 설계하여 지은 건물이다. 다음은 리텔마이어 교수의 기고문이다.

　이 특별한 건축물은 장애아들을 위해 지은 것이다. 청각장애아들은 그들의 주변환경, 그리고 특히 다른 사람으로부터 전달되는 음향과 소리 정보를 받아들이는 데 어려움이 있는 반면, 언어장애아들은 언어 표현상 제약을 받고 있기 때문에 다른 사람들과 관계하는 데 어려움을 느낀다. 이런 이유 때문에 언어·청각 장애아들은 다른 표현 및 지각 방식(동작, 시각, 냄새 등)을 통해 소통하는 법을 연습하도록 지도받고 있다. 그래서 이 학교를 설계한 건축가는 어린아이들의 감각기관에 다양하게 호소하는 농시에 생동감 있는 건축물을 완성하기 위해 노력했다. 예컨대 큰 창문에서 작은 틈새에 이르기까지 다양하게 밖을 내다볼 수 있게 한 구조, 공원과 유사한 주변 경관, 공간 구성물의 다양성(지붕의 상승과 하강, 전면의 굴곡 등) 그리고 소통을 촉진하는 내부 공간 등이 그것이다.

 밝은 색으로 유약 처리된 목재와 파스텔 색조는 따뜻한 느낌을 주
어 그 공간 안에 있는 사람들로 하여금 계속 머물고 싶은 마음과 아늑
한 느낌을 가지도록 하는 효과가 있다.

학생들은 장애 때문에 사회적으로 자주 고립된다. 따라서 이 양식에서 건축가는 학생들의 의사소통과 만남이 좀더 용이하게 이루어지도록 고안했다. 이를테면, 난간이 있는 발코니 형상의 휴식공간은 시각적 접촉을 여러 모로 가능케 해주는 다양한 계단과 구조물로 이루어져 있어 학생들의 상호 인식과 만남을 용이하게 해준다. 휴식공간의 천정은 빛이 충분히 들어오도록 높고 개방되어있어 마치 밖의 신선한 공기를 '들이쉬듯' 자유로운 느낌을 만끽할 수 있다.

1960~70년대에 지어진 사각 상자 형태의 학교 건물(독일).

공간의 형태는 변화무쌍하여 지루한 느낌을 없애고 율동감을 자극한다. 건축가에 따르면 이 건물은 "청각보다는 시각을"이라는 모토 위에서 구성되었다. 목재, 강철, 유리, 세심하게 처리된 콘크리트 그리고 광유(鑛油) 처리된 마루의 조화는 차가운 인상보다는 양질의 거주 분위기를 조성한다. 설계 당시 '건축물의 율동성'도 중시했는데 이는 아이들 감정이 율동감 있게 형성되도록 촉진하기 위해서였다. 학생들이 쉽게 싫증을 냈던 1960~70년대 독일의 '사각 상자 형태의 학교건물'들과는 대조적인 새로운 형태의 이 건축물은 다이내믹하고 생동감 있는 분위기를 연출해준다.

한편, 이 건축물에서 중점을 둔 또 한 가지 점은 바로 생태학적인 건축자재와 건축형태이다. 예를 들어 건물의 단열 능력을 최적화하기, 태양열과 빗물의 이용, 수량계, 효율이 높은 조명기법 그리고 인체에 해롭지 않은 건축자재들이 도입되었다.

아울러 교실들은 학생들이 장애 때문에 겪는 문제들에 효과적으로 대응하기 위한 방식으로 설계되었다. 이를테면, 청각장애아 교실은 학생들이 교사를 중심으로 반원 형태로 앉을 수 있는 구조로 설계되었는데 이는 말하는 교사와 학생 간의 거리를 비교적 동일하게 유지시키기 위한 것이다.

이 외에도 학교는 다수의 이동식 책장을 설치해 학생들이 둘러앉아 친목을 도모하거나, 소모둠 형태로 특정한 주제를 학습하기에 용이하도록 했다. 여기에도 편안하고 안락한 분위기를 선사해주는 건축자재와 색감이 적용되었다.

이 건축물은 특수학교는 물론 일반학교를 위해서도 시사적이어서, 아울러 눈여겨볼 만하다.

학교공간 건축에서 고려할 사항들

현대 네덜란드 구조주의 건축의 대가로서, 대규모 복합 프로젝트 뿐 아니라 공동주택, 학교, 사무실 같은 일상생활 공간을 주제로 삼아 독특한 작품 세계를 일군 헤르만 헤르츠버거(Herman Hertzberger)는 최근 국제적으로도 널리 알려진 자신의 저서 『건축수업*Lessons for Students in Architecture*』(Uitgeverij, 2005)에서 학교공간 건축문제에 있어 고려할 점 몇 가지에 대해서도 실제 사례를 들어 언급했다. 최근 우리말로도 번역된 이 책(『건축수업』. 안진이 역. 효형출판, 2009)을 읽으면서 필자는 앞에서 소개한 여러 논점과의 비교를 위해 그 대강과 주안점을 여기에 옮겨놓고 싶었다. 주제에 따라 모두 세 장으로 되어있으며(A. 형태는 초대한다, B. 함께하는 공간, C. 공간 만들기와 공간 남기기), 각 장의 절마다 공간건축에서 기초적으로 살펴야 할 점들이 흥미롭게 소개되어있다. 학교공간조성에 있어서는 특히 학생들 간의 우연한 만남을 위한 공간이라든지 거주자의 참여를 위한 설계방식 같은 교육적 문제인식이 도드라진다. 학교 사례로는 네덜란드 암스테르담에 소재한 네 곳의 학교(베이스퍼르스트라트 학생기숙사, 드 에베나르 초등학교, 아폴로 학교, 개방학교)와 한 곳의 고아원, 그리고 델프트에 소재한 몬테소리 학교 한 곳, 이렇게 여섯 곳이 다루어지고 있다. 헤르츠버거가 설정한 각각의 주제와 학교 사례들을 따라가면서 그의 참신한 발상들을 살펴보자.(각 장의 절을 나타내는 아라비아 숫자는 학교 사례가 소개된 절을 나타내며, 사례로 든 학교명 우측 괄호 안 숫자는 역서의 쪽수임. 진술방식은 한글 역본을 따랐으며 사진과 그림들을 포함해서 좀더 자세한 것은 역서를 참조하기 바람.)

A. 형태는 초대한다

1. 원하는 대로 소리 내는 악기: 공간을 생활의 필요에 따라 조성한다는 뜻.

베이스퍼르스트라트 학생기숙사(18)

폭이 넓고 긴 난간을 유리 벽면에 설치했다. 이곳에서는 아무데서나 잠시 멈추어 서서 이야기를 나누고 가볍게 음식을 먹을 수도 있다.

드 에베나르 초등학교(22, 26~27)

계단이 분절되어있어서 2층으로 올라가는 느낌이 경쾌하다. 계단은 나란히 놓여서 계단참에 있는 난간은 서로 마주 보는 방향으로 구부러져있다. 이 구부러진 난간에 작은 의자 두 개를 놓아두었다. 위층 계단참에 있는 난간 밑은 약간 돌출된 형태로 만들어 필요할 경우 앉을 수도 있겠다는 생각을 유도한다. 또 계단에 붙어 있는 난간을 경사로를 따라 기울어지게 하지 않고, 팔꿈치를 기댈 수 있을 정도로 폭이 넓은 수평 난간들을 이어서 계단식으로 설치했다. 이렇게 하여 계단은 스쳐 올라가는 곳이 아니라 팔꿈치를 올려놓고 멈추어 서서 어떤 광경을 바라보도록 초대하는 자리로 나타난다.

아폴로 학교(23, 26~27)

교실에 창턱, 선반을 설치하거나 돌출부를 만들어놓았다. 아이들은 공예작품을 전시할 수 있어서 자기 집처럼 편안한 느낌을 받는다. 또 학교 정문 옆 계단 또는 돌출부의 폭을 넓게 만들어 필요할 경우 앉을 수 있도록 했다.

2. **정확한 규모**: 공간을 설계할 때 건물의 목적이 무엇인지 규모는 어느 정도인지를 가장 먼저 고려해야 한다.

몬테소리 학교(33)

몬테소리 학교의 놀이터는 하나로 널찍하게 되어있지 않고 여러 개의 작은 규모로 되어있다. 아이들은 혼자 놀거나 두세 명 정도가 어울려 놀지 네댓 명이 어울려 놀지 않는다는 관찰에 따른 착상이다.

3. **시야, 열고 닫음**: 자기의 위치를 다른 사람과의 관계 속에서 파악할 수 있도록 공간을 조직하는 것이다. 이때 공간 전체는 분리된 정도, 서로를 향해 열려있는 정도, 분리와 개방이 이루어지는 방식에 있어 균형이 확보되도록 한다.(42~43)

몬테소리 학교(43)

교실 안에 높이가 다른 공간을 설치했다. 낮은 곳에 있는 아이들이 수작업을 하는 동안 높은 곳에서는 좀더 집중력을 요구하는 활동에 몰두하도록 하기 위해서다.

베이스퍼르스트라트 학생 기숙사(43)

한 공간 안에 2층으로 올라가는 계단참을 넓고 높게 만들었다. 그곳에 앉아 아래쪽을 볼 경우, 아래쪽에서 지나가는 사람들과 자연스레 시선을 교차하게 된다.

4. **외부 세계를 내부 세계로**: 문명 초기단계에서 건축물은 피신처를 위한 것이었지만 차츰 시야의 확보 문제를 중시하게 되었다. 현대건축은 열린 공간을 만들어내기 위한 수단을 확보하여 그러한 개방성에 대한 욕구가 구현되도록 했다. 창문을 활짝 열어 외부 세계를 안으로 끌어들이는 방식이다.

드 에베나르 초등학교(64)

곡면 형태로 된 건물 전경 뒤쪽에 교실 두 개를 나란히 배치해 일종의 공동구역을 만들었다. 두 교실 사이 경계를 이루는 벽은 전경과 만나는 한쪽 끝에서 미닫이문으로 변하는데, 그렇게 해서 미닫이문을 열면 공동구역은 하나의 공간으로 합쳐진다. 합쳐진 창문이 만들어내는 넓은 폭은 시원한 시야를 확보해준다.

5. **세상과 소통하는 창**: 20세기에 들어 사람들은 예술과 과학에 의해 이전에는 전혀 생각지도 못했던 식으로 느끼고 인식하게 되었다. 따라서 단지 보기 좋은 외관과 장식적 건축물은 우리를 만족시키지 못한다. 건축공간은 우리 의식 안에 있는 여러 현상과 의미의 충돌에 대한 응답이어야 한다.

아폴로 학교(82)

곡선을 만들 때 긴 금속관 등을 이용하여 하나로 매끄럽게 만들지 않고 분리된 여러 요소를 사용했다. 공간들 각각의 특징을 드러내기 위해서다. 각각의 공간은 전체를 이루면서도 자기 완결적으로 존재한다.

6. **건축의 정치적 함의**: 건축의 구성요소 간에는 위계가 없다. 어떤 곳에서는 부차적이었던 특징이 다른 곳에서는 중요한 특징이 되기 때문이다. 따라서 모든 요소의 정확한 균형을 창출하여 각 요소가 독립적으로 혹은 다른 요소와의 관계 속에서 가장 훌륭한 기능을 수행하도록 하는 것이 관건이다.

암스테르담의 개방학교(86~89)

이 학교는 유리가 주축을 이루는 건축양식의 개방학교로 도이커가 설계했다. 도이커는 학교 부지로 사방이 주택으로 둘러싸인 곳을 선택했는데, 이렇게 함으로써 폐쇄적 느낌을 주리라는 예측과는 달리 보호받는 느낌을 창출하면서, 사방이 트인 부지에서 있을 수 있는 유리 건물의 취약성을 피하는 대신 안정감을 확보했다. 건물 전면과 주택과 마주하면서 자연스레 운동장과 교문이 생겨났다. 7개의 교실을 4층으로 배치하는 과정에서 6개는 2층부터 4층 사이에 각각 빈 공간을 사이에 두고 대각선 방향으로 서로 마주 보는 형태로 설계했고, 나머지 하나는 교실이 빈 공간을 사이에 두고 대각선 방향으로 체육관과 마주 보는 형태로 설계했다. 1층 교실의 바닥은 약간 높였는데, 그 이유는 교실의 높이가 체육관 지붕보다 낮아지지 않게 만들어 아이들이 한눈을 팔지 않도록 하기 위해서였다. 교문을 만든 방식이 특이한데, 전체적으로 좌우 대칭으로 된 건물 정중앙에 입구를 배치하지 않고 건물 축의 오른쪽에 배치했는데, 이는 이 건축물이 학교 부지 때문에 형성된 독특한 계단 구조물임을 고려한 전적으로 기능적인 이유 때문이었다. 보통 다른 설계자라면 애써 만들어놓은 좌우 대칭구조를 흐트러뜨리지 않으려 했을 것이나 도이커는 그렇게 하지 않고 요구되는 사항을 정확히 통찰했고, 그 결과 사용하기 좋고 아름다우며 통행하기에도 편리한 공간을 만들어냈다. 이같이 도이커는 '대칭의 일관성'이라는 형식적 질서에 매이지 않고 "각 부분이 그 자체로 혹은 전체의 일부로서 최적의 기능을 수행하는 배치"를 구현해냈다.

B. 함께하는 영역

4. **참여를 통한 공간의 성격 변화**: 공간의 성격은 가구를 배치하고 장식을 하는 사람에 따라 결정된다.

몬테소리 학교(125)

유리문 위쪽 문틀의 폭을 실제 문보다 넓게 만들어 물건을 올려놓을 수 있도록 했는데, 움푹 들어간 유리창은 시각적 즐거움을 주지만 너무 높아서 용도는 떨어지는 감이 있다. 교실 안에서 손쉽게 접근할 수 있도록 설치했다면 좋았을 것이다.

5. **사용자에서 거주자로**: 설계자가 모든 것을 설계하지 않고 거주자 나름대로 공간을 구성할 여지를 남겨두자는 것이다. 그럴 때 거주자는 진정한 의미의 거주자가 될 수 있기 때문이다.

몬테소리 학교(128)

몬테소리 학교의 교실들은 자율적인 단위를 이루며 따라서 각각 '작은 집' 같은 위상을 지닌다. 사물함은 교실마다 따로 있다. 아이들은 '집안일'이라 불리는 프로그램에 매일 참여함으로써 주변 환경에 관심을 갖게 된다. 아이들은 누구나 교실에 자기 화분을 가져와 돌볼 수 있다. 이곳에서는 학생들이 바닥에 러그를 깔고 작업하는 경우가 종종 있는데, 이때는 아무도 방해해서는 안 된다. 스스로 작업한 결과는 교실의 내부와 외부(외벽을 일종의 쇼윈도처럼 만들어)에 전시공간을 만들어 함께 볼 수 있도록 했다.

아폴로 학교(131)

교실 사이 공간을 활용해서 포치(porch, 건물 현관 바깥쪽에 튀어나와 지붕으로 덮인 부분) 같은 분위기를 내는 공간을 조성했다. 교실 안은 아니면서도 교실과 일정 부분 이어져 학생들이 혼자서 공부하도록 했다. 여기에 책상 겸 작업대를 배치한 후 낮은 벽으로 둘러싸인 벤치도 설치했다. 교실과 복도를 매끄럽게 연결하기 위해 하프도어도 설치했다. 여기에 더하여 전시물을 위한 유리 진열장도 설치했다.

6. **환영과 만남의 공간**: 서로 다른 공간을 매개하는 공간이 있다. 예컨대 입구가 그런 곳인데, 이곳을 잘 만들면 다양한 영역의 만남과 대화가 원활하게 이루어진다.

몬테소리 학교(133)

학교 입구는 단순히 수용했다가 배출하는 식의 출입문 정도가 아니라, 아이들을 따뜻하게 맞아들이고 방과 후에 남아있는 아이들을 포용하는 구조로 되어있다. 널찍한 터에 수목이 우거져있고 다양한 만남과

약속을 위해 걸터앉을 공간, 벽으로 차단된 공간, 비를 피할 수 있는 공간 등이 설치되었다. 이 공간은 또한 학부모들이 와서 아이들을 들여보내고 다시 만나는 장소이기 때문에 공통의 관심사를 가진 사람들이 서로 만나는 교제의 장소이자 공적인 장소로 쓰이게 된다.

C. 공간 만들기와 공간 남기기

5. 건물의 질서, 통일성의 획득: 한마디로 통일성을 말하는데, 각 부분이 전체를 이루며 동시에 전체가 부분을 이루는, 즉 '호혜적 논리'가 살아있어야 한다는 뜻이다. 건축 어휘, 자재, 공법 등 주제의 통일성을 말하는 동시에 일관된 전략에 기초한 설계의 원리를 말한다.

고아원(226~228)

알도 반 아이크(Aldo van Eyck)가 설계한 고아원으로 통일성이라는 의미의 질서에 따라 만들어진 최초의 건축물이다. 자체의 건물과 광장을 가진 이 건축물의 공간구성은 자기 완결적인 작은 도시와 흡사하다. 집은 작은 도시이고, 도시는 커다란 집이다. 복도는 거리가 되고, 실내조명은 가로조명이 되며, 대형 가구는 작은 집 같다. 이 주택-도시의 이미지는 크고 작은 실내외 공간의 일관성 있는 분절로 이어지고 그 안에서 각각의 단위공간들이 서로 맞물린다. 이런 식으로 모든 부분은 목적에 가장 부합하는 규모를 획득한다. 전체는 극도로 복잡한 형태와 공간을 단 하나의 이미지에 망라해서 평형상태를 보여준다. 헤르츠버거는 이 건축물의 성격을 재료, 형태, 규모, 공법의 확고한 통일성에서 찾고 있다.

아폴로 학교(242~244)

이 학교의 건축설계에서는 20개 정도의 원칙이 사용되었는데, 내부 또는 외부, 골조와 벽돌 사용 여부, 강철 부재의 지속적 사용 여부, 정상 크기 또는 과장된 크기, 십자형 보 또는 T형 접합부 등의 원칙들이 그것이다. 모든 구성요소는 한 가족처럼 유사성을 지니고 서로 연결된다. 설계과정에서부터 모든 지점이 다른 지점과 연계성을 갖고 모든 단계가 첫 단계를 연상할 수 있도록 했다.

8. **공간 만들기와 공간 남기기**: 설계를 할 때 염두에 두어야 할 것은 설계자가 자신의 목표를 지나치게 명시적으로 밝히지 않고 해석을 허용하고 또 거주자가 사용해가는 과정에서 자연스레 정체성이 형성되도록 하는 것이다. 그렇게 해서 만들어지는 공간은 어떤 '제안'으로서, 다원자성이라는 부르는 광의의 효용을 지녀야 한다.

베이스퍼르스트라트 학생기숙사(252)

기숙사 4층에 죽 늘어서있는 기둥들 사이사이에 콘크리트 조명 블록들이 설치되어있다. 조명블록이란 직육면체 양쪽에 조명시설이 되어있는 구조물을 말한다. 지면 가까이 있어서 빛이 시야를 방해하지도 않고 높은 창문에서 바라보는 풍경을 가리지도 않는다. 조명이 본래 목적이나, 경우에 따라 벤치나 작업대 혹은 피크닉용 탁자로 사용된다.

몬테소리 학교(253~255)

교실과 복도 사이 문 위에 폭이 넓은 선반이 있다. 여기에 화분, 책, 모형, 찰흙 작품 등을 올려놓을 수 있다. 학교 홀 중심에 벽돌로 만든 사각형의 낮은 단(우리네 평상 같은 형태)이 있다. 벽돌 단은 공식행사나 자유로운 모임에 쓰인다. 그 핵심은 영구성과 부동성 그리고 '길을 가로막는' 성격이라 한다. 이 단은 공간 분절에 기여하여 홀의 사용 가능성을 넓힌다. 경우에 따라 다양한 이미지와 해석을 창출하기도 하여 아이들의 다양한 활동을 자극한다. 이 단 안에는 목재부품들이 들어있어 이걸 가지고 여섯 배 정도 더 큰 직사각형의 단으로 변형시킬 수 있는데, 무용이나 음악공연을 위한 무대용이다. 평소 아이들은 단 위나 옆에서 놀면서 그림책을 본다. 그런가 하면 홀 한가운데에는 사각형으로 움푹 들어간 공간이 있는데, 그곳은 들어낼 수 있는 나무 블록이 채워져 있어 블록을 꺼내 사각형 공간 주위에 놓기만 해도 그럴듯한 휴식공간이 생긴다. 나무블록으로 탑을 쌓거나 기차를 만들 수도 있다. 벽돌 단이 언덕 위로 올라가는 느낌을 준다면 이렇게 패인 공간은 한적한 곳으로 물러나는 느낌을 줄 수도 있다. 한편 학교건물 뒤쪽 공터는 좁고 긴 공간으로 이전에는 낮은 벽들로 분절되어 여러 개의 다양한 직사각형으로 나뉘어져있었다. 그곳에서 아이들은 화초를 심거나 모래밭을 만들거나 혼자서 혹은 여럿이서 놀거나 활동할 수 있었다. 낮은 벽을 만드는 데 쓰인 재료는 구멍 뚫린 건축용 벽돌로 때로 화분으로, 때로 아이스크림 용기로, 때로 텐트를 치기 위한 기초로 쓰였다. 하지만 얼마 전 낮은 벽들이 허물리고 그저 그런 식의 아이들의 상상력이 끼어들 틈이라곤 없는 단조로운 놀이시설로 바뀌었다.

상상력으로 교육에 말걸기

둘째마당

시간

인간, 시간적 존재

세상의 어느 것 하나 단번에 이루어지는 게 없고, 또 영원히 동일하게 남아있지 않다는 사실은 인간이 단적으로 '시간적' 존재임을 말해준다. 헤르만 헤세는 이렇게 썼다.

정원에서는 생명체의 덧없는 순환을 다른 어느 곳에서보다 분명하고 명확하게 볼 수 있다. 생명이 움텄는가 싶으면 벌써 쓰레기와 시체들이 널린다.……썩어 분해되었던 것들은……새롭고 아름다우며 다채로운 모습으로 힘차게 다시 되살아난다. 이러한 자연의 순환은 단순하고 명징한 것이다. 그것은 인간을 깊은 생각에 빠뜨리며, 모든 종교는 예감에 가득 차 경배하듯 거창하게 그 의미를 해석해낸다. 이 작은 정원에서는 조용한 가운데 빠르고 명확하게 일어나는 일을 두고 말이다.[1]

시간은 공간과 함께 인간 삶을 조건 짓는 근본요건 중 하나다. 산다는 것은 시간이라는 세계 안으로 들어가서 거기서 그 흐름을 타고 가는 것을 달리 불러본 것이다. 물 흐르듯 시간이 흐른다고 한다. 여기 바로 내 앞으로 흘러가는 시냇물이 현재라면 저 멀리 흘러가버린 시냇물은 과거라 하고, 아직 내 시야에 들어오지는 않았지만 곧 내 앞을 지나가게 될 시냇물은 미래이다. 사람은 태어나는 순간이 있고 그러면서 그는 자랄 것이고 그리고 종내는 숨을 거둘 것이다. 그러한 사람의 시간적 존재됨은 생일 축하와 해마다 망자를 기릴 때, 절기와 축제를 지키고, 망년회로 모이고 새해 명절을 지키고 다가올 미래를 설계할 때 그 성격이 잘 드러난다. 예로부터 사람들은 이 시간적 흐름을 수학적-물리적으로 측정 가능한 방식으로 만들어 써왔다. 그리하여 아주 오래된 농경사회 때부터 천체의 신비로운 운행에 맞추어 해와 달과 날의 시간들을 정했는가 하면, 산업사회를 거쳐 오늘날 첨단기술과학문명의 시대에 이르러서는 또 다른 시간적 척도를 만들었다.

시간은 흐르고 흘러서 한번 지나간 것은 되돌릴 수 없다. 이를 '시간적 흐름의 유일회적 성격'이라 해보자. 바로 그때 그 자리에 있는 것, 그 순간을 제대로 포착하는 것이 중요하다. 이는 한순간도 그저 흘려보낼 수 없는 음악 연주회장에서 잘 드러난다. 연주가는 공연 도중 한시도 딴전 필 겨를이 없다. 모든 흐름은 깨어있는 고도의 긴장 상태로 구성되어있기 때문이다. 그런가 하면 이제는 황혼의 막다른 길목에 다다른 명인들의 노래를 더 이상 들을 수 없게 되리라는 아픔도 그런 유

---

1) Hermann Hesse:『정원일의 즐거움 Freude am Garten, Betrachtungen, Gedichte und Bilder』, 두 행숙 역(이레, 2001), 16.

의 것이다. 현대적 오디오 시스템이 이러한 순간들을 다시금 재생시켜 주고 있기는 하나, 이를 그때 그 순간 현장에서 연주되는 음의 세계와 비교할 수는 없다. 그래서 시간예술로서 음악의 독특한 가치가 존재하는 것이다. 이 포착해야 하는 시간을 '현재'라 한다면 그렇게 포착하지 못한 '현재'도 있다.

어느 해 봄 나는 나뭇가지들 사이로 작은 흰 꽃잎사귀들이 흩뿌려져있는 호젓한 산 오솔길을 따라 걸어 올라갔다. 그 길은 마침 떠오르는 태양빛 아래서 그 신비로운 자태를 고요히 드러내고 있었다. 그 길이 그날따라 무척이나 신비로웠던 것은 분명 그 작은 흰 꽃잎사귀들 때문이었다. 이 광경을 영원히 간직하고 싶었던 나는 다음 날 새벽 사진기를 둘러메고 다시 오기로 하였다. 그다음 날, 부푼 가슴을 안고 그곳을 찾았다. 아! 그러나 그곳은 어제의 그곳이 아니었다. 그 흩뿌려진 작은 흰 꽃잎사귀들은 하루 사이 어디론가 모두 사라져버렸던 것이다. 그와 함께 그 신비로움도 어디론가 사라져버렸다. 나는 그곳을 한동안 허망하게 서서 바라보았다. 바로 '놓쳐버린' 현재였다. 그것은 돌이킬 수 없는 '과거'라는 시간적 흐름 속으로 사라져버렸다. 이제 막 임종을 앞두고 계신 부모님 곁에서 자식들은 일분일초를 숨죽이며 자리를 지킬 수밖에 없다. 운명하시는 순간 아버지와 자식들은 두 개의 전혀 다른 세계로 각각 분리된다. 그리하여 다시는 불러내올 수 없는 과거라는 시간이 자식들에게 고통스럽게 경험된다.

과거가 그런 것이라면 아직 오지 않은, 그러나 다가오고 있는 시간적 흐름도 있다. 꽃이 피고 진 지 몇 달이 흘러야 과실을 맺는다. 아이는 잉태된 지 열 달이 흘러야 태어나고, 또 어른이 될 때까지 공을 들여야 할 세월이 있다. 이 아직 오지 않은, 혹은 다가오는 시간을 '미래'

라 부른다.

　시간을 흐름이라 하였거니와 이를 인식하는 시각에는 두 가지가 있다. 이는 가까이 보거나 혹은 멀리 봄으로써 생겨난다. 내가 현재라고 생각하는 그 시점은 내가 그 시점에 있다고 생각하는 바로 그 순간 지나가버리고, 그 자리는 아직 오지 않은 미래라고 생각하는 시점이 재빨리 와서 대치해버린다. 미시적으로 보면 이 현재, 과거, 미래라는 구획된 점들은 매우 빠른 속도로 자리를 이동하며 지나가므로 이 세 가지 각각의 시간대는 잘 알아보기 힘들다. 그러고 보니 다만 현재만이 존재하는 것 같다. 그러나 멀리 놓고 보면 과거와 현재와 미래라는 구획이 드러난다. 고속철을 타고 가면서 차창 바로 밖의 물체를 보면 물체들이 빠르게 다가오고 또 재빨리 사라져버리지만, 저 멀리 산야의 풍경들은 천천히 다가오고 또 그렇게 지나가는 것처럼 말이다. 우리는 이 두 가지 시각을 서로 교차시키면서 시간의 흐름을 타고 간다.

이런 흐름에 대한 인식은 항상 인간의 체험방식과 결부되어 발생한다. 시간의 객관적 구조가 우리 일상을 어떻게 규정하든, 이렇게 시간을 '체험'하면서 보낸다는 사실 때문에 시간은 늘 다른 성격을 띠게 된다. 이를테면 연인들끼리 사랑을 속삭이며 보낸 하루 저녁의 질은 정치적 이유로 감옥에서 보낸 하루 저녁의 질과는 전혀 다르다. 지겹게 보낸 하루가 있는가 하면 주어진 과제에 몰두하여 언제 지나가는지도 모르게 흘러간 십 수 년이 있다. 멀리 여행을 떠나 전혀 다른 곳에서 얼마간 보내게 되면 시간의 흐름은 종종 전혀 다르게 느껴진다. 즉, 하루 이틀 상관에 시간이 아주 많이 지난 듯 느껴지는 것이다. 왜 그런지는 잘 모르겠으나 이것이 시간에 대한 일정한 체험방식에서 비롯되는 것만은 분명하다. 산다는 것은 시간을 어떻게 체험하느냐 하는 문제이기도 하다.

인간의 사유와 행위, 삶 전체가 이런 시간적 흐름과 또 그 체험방식에 의해 조건 지워져 있다면, 우리는 이 시간적 흐름을 어떻게 교육적으로 뜻 깊게 만들어낼 수 있을까?

삶의 계획으로서의 시간과 희망

삶을 위한 계획과 삶의 형식

어린아이들에게 과거와 미래는 거의 존재하지 않는다. 현재 여기서 놀이하며 보내는 시간이 전부다. 초등학교에 들어가서 이제 무얼 좀 알아가기 시작하면서부터 아직 다가오지 않은 시간적 흐름, 즉 '조금 있다가', 혹은 '내일', 그리고 '며칠 후'라는 시간이 비로소 조금씩 느껴지기 시작한다. 아이들은 이제 신나게 뛰어놀 수 있는 방학과, 선물을 가득 받게 될 생일날을 가슴 졸이며 기다린다. 에로스가 잉태되는 청소년기에 접어들면 꿈을 꿀 줄 알게 된다. 그들은 미래를 궁금해 하면서 현재를 일구어가려 한다. 또 이성을 애타게 그리워하며 그가 사랑하는 사람과 함께 만들어 나갈 앞날을 꿈꾸곤 한다. 그들에게 미래는 장밋빛이며 때로는 애수이다. 여기에 단순한 낭만주의와 드높은 이상주의, 냉철한 현실주의적 태도가 존재하는가 하면, 또 염세주의적 비관론도 존재한다. 상상력(fantasy)의 나래를 펴고 미래를 설계할 수 있기에 그들은 행복하다. 그 때문에 그들에게 현재가 중요하다면 미래 역시 중요하다. 그 상상력이라는 것이 중요하기는 하나 현실성에 바탕을 두지 않으면 안 된다. 그렇지 않으면 몽상(夢想)이 되어버릴 터이니까—자기 자신에 대해서, 직업에 대해서, 세계에 대해서, 하나의 그럴듯한 이미지를 만들어 나가는 것이 중요하다.

어느 정도 나이가 들면 현재에서 미래를 의식하고 또 과거를 돌아볼 수 있게 된다.

다음은 딸아이에게서 들은 이야기이다. 그러니까 우리 가족이 의정부시 어느 거리에서 살고 있었을 때, 오빠가 중학교 1학년 때 버스에서 차창 밖을 보며 이 생각 저 생각을 하고 있던 중 문득 이런 생각이 들었다는 것이다. "먼 훗날 언젠가 내가 버스를 타고 갔던 이 시간과 이 길목이 생각날 거야"라고. 그리고 나이가 들어서 실제로 그 기억을 되짚으면서 자기가 당시 그곳에서 그런 생각을 했다는 것을 동생에게 이야기해주었다는 것이다. 이 이야기를 통해서 나는 이 시기에 아이들이 현재와 과거와 미래 사이에서 어떻게 조금씩 스스로를 의식하며 균형을 잡아나가기 시작하는지 알 수 있었다. 이 말의 뜻을 풀어보자면 그것은 현재 시점에서 자기 존재를 미래라는 시점으로 던져놓은 후 그 시점에 서서 이미 지나가버린 시간대를 반추하는 자신을 가상적 상황으로 만들어 자기의식 안에서 연출해보는 행위를 뜻한다. 이렇게 보면 당시 이런 생각을 했던 오빠나 혹은 그런 적이 있었다고 기억하면서 동생에게 이야기를 해주던 오빠는 하나의 존재를 여러 시점에 배치시켜놓고 서로 관계를 맺도록 하는 식으로 하여, 자기 존재의 의미를 새겨보고 있었던 것이다. 이 가상적 상황에서 하나의 존재는 현재, 미래, 과거라는 시간대에 따라 여러 존재로 나뉘어 동시에 존재하게 되고, 이 동시적 존재들은 현재 시점에서 사고하는 주체의 대상이 되고 있다. 청소년기 이후에는 개인에 따라 차이는 있겠으나 이런 식으로 시간대를 왕래하며 사고하는 행위가 점차 두드러지게 나타나기 시작하는 것만은 분명하다.

다시 말해서 청소년기에 들어서면 스스로 시간표를 만들고 인생을 설계하는 식으로 시간적 흐름을 현명하게 타고 가는 법을 본격적으로 배우기 시작하게 된다. 시간은 알맞게 관계를 맺을 수도 있겠지만 그렇지 못할 수도 있다. 이를테면 모든 일에는 그 일이 진척되는 시간적 흐름과 거기에 들어맞게 행동하는 법이 있는데, 때로 서두른다든지, 때로 꾸물거린다든지 함으로써 어긋나는 경우가 있다. 너무 서두르면 병통이 생기기 십상이다. 유감스럽게도 오늘날 산업화된 시간 구조에서는 이러한 서두름이 마치 하나의 미덕인양 받아들여지고 있다.

그런가 하면 꾸물거림은 게으름에서 난다. 이런 게으름에 대한 지적은 농촌에서도 흔히 들을 수 있다. 이 논은 부지런하고, 저 논은 게으르다고. 적절한 때를 놓친다면 뒤이어 찾아오는 어려움을 반드시 감수해야 한다. 어릴 적부터 깨어있음과 근면함을 배워야 할 까닭이 여기에 있다. 일찍이 도연명(陶淵明)은 이렇게 읊었다.[2]

한창 때는 다시 오지 않고,
하루에 새벽이 두 번 있기는 어려운 것.
때를 놓치지 말고 마땅히 힘써야만 하는 것이다.
세월은 사람을 기다려주지 않는다.

세상살이 이해관계에 얽혀들어 아웅다웅하며 살지 말고 자기 마음 가짐을 바르게 하여 여럿이 어울려 평화롭게 지내되 때를 따라 귀중한 시간을 뜻있게 보내라는 뜻이다. 이 과제는 달리 말해서 일정하게 수행해야 할 '마음공부'를 의미한다. 중요한 것은 일이 순리대로 흘러가도록 하되 매번 때에 들어맞게 하는 것이다. 여기서 요구되는 것이 바로 '평정심'이다. 이 평정심은 일이 예상치를 넘어서서 심한 굴곡을 보이게 되면 시험대에 오른다.

일은 그 속성에 따라 시간을 다른 방식으로 체험하게 한다. 이를테면 집중해서 공부하는 시간에 대한 태도와 여흥을 즐기는 태도는 서로 상당히 다르다. 전자가 시간적 흐름의 짙은 농도를 요구한다면, 후자는 느슨한 농도를 요구한다. 심포니가 정점을 향해 치달을 때, 회의 석상에서 논쟁이 가열될 때, 어떤 문제의 성격을 독해해내면서 빠져들 때, 어떤 놀라운 깨달음의 순간에서, 부당한 정치적 구조에 대항하기 위해 결집한 비밀결사의 행동을 위한 시점에서 그 짙은 농도는 첨예하게 체험된다. 그런가 하면 산더미 같은 일을 뒤로 하고 며칠 멀리 여행을 떠날 때 그런 농도 짙은 시간적 태도는 오히려 방해가 된다. 이 양자 중 그 어느 것 하나도 필요하지 않은 것이 없다. 어릴 적부터 이런 여러 시간적 양상과 적절한 관계를 맺도록 하는 것이 중요하다.

---

2) 도연명의 雜詩 十二首 중 제 一首, 『古文眞寶 前集』, 김학주 역저(명문당, 1996), 124~125.
　　人生無根蒂하여, 飄如陌上塵이라.
　　分散逐風轉하니, 此已非常身이라.
　　落地爲兄弟니, 何必骨肉親고?
　　得歡當作樂이니, 斗酒聚比隣이라.
　　盛年不重來요, 一日難再晨이라.
　　及時當勉勵어다, 歲月不待人이라.

젊은이들에게 현재와 미래가 눈앞에 닥쳐있다면, 과거는 그 그늘에 가려 잘 나타나지 않는다. 그러나 이 과거라는 것이 있으며 이것이 인생길에서 중요하다는 점을 점차 인식해야 한다. 이렇게 삶이 역사를 가진다는 사실을 인식하게 되면, 이를 통해서 현재와 미래에 대한 그림을 좀더 의미 있게 그려낼 수 있을 것이기 때문이다. 과거의 특징은 되돌릴 수 없다는 데 있다. 즉, '고착되어있다.' 기억하고 싶지 않은 과거도 있다. 그런 것은 지워버리고 싶어 한다. 하지만 아름다운 추억이라는 것도 있다. 그런 것은 되새기고 싶어 한다. 그러나 이 고착된 과거도 이를 내적으로 어떻게 소화해내느냐에 따라 다른 얼굴로 나타날 수 있다. 오토 프리트리히 볼노는 이를 과거에 대한 '해석학적 과제'로 이해했다.[3] 어릴 적 아픔으로 가득했던 아버지와의 관계는 이제 인생의 풍상을 겪으며 그때 그 아버지의 나이가 되어 그 시절을 돌아보았을 때 전혀 다른 좀더 다정한 눈물을 동반한 과거에 대한 추억으로 바뀔 수 있는 것이다. 젊은 시절 허송세월하며 보낸 아까운 시간은 이제 나이 들어 새로이 해석된 삶에 대한 관점을 통해서 좀더 진지하게 남은 세월을 설계할 수 있도록 도와줄 것이다. 하루를 반성하는 태도를 기르고, 일기를 쓰고, 사진첩을 만들고, 박물관에 자주 다니고, 역사학 공부에 흥미를 가지는 등의 작업은 모두 이런 과제에 도움이 될 것이다. 그리고 나아가서 이미 지나간 시간에 쓰인 학문적 저작들과 예술 작품들에 대한 해석학적 작업으로 넘어가 볼 수 있겠다.

이렇듯 과거가 청소년들에게 의미를 가질 수 있어야 하는 것임에

---

3) Otto F. Bollnow: 『교육의 인간학 *Pädagogik in anthropologischer Sicht*』, 오인탁 · 정혜영 역(문음사, 1999), 9장, 특히 172~176.

도 불구하고 그들에게 미래를 향한 관심은 좀더 결정적이다. 이 시기에는 앞으로 자기 삶이 어떠할지 그 상을 마음속에 그리게 하고 꿈을 꾸게 하는 것이 매우 중요하다. 그러려면 아이 안에 잠들어있는 '상상력'을 자유롭게 풀어내야 한다. 그것은 제한된 현실 공간에서 발을 떼어 미래라는 시점에서 가능한 상을 그리며 날아오르게 하는 힘을 뜻한다. 하지만 그것은 현실화시킬 수 있는 형태여야 한다. 그렇지 않으면 '망상'으로 떨어지고 만다. 무엇보다도 가장 중요한 것은 삶의 결, 즉 개성과 재능을 찾아내는 것이다. 한 가지 오해는 그 개성과 재능이라는 것이 땅 위에 널린 광석을 줍듯 "나 여기 있다"는 식으로 수동적으로 혹은 중립적으로 존재하는 것이 아니라는 점이다. 그것을 알아보고 제대로 발아시키기 위해서는 '협응하는 환경'이 필수적이다. 특정한 교육적 의도 없이는 제대로 알아내기 어렵다는 뜻이다. 이것은 일단 발달심리학과 개성심리학의 문제이기는 하나 본질적으로 교육학의 과제이다. 재능은 심리학적 지식을 동반한 교육적으로 조성된 환경 안에서 비로소 얼굴을 쳐든다는 말이다.[4] 하지만 언제 한번 우리 사회와 학교가 이 삶의 결을 발견하고 이를 촉진하기 위해 제대로 매진한 적이 있었던가? 우리 사회와 학교에서의 상상력의 고갈 현상은 우연한 일이 아니다. 상상력은 개성과 재능에 대한 정당한 인식이라는 조건 속에서 비로소 나래를 펼 수 있다. 이런 조건 속에서 몇몇 방도를 강구해볼 수 있다. 다양한 예술활동은 그러한 상상력을 불러일으키는 데 매우 유효한 수단이 된다. 도보여행이나 머나먼 타국으로의 여행도

---

4) 이 주제에 대해서는 특히 다음 글 참조. Heinrich Roth: "재능과 재능을 부여하기", 『사유하는 교사 Pädagogisches Sehen und Denken』, A Flitner · H. Scheuerl 편, 송순재 역(내일을 여는 책, 2008), 126~143.

'나'의 현재적 시야를 넓혀준다. 좋아하는 형이나 오빠, 선생님과의 인격적인 교류, 흠모하는 역사적 인물들에 대한 전기 연구들은 모두 그러한 상상력을 위해 필수불가결하다. 우리의 교육은 그 깊이를 알 수 없는 신비로운 존재인 아이를 잘나가는 기업체에 취직시키거나 소시민으로 만들어내는 정도가 아니라, 자기 세계를 자기 손으로 직접 창출해내도록 할 수 있어야 한다. 교육의 최종목적은 사회에 적응하게 하는 것이 아니라 자기 삶의 결에 따라 자기 "삶의 형식"을 추구하게 하는 것이다.

공자가 그렇게 말한 까닭

요즈음은 그리 흔치 않지만 큰스승 가운데는 자신의 삶의 목표와 내용을 일정한 주기에 따라 정해놓고 그대로 살아가는 분들이 더러 계시다. 그렇게 작정하고 연세를 더할수록 어그러짐이 없도록 힘쓰는 모습을 대하면 절로 고개가 숙여진다. 그러한 태도는 우리 사회에 널리 회자되는 다음과 같은 공자의 언설을 떠올리게 한다.

나는 열다섯에 학문에 뜻을 두었고, 서른에 자립하였고, 마흔에 모든 사리 판단에 의혹하지 아니하였고, 쉰에는 천명을 알았고, 예순에는 모든 일을 들으면 마음에 통하여 거슬림이 없었고, 일흔에는 마음에 하고자 하는 대로 좇아도 법도에 넘지 아니하였다.(『논어』「위정」)
(程子의 주석에 따르면 "自立이란 스스로 道에 서는 것이요, 不惑은 의혹하는 것이 없는 것이요, 知天命은 理를 궁구하고 性을 다하는 것이요, 耳

順은 듣는 바가 모두 통하는 것이요, 從心所欲, 不踰矩는 힘쓰지 않아도 맞
는다는 것이다.")[5]

공자가 공자인 것은 그렇게 타고난 까닭도 있지만 그보다 중요한
것은 배움에 배움을 꾸준히 거듭한 결과라는 것이다. 여기 몇 가지 이
색적인 점이 눈에 들어온다.

공자는 열다섯에 학문에 뜻을 두고 서른 살까지는 15년, 서른 살부
터 일흔 살이 될 때까지는 10년을 주기로 매번 새로운 정신적 단계로
넘어갔다는 것이다. 여기서 삶은 여러 단계들에 의해 형성되는 것으
로 묘사되고 있으며 그것도 10년마다 바뀌는 것으로 되어있다. 한 가
지 드는 의문은 그러한 단계를 밟아나감에 있어 그가 어떻게 매번 그
10년을 맞추었는가 하는 것이다. 8년이나 9년이 될 수도 있고 11년이
나 13년이 될 수도 있었을 터인데 말이다. 그렇다면 매 10년씩 바뀌는
삶의 양태라는 것은 10년이 되면 자동적으로 그렇게 되었다는 식으로
볼 것이 아니라, 공자가 10년을 하나의 단위로 하는 기간을 설정하고
이때 할 일과 목표를 설정한 뒤 그에 따라 살려고 노력한 결과라고 보
는 것이 옳겠다. 이는 다음과 같은 사실, 즉 10년이 되려면 있어야 하
는 열 번의 1년과, 1년이 되려면 있어야 하는 12번의 한 달과, 한 달이
되려면 있어야 하는 30일의 하루와, 하루가 되려면 있어야 하는 24번
의 한 시간과, 한 시간이 되려면 있어야 하는 60번의 일 분이라는 시간
대들을 꾸준한 정진으로 빼곡히 채웠음을 뜻한다. 이는 다시 말해서

---

5) 子曰: 吾十有五而志于學, 三十而立, 四十而不惑, 五十而知天命, 六十而耳順, 七十而從心所欲,
    不踰矩. 김도련이 옮기고 주석한 본문에 의거. 『論語』「爲政」(현음사, 1997), 42f.

어느 누구도 단번에 고도의 경지에 뛰어오를 수 없다는 것, 날로 힘쓰되 중도에 포기해서는 안 된다는 것을 뜻하는 것이기도 하다.

공자가 매 연령대에서 제시한 정신적 상태들(志于學, 立, 不惑, 知天命, 耳順, 從心所欲, 不踰矩)은 삼십이나 사십, 오십이나 육십에 그가 도달한 상태를 나타내는 것일 수 있겠지만, 동시에 그가 매 연령대들에서 해냈어야 하는 삶의 과제를 뜻하는 것이기도 하다. 다시 말해서 그가 말하는 정신적 단계는 보장되어 주어져있는 것, 다시 말해서 그 나이가 되면 자동적으로 진입하게 되어있는 것이 아니라, 우리의 노력 여하에 따라 '나타나기도 하고' '사라지기도 하는' 과제요 목표인 것이다. 이 모든 과정에서, 자기 삶의 원대한 전개를 위해 학문에 뜻을 확고히 세우는 첫 번째 단계는 인생 전체를 위해 결정적 의미를 갖는다. 한학자 한재훈이 오늘날 공부론에서 이 점을 되새기면서 인용하는 다음 구절은 의미심장하다.[6]

인을 좋아하고 배움을 좋아하지 않으면 그로 인한 잘못된 결과는 '미련함'이고, 지혜를 좋아하면서도 배움을 좋아하지 않으면 그로 인한 잘못된 결과는 '허황됨'이며, 믿음을 좋아하면서도 배움을 좋아하지 않으면 그로 인한 잘못된 결과는 '해로움'이고, 곧음을 좋아하면서도 배움을 좋아하지 않으면 그로 인한 잘못된 결과는 '각박함'이며, 용맹을 좋아하면서도 배움을 좋아하지 않으면 그로 인한 잘못된 결과는 '부질서'고, 굳셈을 좋아하면서도 배움을 좋아하지 않으면 그로 인한 잘못된 결과는 '멋대로'다.(『논어』「양화」)

---

6) 한재훈: "독창성과 토착화", 고병헌 외: 『교사, 대안을 묻다』(이매진, 2009), 338f.

공자가 말하는 단계란 성장에 따른 심리적 발달의 현상이 아니라, 어쩌면 에릭슨(E. Erikson)이 말하는 '생애주기(life cycle)'와 해비거스트(R. Havighurst)가 말하는 '발달과업', 즉 특정한 연령층에서 해내야 하는 인생의 과제와 비교해 이해해볼 수도 있겠다.—여기서 매 단계는 고유한 삶의 과제가 부과되어있으며, 만일 어느 단계라도 과제가 부실하게 될 경우 그것은 다음 단계를 위한 장애물로 남게 된다. 이 이론에 따르면 한 아이는 그 성장과정에서 '기본적 신뢰냐 기본적 불신이냐'(유아기), '자율성이냐 수치심 혹은 의심이냐'(아동기 초기), '주도성이냐 죄책감이냐'(놀이기), '근면성이냐 열등감이냐'(학령기), '정체성이냐 정체성 혼돈이냐'(청소년기), '친밀감이냐 소외냐'(성인기 초기), '생산성이냐 침체성이냐'(성인기), '통합성이냐 절망과 권태냐'(노년기)라는 '양극'이 만들어내는 긴장관계 속에서 자신의 중심과 방향을 잡아가는 존재로 묘사된다.[7]

공자의 논지를 에릭슨 식으로 풀어보면 다음과 같다.

(열다섯) 학문에 뜻을 두거나 뜻을 두지 않거나,

(서른) 자립하거나 자립하지 않거나,

(마흔) 모든 사리 판단에 의혹하지 아니하거나 의혹하거나,

(쉰) 천명을 알거나 알지 못하거나,

(예순) 모든 일을 들으면 마음에 통하여 거슬림이 없거나 있거나,

(일흔) 마음에 하고자 하는 대로 좇을 때 법도에 넘지 아니하거나 넘거나,

---

7) Friedrich Schweitzer: 『삶의 이야기와 종교 *Lebensgeschichte und Religion*』(한국신학연구소, 2009), 86ff.

각 단계에 접어들 때마다 조성되는 '양 극단 간의 긴장 관계' 속에서 스스로의 중심과 방향을 잡아가야 한다.

한두 가지 생각해보고 싶다. 오늘날 청소년들은 공자가 그려낸 그러한 삶의 파노라마와 같이 자기 인생을 그러한 폭으로 능동적으로 설계하고 있는가? 아니면 공교육 제도가 설정한 일련의 학업단계, 즉 6-3-3-4제에 편입된 채, 그 학업단계가 종료되면 시작되는 직업세계와 그 직업세계가 설정하는 시간표와 목전의 이해관계에 따라 '그때그때' '실용적으로' 자기 인생을 내맡기는 형태인가? 일찍이 비노바 바베(Vinoba Bhave)는 '공부의 깊이'를 논하는 자리에서 두 개의 선을 이을 때 나타나는 경로에 따른 공부에 대해 말했다.

선은 두 개의 점이 있어야 그릴 수 있습니다. 삶의 길 또한 두 개의 점에 의해 결정됩니다. 첫 번째 것은 "내가 서있는 곳은 어디인가?"이고, 두 번째 것은 "나는 어디를 가고자 하는가?"입니다. 이 두 개의 점을 알고 나면 우리의 삶의 방향은 자연스럽게 정해집니다. 먼저 우리가 살 곳을 정하지 않고, 마음 내키는 대로 이리저리 헤매면서 길을 만들어갈 수는 없습니다.[8]

아이들은 그들의 시선을 좀더 멀리 던져보고 그리고 마침내 최종적

---

8) 한글 역본 『삶으로 배우고 사랑으로 가르치라』, 김성오 역(씨알평화, 2007), 34. 비노바 바베(1895~1982)는 간디와 함께 인도 독립을 위해 일했고 독자적 관점에 따라 사회운동과 교육운동에 헌신했다. 영성의 대가이며 학자이자 실천가였던 그는 자신의 철학에 따라 "나이탈림(신교육)" 운동을 일으켰으며 학교를 세워 인도는 물론 그 국경을 넘어 후세에 깊고 폭넓은 영향을 끼쳤다. 그의 교육론은 『식산 비챠르 *Shikshan Vichar*』(Hindie edition, 1950)에 실려있으며, 이를 대본으로 편집한 영역본 *Thoughts on Education*이 있다.

인 지점을 마음에 그려낼 수 있도록 도움을 받아야 한다. 여기서 결정적 힘을 발휘하는 것은 삶에 대한 '판타지'와 가치감각이다. 공자가 제시한 매 시기의 과제를 잘 살펴보면 여기에는 오늘날 학교교육이 담아내지 못하는 인간 삶의 포괄적 성격들이 담겨있다. 오늘날 학교교육의 방향을 규정하는 '인적 자원'이나 '교육투자 대비 수익률' 따위의 구호나, 팍팍하게 몰아치는 '현대적 학교 시간표'로는 결코 담아내지 못할 삶의 상이다. 판타지와 가치감각! 이것이 있은 뒤라야 삶은 아름답게 되고 그의 직업세계에 대한 구상도 믿음직스럽게 된다. 나는 소위 근자에 세상을 떠돌며 사람의 목숨을 돈 몇 푼에 팔아버리라고 선전하는 소위 경제세계화 교육의 명제가 대관절 언제까지 기승을 부릴 것인지, 또 그 종말은 어떠할 것인지 궁금하기 짝이 없다. 그 광풍 속에 휩쓸려가는 숱한 어린아이들과 청소년들의 생명을 멀쩡하게 보고 서있을 수만은 없다. 우리는 참된 삶의 계획이 무엇인지 그들과 이야기 나누고 싶고, 그들 가슴 한 자리에서 삶을 위한 진정한 꿈과 희망이 솟아나기를 염원한다.

영성과 생명에 대한 요구가 날로 절실해지는 요즈음, 책 한 권이 손에 집혔다. 현대 미국의 유력한 생태학자인 제러미 리프킨(Jeremy Rifkin)의 『유러피언 드림』이 바로 그것이다. 그가 말하는 유러피언 드림이라는 것은 개인의 성공을 위한 무한한 기회를 역설하는 '아메리칸 드림'을 넘어서 또 다른 차원의 꿈을 꾸기 위한 담론으로, "개인의 자유보다 공동체적 관계를, 동화(同化)보다 문화적 다양성을, 부의 축적보다 삶의 질을, 무제한적 발전보다 환경보전을 염두에 둔 지속가능한 개발을, 무자비한 노력보다 온전함을 느낄 수 있는 심오한 놀이(완전한 몰입을 통해 삶의 의미를 깨닫고 희열을 느낄 수 있는 활동)를, 재산권

보다 보편적 인권과 자연의 권리를, 일방적 무력행사보다 다원적 협력을" 골자로 하는 가치지향성에 관한 것이다.[9] 미국의 현재를 살아가는 한 양심적 지식인의 고백적 성찰이다. 해방 후 시종일관 근대 미국적 가치를 심화시키며 거기에 함몰되어 자라온 한국사회와 교육을 위한 경종으로 느껴지기도 한다. 우리의 청소년들이 삶의 계획을 세우는 데 반드시 정독할 만한 책이라 생각된다. 이 대목에 이르러 나다니엘 호손의 소설 「큰 바위 얼굴」을 다시 생각하니 마음이 참으로 좋다.

삶의 계획이 좌초하다─'희망'을 말하기 위한 기회

미래는 설계하고 계획할 수 있는 것이지만, 그것을 장악할 수는 없다. 그것은 늘 예상할 수 없는 요인에 의해 불안정하게 되기 때문이다. 이 불안정성을 내적으로 제대로 소화해내지 않으면 미래와 정당하게 교류하기는 어렵다. 이것은 특정한 철학적 태도를 요구한다. 이 대목에서 다시 볼노의 논점을 들어보자.

과거가 일정한 의미에서 되돌릴 수 없는 것이요 고착화되어있는 것이라면, 미래는 다가오는 것이며 불확정적인 것이다. 이 점에서 사람들이 앞날을 염려한다고 한다. 그러나 염려한다고 미래가 보장되는 것일까? 염려는 오히려 삶을 쪼그라들게 만들고 필경 미래에 정당하게 관계하지 못하도록 하지 않는가? 그래서 이를 염려로써가 아니라 책임 있게 선취(先取)하는 것이 필요하다고 하였다. 사람들은 계획을 세

---

9) Jeremy Rifkin: 『유러피언 드림 *European Dream*』, 이원기 역(민음사, 2005), 12.

운다. 계획이 완벽하다면 미래도 완벽할 수 있다. 그러나 예기치 않게 부서지고 한계에 직면하는 경우는 또 얼마나 많은가? 책임을 다하지 않았는지? 아니다. 목숨을 걸고 다했지만 운이 따르지 않았다고 말하는 경우는 또 얼마나 많은가? 수많은 아름다운 꿈이 질병과 사고와 경제적 위기로 인해 한계에 부딪힌다. 그리고 그 치명적 결과는 삶 전체에 미친다. 사람들이 도처에 사회적 안전망을 설치하는 까닭도 여기에 있다. 보험과 사회복지제도와 교회와 사찰과 또 언급할 만한 모든 것을 망라하여 말이다. 그러나 그 안전망 자체는 과연 안전한가? 예방에도 한계가 있는 법이다. 한계에 부딪치면 일체의 계획과 안전망은 절망적 상황에 처하게 된다. 미래는 전적으로 불확정적이고 불안정한 것이라는 말이다. 미래와 올바른 관계 맺기란 그래서 어려운 것이다. 이는 다만 전혀 다른 내적 태도를 통해서만 해결 가능한 문제가 된다. 그런 뜻에서 볼노는 "아무런 생각 없는 안전을 원칙적으로 포기하고 삶의 모든 예측할 수 없는 불행을 직시하면서 삶의 '위협성(Bedrohtheit)'을 전적으로 받아들이는 것이 중요하다."고 하였다. '비안정성(Unsicherheit)과 더불어 살기'를 배워야 한다는 뜻이다. 이 대목에서 볼노는 릴케를 인용하면서, 그러한 태도가 우리 삶을 파탄으로 몰아넣을 위험이 오히려 전혀 예상치 않은 방식으로 '보호(Schutz)'로 전환되도록 도와줄 것이라고 한다. 볼노는 그러한 내적 태도를 '희망(Hoffnung)'이라 하였다. 그것은 자신만의 능력에 집착하기를 단념하고, 침착하게 자신의 운명에 내맡기는 곳에서 형성되는, 미래에 대한 신뢰 가득 찬 관계로서, 다시 말해서 이는 "안전하게 되기를 단념하는 순간 자기 자신만의 고유한 영혼의 밑바닥에 자유롭게 놓여지는, 어떤 가장 심층적인 삶의 경험"("삶의 근거로서의 형이상학적 경험")을 뜻한다. 요컨대 미래와 올바른 관계 맺기에 있어 시간표와 계획보다 더 중요한 것은 그러한 희망이요, 그런 뜻에서 희망은 청소년들이 배워야 할 과제가 된다. 왜냐하면 희망은 삶과 더불어 자명하게 주어지는 어떤 소유물이 아니기 때문이다. 간추려 보면 시간과의 교류에서 결정적 과제는 따라서 어떤 철학하는 태도요, 청소년과 젊은이들이 그러한 철학적 분위기 속에서 사유하면서 자라나도록 돕는 것이다.

어떠한 철학적 안목을 가지느냐에 따라 청장년기와 중년기 삶의 성격은 판이하게 달라질 것이다. 직업생활이나 보험 같은 사회안전망이 보장해주는 미래에 안주하는 이들이 있다면, 그런 사회적 구조도 무용지물이 될 수 있으리라는 통찰 속에서 미래를 또 다른 시각에서 맞아들이는 이들도 있다. 후자의 경우인 사람들은 나이를 먹어도 끊임없이 꿈꾸며 모험할 수 있는 이들이다. 교육의 과제가 있다면 인생이 너무 일찍 막을 내려버리지 않도록 돕는 것이다. 그것이 단순히 목숨을 연장시키거나 장기간의 휴식 상태에 들어가게 하는 것을 뜻하는 것이 아님은 분명하다. 피안(彼岸)의 세계를 믿는 사람들에게 이 시간적 흐름은 다른 방식으로 체험될 수 있다. 즉, 이들에게 미래는 영원과 잇대어 있으며 끊임없이 전심으로 맞아들여야 할 대상이다. 여기서 나래를 펴는 상상력은 더 이상 이생의 현실성에 바탕을 두지 않으려 한다는 점에서 독특하다.

학교교육 현장에서 시간이라는 주제

이야기의 초점을 최근 우리 학교교육 현장에 맞추어, 우리가 종종 자명하게 받아들이고 있는 시간구조와의 교류방식과 그 문제점에 대해 생각을 모아보자.

기계화되고 표준화된 시간, 그리고 빠른 속도

산업화된 사회 속에서 우리의 현대적 일상은 종종 어떤 기계적인 방식으로 규정되어있다. 이른 아침 정확히 시작하고, 조금 쉬었다가 다시 시작하고, 점심시간 잠깐 쉬고 그리고 다시 오후, 시간의 단위가 이런 식으로 되풀이되고 난 후 하루가 끝난다. 그리고 일 년 또 일 년, 그리고 마지막 일 년, 이렇게 초등학교에 들어오면서부터 시작되는 이런 식의 시간표는 약간의 변주(變奏)를 동반하며 고등학교와 대학교를 졸업할 때까지 지속된다.

자기만의 삶의 율동적 흐름을 느끼며 숨을 고르면서 살기를 바라는 이들은 누구나 이러한 시간구조에 어딘가 잘못된 점이 있지 않은가 생각할 법하다. 등교시간은 좀더 자유로울 수 없는가? 교과시간은 늘 50분, 한 시간, 두 시간이어야 하는가? 종은 반드시 쳐야 하나? 즐거운 시간은 좀더 오래 가질 수 없는가? 점심 먹고 바로 오후 시간에는 졸린다, 좀 자면 좋겠다. 이런 식으로 하나의 이유 있는 항변, 어떤 줄기찬 반항이 이어지고, 그런 연후 사회의 일원이 되는 순간 어쩌면 혹자는 그러한 시간구조 속에서 벗어나기를 바랄지 모르겠다. 그러나 실상 이는 우리가 오히려 그러한 구조의 본격적 출발선에 위치하게 됨을 뜻하는 것이다. 그리고 학교의 시간구조라는 것이 바로 산업사회가 생산해 낸 시간구조에 의해 규정된 것이었음을 비로소 알게 된다. 소위 그러한 '학교' 시간표는 '중앙에서 통제하며', '일사불란하게 표준화되어 있고', '대량생산체제를 갖추고 운영되는 근대식 공장 운영방식'과 아주 그럴듯하게 닮아있는 것이다.

기계화되고 표준화된 시간구조는 '빠른 속도'의 문제이기도 하다. 빠른 속도 모두에 대해서 이의를 제기하는 것이 아니라 온통 빠르기 때문이고 이것만이 미덕인 것처럼 치부되기 때문이다. 우리 회사가 이 신기술을 빨리 상품화하여 경쟁상대보다 먼저 출시해야 하기 때문이다. 경제세계화 구도가 시작되면서 이 속도문제는 더욱 초미의 관심사가 되었다. 각국은 머리를 싸매고 경쟁을 붙여서 자국 내 가능한 힘들을 효과적으로 결집시키고 선발하여 이 글로벌 시대를 제패해야 할 과제에 매진하게 되었다. 최근 세계 각국 교육당국의 초미의 관심사가 되고 있는 국제학업성취도평가(PISA, Program for International Student Assessment; OECD가 각국 교육정책을 수립하는 기초자료로 제공하기 위해 만 15세 학생들의 독해력, 수학, 과학 성적을 3년 주기로 시행하는 평가 프로그램. 2006년에는 OECD의 30개국을 포함하여 총 57개국이 참여)도 이 맥락에서 검토해볼 수 있다.

한편 그러한 빠르기의 또 다른 원인도 추적해볼 수 있는데 그것은 다름 아닌 인간 내부에 숨겨진 무제한적 자기성취와 권력 욕구 때문이다. 왜 사람들은 그렇게 빠르게 달리고 싶어 하는가? 왜 사람들은 질주하는 자동차 경주대회에 열광하는가? 순간적으로 죽음을 맞이할 수 있는 그러한 속도전에 왜 사람들은 그렇게 쉽사리 자기 운명을 맡겨버릴까? 올림픽 대회에서 장거리와 단거리 달리기와 마라톤 구호는 왜 늘 그런 빠르기를 요구하는가? 전투기와 여객기, 고속 전투함과 로켓, 무한 속도의 아우토반, 정보통신 매체의 빠른 처리 능력, 이 모두는 그런 성취욕이나 권력욕과 무관하지 않다.

우리의 학부모들 중에는 자기 아이가 될 수 있는 대로 빨리 어린 시절을 벗어나서 성장하기를 바라는 이들이 많다. 학교에 가기 전부터 글자를 가르치고 그것도 모자라서 영어까지 가르쳐야 한다고 믿는 세상이 되었다. 초등학교에 입학해서 배울 과제는 상당수 이미 배워버렸다. 학교는 다만 재빨리 복습해주기만 하면 된다. 중고등학교 학생들이 다니는 학원이나 과외수업은 한두 학기 정도 진도를 앞질러 나가는 게 보통이다. 소위 '선행학습'이라는 것이다. 학생들은 수많은 과제를 앞질러 해내느라 정신없이 시간을 보낸다. 그들은 대충 아침 7시 반경부터 밤 12시나 1시경까지 책상 앞에 앉아있다. 한국사회에서 빠른 속도에 대한 요구는 개개인으로 보면 상층부를 지향하려는 권력 욕구의

적나라한 표출이며, 국가적으로 보면 지배구조의 창출 내지 지배구조의 영속화를 위한 것이기도 하다.

서양의 옛 가르침―수도원의 '감속명령'

근래 서양에서는 현대산업사회적 시간구조를 비판하되, 옛 전승으로부터 오는 가르침을 되새기려는 움직임이 부쩍 눈에 띈다. 독일의 유력 시사주간지와 일간지 기자로 일했던 페터 제발트(Peter Seewald)라는 이가 인생의 어느 길목에서 현대자본주의 산업문명이 강요하는 수레바퀴로부터 문득 돌이켜, 현인들과의 만남을 시도하면서 세계의 근원적 지평을 응시하던 끝에 몇몇 자기 성찰적인 책을 펴냈다. 최근에 우리말로도 번역된 『수도원의 가르침』이라는 책에서 그는 수도원 안에 고이 간직되어온 시간생활에 대해서 담담하게 말해주고 있다. 유서 깊은 베네딕도 수도원을 찾아 머무르게 되면서 미친 듯 질주하는 현대사회의 시간적 흐름에서부터 전혀 다른 흐름으로 넘어가게 된다. 그가 그곳에서 깨우침을 받은 것 중 하나는 '스타빌리타스(stabilitas)', 즉 '정주(定住)'라는 말이다. 그것은 "어느 한 장소에 머물러있음"을 뜻하는데, 이는 다시 말해서 이제 발을 들여놓게 된 수도원에 끝까지 머물러, 자기에게 주어진 의무와 구속을 받아들이고 그것을 지키며 공동생활이 부여하는 과제를 성실하게 수행하라는 요청이라 한다. 이는 시간적 함축성을 가진다. 그러니까 그것은 멈추어 섬이요, 정지요, 고요함에 다다르는 것이다. 제발트는 이를 우리 시대를 향한 가장 큰 도전이 될 만한 요구, 즉 '감속(減速)명령'으로 이해한다. 그리고 그는 이

명령이 현대사회 안에서 의미를 가지도록 그 뜻을 일곱 가지 정도로 풀어냈다. 그중 네 가지만 들어보면 다음과 같다.[10]

- 이미 입증된 바와 같이 우리의 몸과 마음을 망가뜨리고 있는 조급증과 분주함에 감속으로 대응한다.
- 뭔가를 찾아다니는 것 같지만 결국에는 항상 뭔가에 쫓겨다니는 존재로 전락하는 것을 방지하기 위해 불필요하게 여기저기 돌아다니는 것을 삼간다.
- 과도한 흥분과 신경과민을 피하고 자신을 차분히 돌아본다. 이로써 삶의 문제에 대한 해답을 찾는다.
- 길 떠남의 새로운 형태를 발견한다. 겉만 훑고 지나가는 여행은 무의미하다. 여행에는 좀더 심층적이고 내적인 차원이 있다.

제발트는 오늘날 종종 케케묵은 유물 정도로만 인식되고 있는 수도원이 오래전부터 오늘날의 서구문화를 일구어내기까지 얼마나 위대한 가르침을 주었는지, 즉 단지 글쓰기나 산술뿐 아니라 이를 넘어서 세계의 근원적 질서에 귀 기울이며 삶을 영위하는 방식에 대해서, 즉 참으로 인간적으로 살아가는 방식에 있어서 얼마나 고귀한 전승을 간직해왔는지에 대해서 의미심장하게 되새겨본다. "수도원은 생기 없는 과거의 유물이 아니라 파발꾼, 즉 우리의 시간 속에 영원이 지속되고 있음을 확증하는 전령이다"(Gustav Thibon).[11]

---

10) Peter Seewald: 『수도원의 가르침*Die Schule der Mönche*』, 손성현 역(시아출판사, 2005), 58~61.
11) Peter Seewald: 『수도원의 가르침』, 8에서 재인용.

아씨시 수도원 입구

수도원 일상의 시간적 흐름이 소위 현대적 학교의 시간적 흐름과 극명하게 대조를 이루는 것은 분명하다. 그렇다면 그런 건 현대적 학교와는 아무 상관도 없으며, 아예 쓸모없는 것인가? 하지만 어느 모로 보나 오늘날 학교가 그러한 감속명령에 귀를 기울여야 할 필요는 엄존한다. 나로서는 이러한 생활양식으로부터 들려오는 준엄한 목소리를 결코 흘려들을 수 없다. 학교가 파하는 대로 곧장 학원으로 달려가도록 만드는 오늘의 광태(狂態) 앞에서, 다시금 정신이 들게 하고, 한두 줄기 빛을 구할 수 있는 곳이 없지 않다.

시간과 권력 욕구에 관한 명상

강승의 '시간에 관한 명상록' 중 다음 몇 편은 시간과 권력 욕구라는 맥락에서 곱씹어볼 만하다.

하느님은 모든 것을
사람에게 주셨습니다.
그러나 그것을 시간에 담아주셨습니다.
시간과 더불어 주셨습니다.

그리하여 시간 밖에서
시간과 의논하지 않고
직접 얻거나 성취하려는
일체의 행위를
어리석음과
욕심이라 하였습니다.

삶의 자취 되돌아보면
시간을 밟고 가거나
시간을 뛰어넘으려 했습니다.

그리하여
시간은 언제나
내 마음대로 할 수 있는

나의 소유물이 아니면

나와 상관없는

무심하고 가혹한 것이었습니다.

그리고 그런 생각이

나의 일방적인

이기심과 어리석음 때문임을

몰랐습니다.[12]

인간이 어떻게 시간을 통해서 불평등과 부자유의 수수께끼를 증폭
시켰는지, 그리고 그것이 이기심과 어리석음임을 몰랐음에 대한 성찰
로, 헤르만 헤세에게서도 그 흡사한 상념, 즉 자연의 흐름 속에서 '소
유'에 집착하려는 인간성에 대한 통찰을 찾아볼 수 있다.

다른 모든 이들처럼 나도 이 질서정연한 자연의 순환을 자명한 사실로,
본디 내밀하고 아름다운 것으로 받아들인다. 아주 이따금, 씨앗을 뿌리고
수확하는 어느 한 순간, 땅 위의 모든 피조물 가운데 유독 우리 인간만이
이 같은 사물의 순환에서 제외되어야 한다는 것이 얼마나 이상한 일인가
하는 생각이 떠오른다. 사물의 불멸성에 만족하지 못하고, 한 번뿐인 인생
인 양 사기만의 것, 별나고 특별한 것을 소유하려는 인간의 의지가 기이하
게만 여겨지는 것이다.[13]

---

12) 강승: 『우리의 오늘과 내일. 1997년부터 2002년까지』(제3공간, 2002), 48(명상록 1024의
   1).
13) Hermann Hesse: 『정원일의 즐거움』, 17.

이런 상태는 가치론적으로 조율되지 않으면 안 된다. 강승은 시간을 만인의 것으로 하여 "삶이 회복"되어야 할 것을 요청한다.

......
그것이 타락이요
불행이었습니다.
시간은 하느님의 것
만인의 것
만인의 것만이
사람의 것

이제 하느님의 시간을 살라
만인의 시간을 살라
그러면 사람의 삶이 회복되리라.

또 다른 대목에서는 이렇게 썼다.

시간의 자유가
자유의 근간이요
해석의 자유가
자유의 내용입니다.
시간은 해석입니다.
이러한 해석이
왜 이리도 저를 행복하게 하는지요.[14]

‘시간의 자유’, ‘해석의 자유’, ‘해석으로서의 시간’이라는 명제이
다. 오늘날 우리 학교가 필요로 하는 철학이다.

소위 ‘조기교육’이라는 것이 요구하는 빠르기

앞서 거론한 빠르기에 대한 요구 문제를 ‘조기교육’과 관련지어 다
시 한 번 생각해보자. 조기교육이라는 말은 뒤늦게 출발하여 목표를
달성치 못했던 이전의 교육과는 달리, 빨리 출발함으로써 이전에는 전
혀 기대할 수 없었던 목표에 도달할 수 있는 지름길이라는 말로도 종
종 이해되고, 나아가서는 영재교육을 위한 매혹적인 말로 받아들여지
곤 한다. 이 조기교육을 받은 아동들은 다른 아이들보다 뛰어날 것이
며 새로운 능력을 더 빠르게 습득한다는 신념이 여기서 톡톡한 역할을
하고 있다. 이 행습은 읽기 · 쓰기 · 수리 능력 같은 지적인 발전 가능성
에 집중하는 경향이 있다.

‘이런 식’의 조기교육에서는 루소(J.-J. Rousseau) 이래로 성장해온
교육학의 고유 개념, 즉 어른의 시기로 앞당길 수 없는 ‘어린이성’의
문제와 발달단계와 성숙의 율동에 따른 ‘어린이의 고유성’과 ‘학습 준
비도’ 대신, ‘시기를 앞당김’, ‘효율’, 특히 ‘지적인 면에서의 효율적인
발날 가능성’이 문제시되고 있다. 순비도라는 것은 고정적인 개념이
아니라는 것이며, 문제에 접근하는 새로운 발상이 중요하다는 것이다.
그 구체적인 방안으로서 종종 어린이 수준에 들어맞는 학습 프로그램

---

14) 강승: 『우리의 오늘과 내일. 1997년부터 2002년까지』, 50~51(명상록 1024의 3).

이 제시되곤 한다. 이 이론은 특히 1960년대 이래 미국에서 빠르게 확산되었다. 브루너(Jerome S. Bruner)는 이런 방향에서 대표적이다. "나선형 교육과정(spiral curriculum)"이라는 제목의 글에서 그는 "어느 교과목이든 어느 발달단계에 있는 어느 아동에도 모종의 지적(知的)으로 정직한 형태로 효과적으로 가르칠 수 있다."는 아주 대담한 가설을 내세우면서, 학문의 기본구조를 어린 시절부터 시간을 낭비하지 않고 아동들에게 학습시킬 것을 주장했던 것[15]이다.

이런 생각은 분명 조기교육에 대한 고전적인 사고와는 상당한 거리를 보이는 것임은 분명하다. 본래 조기교육이란 취학전 아동들에게(아니면 되도록 이른 시기에), 또한 취학전 연령기를 포함하여 더욱 넓은 의미에서 인생 초년기에 학습기회를 제공함으로써 인생 전체에 초석을 놓고 이를 유의미하게 하려는 것을 뜻했다. 이 견해는 일찍이 플라톤이 주창한 이래로 근세에는 코메니우스(Johann A. Comenius)와 프뢰벨(Friedrich Fröbel)에 의하여 하나의 조직적인 이론으로 정립되기 시작했다. 그 본래의 뜻은 늦지도 빠르지도 않도록 하자는 것이었다.[16] 피아제(Jean Piaget)의 의견을 들어보자.

피아제는 1967년 미국 뉴욕에서 자신의 지능발달이론에 대한 강연에서 청중 가운데 한 사람으로부터 받은 질문, 즉 "아동의 지능은 가속화(accelaration)시킬 수 있는가?"라는 질문에 대해서 (그가 미국을 방문할 때마다 종종 받은 적이 있는 질문이기도 한데), 이를 일종의 '미국적 질

---

15) Jerome S. Bruner: *The Process of Education* (Cambridge, Mass.: Harvard University Press, 1960).

16) David Elkind: "Formal and Early Childhood Education: An Essential Difference", 『현대 교육의 주제와 쟁점』, 유현옥 편역(내일을 여는 책, 1995), 321 이하.

문(the American question)'으로 미심쩍게 보았다. 그는 무엇보다 학습에서 일정한 심리적 성숙도를 고려해야 할 중요성을 지적했다. 만일 그러한 성숙도가 갖추어져있지 않을 경우 시의적절하지 않은 조기교육은 학습의 '가속화'를 초래하고, 이는 어린이의 삶과 발달 가능성을 무참히 파괴할 수 있다는 생각이다. 그 '가속화'란 아동들로 하여금 어떤 주어진 연령 표준에 도달하는 단계가 있을 경우 그 단계를 되도록 앞당겨 밟고 넘어가는 것을 뜻한다. 이보다 중요한 것은 아동이 성숙과 발달의 단계를 거친다는 사실을 인식하는 것으로, 종적 발달과 아울러 횡적 확장을 신중하게 고려하는 일이라 했다. 그런데 종종 조기교육이라는 이름으로 사람들은 앞으로 진행하는 속도만을 안중에 두는 반면, 횡적 확장은 소홀히 하고 있다는 것이다. 하지만 정당한 의미에서의 학습이란 빠른 속도가 아니라, '적절한 속도'를 뜻한다. 즉, 하나의 능력이 충분히 자라기까지 기다리고, 천천히 진행하여 그다음 단계로 나아가야 한다는 것이다. 다시 말해서 한 마리의 올챙이가 있다면 이것을 빨리 개구리가 되게 하는 것이 중요한 것이 아니라, 좀더 풍부한 올챙이가 되도록 하는 것이 중요하다는 것이다. 아동은 그러한 성숙과 발달 과정에서 비로소 각 방면에서 두루 알맞고 풍부한 지능을 획득할 수 있다는 것이다.[17]

피아제에 따르면 성숙과 발달 과정은 외적, 환경적 교수 행위와 아울러 신중히 고려해야 할 문제이다. 여기에 그의 인지학습이론의 핵심이 놓여있다. 피아제에 따르면 학습이란 단순한 외적 영향이나 주입의

---

17) 장상호: 「발생학적 인식론과 교육」(교육과학사, 1994), 48~51 참조. 이 맥락에 대한 더 자세한 논의는 다음 문헌 참조. J. Piaget: *Theorien und Methoden der modernen Erziehung*, Frankfurt am Main, 1974; ders., *Meine Theorien der geistigen Entwicklung*, Frankfurt am Main, 1986.

결과가 아니라, 환경과의 상호작용 안에서 일어나는 하나의 능동적·창조적 과정이다. 인간 내부에는 자기조절 능력이 존재하기 때문이다. 이를 인지구조라 하였다. 이는 밖에서 존재하는 학과목의 구조(브루너가 말한바)와는 별도로 "개인 내부에서 시간의 종축을 따라 변형되고 재구성되는 실체"[18]를 말한다. 따라서 학습은 학문 및 학과목의 구조에 따라서가 아니라, 아동의 지적 구조에 맞도록(이를 우선적으로 놓고) 짜는 것이 옳다.

학습이란 환경에 대하여 인지구조를 활성화시키는 것이라고 바꾸어 말할 수도 있다. 다름 아니라 동기유발의 문제이다. 이는 흔히 환경론적 행동주의자들이 시도하듯, 외적인 조건화와 보상기제(인정이나 칭찬)를 통해서가 아니라, '내래적 동기화(內來的 動機化, intrinsic motivation)'를 통해서 가능하다고 한다. 이는 외적 보상기제와는 관계없이 주변세계를 이해하려는 아동 본래에 갖추어져있는 동기능력을 말한다. 다시 말해서 어떤 인지적 불균형이 일어나면 기존의 인지구조를 조절하여 새로운 인지구조를 형성하려는 경향을 일컫는데, 이 경향성이 본래 내재되어있다는 것이다. 그러나 문제는 이러한 조절작용이 저절로 일어나지 않고, 특정한 조건, 즉 교육을 필요로 한다는 것이다. 교육의 과제는 적정수준의 불균형을 조성함으로써 조절작용을 활성화시키는 데 있다. 만일 그 수준이 기존의 것과 그리 차이가 나지 않거나 또는 너무 힘에 겨운 것이면, 그러한 조절작용은 일어나지 않는다. 아동의 내부에서 적절한 정도의 어떤 불일치·갈등·모순·한계 등을 촉발시키는 것이 중요하다. 이는 아주 어려운 과제로서 개인에 대한

---

18) 장상호:「발생학적 인식론과 교육」, 54.

교사의 탁월한 진단과 지도 능력을 필요로 한다. 만일 교사가 이 난제를 회피할 경우, 학습은 단순히 외래적 동기유발로 그치고 진정한 학습은 체험되지 못할 것이라고 한다.[19]

앞서 피아제가 말한 '미국식 질문'이란 건 제러미 리프킨이 지적한 '효율성'을 추구하는 미국적 사고방식과 어쩌면 무관해 보이지 않는다. 최소한의 시간, 노동, 에너지, 자본을 들여 얻을 수 있는 최대한의 생산량을 의미하는, 다시 말해서 미국에서 '개인적 성공'과 '아메리칸 드림'을 위한 필수적 도구로 자리잡은 개념 말이다. 리프킨은 이 개념이 유럽에도 소개되었지만 이렇다 할 만한 공감을 얻지 못했음을 지적하면서 그 이유로 양 문화권 간의 삶을 바라보는 시각상의 차이를 들었다. 그것은 이를테면 '게으름', '느긋함', '욕심을 포기하기', '자신을 제3자의 입장에서 지켜보기', '효율성의 원칙의 지배를 받지 않는 삶의 구조' 등이다.

전체적으로 볼 때 미국인들은 유럽인들에 비해 덜 느긋하다. 유럽에서는 'meander'(우회적으로 이야기하다), 'ponder'(묵묵히 생각하다), 'muse'(묵상하다) 같은 어휘가 존중받지만 미국에서는 그렇지 않다. 미국인들은 끊임없이 생산적인 것을 가장 행복하게 생각하며 게으름을 도덕적인 문제로 간주한다. 그러나 그와 반대로 유럽인들은 게으름을 탐내고 부러워한다. 그들은 느긋하게 장미꽃 향기를 맡으려 한다. 유럽인 친구들은 내게 인생을 진짜 즐기려면 모든 욕심을 포기하고 제3자의 입장에서 자기에게 무슨 일이 일어날 수 있는지 그냥 지켜봐야 한다고 말했다.……미국

---

19) 장상호: 「발생학적 인식론과 교육」, 64.

인들은 일을 함으로써 행복을 구한다. 반면 유럽인들은 존재함으로써 행복을 구한다.……나의 유럽인 친구들은 긴밀한 대인관계와 결속감이 형성되려면 시간이 많이 걸린다고 말한다. 인간관계와 사회 결속감은 시계나 효율성 원칙의 지배를 받지 않는다.[20]

우리 교육상황에서 공교육의 모든 단계를 뒤덮고 있는 '조기교육' 내지 '선행학습' 현상을 바라보며 이 현상의 뿌리가 어딘가 곰곰이 생각해본다. 그건 한마디로 역사적으로 이유가 없지 않은 학부모들의 '탐욕'으로, '교육학적 무지'에 의해 동반되는 현상인 것이 분명하지만, 어쩌면 우리 교육상황이 앞서 말한 효율성을 추구하는 미국문화에 직접 노출되어있는 탓 때문은 아닌가 하는 매우 개연성 높은 추정도 해본다. 하지만 우리 사회에서 이런 이성적 진단과 판단이 폭넓게 받아들여질 가망성은 아직은 없어 보인다.

빠른 속도와 '속사포 문화', 느린 속도와 느린 아이

빠른 속도에서는 성찰을 위한 자리가 있을 수 없다. 왜냐하면 성찰은 가만히 물러가 돌이켜볼 시간을 요구하기 때문이다. 그런 '비생산적인 시간'에 내 몸을 내맡기도록 이 사회는 내버려두지 않는다. 그래서 나는 '천천히 말하기와 천천히 걷기'로써 저항하기로 하였다. 빠르게 와서 정차한 다음 또 재빨리 출발신호를 보내는 버스를 타려고 나

---

20) Jeremy Rifkin: 『유러피언 드림』, 146ff.

는 달려가지 않는다. 갑자기 출발하는 버스처럼, 하루를 빠르게 시작하는 것처럼 위험한 것은 없기 때문이다. 물론 늘 성공하는 것은 아니지만, 그래도 이런 의식적 제어장치가 호흡을 가다듬는 데 얼마만큼 도움을 준 것만은 사실이다. 오늘 하루를 위한 나만의 명상이 가능하도록, 해가 천천히 떠오르듯 긴 호흡으로 하루를 열고 싶다. 첨단기술공학사회의 자연파괴적 행보와 원자핵 시대에 저항하는 장 지오노(Jean Giono)의 소설 『나무를 심은 사람』[21]과 그 이야기를 독특한 애니

---

21) Jean Giono: 『나무를 심은 사람 (L')homme qui plantait des arbres』, 김경온 역 (두레, 2003).

메이션 화면으로 옮겨 놓은 작가 프레데릭 벡(Frédéric Back)의 시도는 교훈적이다.

일을 빠르게 해내는 것이 분명 하나의 능력이기는 하지만, 많은 아이들은 적당하고 또 느린 속도에서야 편안하게 배우고 일을 잘 해내는 것도 역시 사실이다. 지나치게 빠른 속도가 문제를 피상적으로 보게 하고, 철저하게 하지 못하고, 부실한 지식을 낳고야 만다는 사실을 우리 사회는 종종 직시하지 않는다.

인생의 초년기나 학업의 초반기에 필요한 것은 보통 빠른 속도가 아니라, 느린 속도다. 이 시기에는 적은 과제나 적절한 과제를 천천히 오랫동안 배우는 것이 아주 중요하다. 또 다음과 같은 경우도 있다. 한 문제를 5분 걸려서 풀건 1시간 걸려서 풀건, 5분 걸려서 푸는 아이들만이 합격통지서를 받는다. 이런 아이들이 장래 경쟁력을 갖기 때문이라고 한다. 뒤처지는 아이가 그 과제에 흥미와 관심을 가지고 몰두할 수 있는 능력을 갖추고 있음에도 불구하고 말이다. 이 몰두할 수 있는 힘이 그 아이를 5분 걸려 푼 아이와는 전혀 다른 차원에서, 전혀 다른 방식으로 작용한다는 점은 간과해버린다. 어렸을 때부터 생각하는 습관을 기르는 것이 아주 중요하다면, 느린 속도를 몸에 배게 하는 것 역시 중요하다.

간디의 동역자였던 비노바 바베도 역시 이 점을 지적했다.

아이들 교육은 상황에 따라 적절하게 이루어져야 합니다. ……아이들은 가르칠 수 있는 자연스러운 기회가 생겨나는 대로 가르쳐야지 진공상태에서 가르쳐서는 안 됩니다. 가령 물레는 느릿느릿 돌리지만 끊김이 없는 올이 고운 실을 자아내는 아이가 있을 수 있습니다. 좀 빨리 돌리지만 자꾸만 끊어지는 아이도 있을 것이고요. 이때 아이들에게 토끼와 거북이 이야기를 들려주면 참 좋을 것입니다. 그렇게 해서 인내의 미덕을 배우도록 도와주는 것이지요.[22]

현대에 들어 영화 화면은 갈수록 더욱 빠른 속도로 처리됨으로써 흥미와 박진감을 더해준다. 헐리우드 영화나 어린이 만화영화 또는 컴퓨터 게임 영상물의 빠르기는 현란하다. 하지만 아이들을 끌고 가는 이런 빠르기가 이들을 어떤 위험한 병리적 상황으로 몰고 가는지 생각해보면 경악을 금치 못하게 된다. 최근 미국의 리처드 드 그랑프르(Richard De Grandpre)는 이를 일컬어 '속사포 문화(Rapid-fire Culture)'라는 말로 표현했다. 그것은 다시 말해서 일종의 '속도를 내는 문화'이자 '속도광'이 되어버린 문화적 특성을 일컫는 말로, 그 구조 안에 살게 되면 외부세계의 정신없는 분주함과 내면의 공허가 일치하면서 결국 자기도 모르는 새 주의력 결핍 신드롬 같은 증상에 빠져들게 된다는 것이다.[23] 이 맥락에서 독일의 크리스티안 리텔마이어는 매우 흥미로운 그의 책 『아이들이 위험하다—문화산업과 기술만능주의적 교육 사이에서 *Kindheit in Bedrängnis. Zwischen Kulturindustrie und technokratischer Bildungsreform*』(2007)에서 이 점에 대해 유의할 만한 일련의 논지들을 소개해주고 있다. 이를테면 성장기 아이들은 특히 상업적인 방송국들의 프로그램에 등장하는 정신없이 부산한 TV 영상표현들로 인해 지속적인 신경흥분상태에 놓이게 되는데 이것이 오래되

---

22) Vinoba Bhave: 『삶으로 배우고 사랑으로 가르치라』, 113.
23) *DER SPIEGEL* 15/2005, 186~187. 아울러 다음 문헌 참조. P. Winterhoff-Spurk: *Kalte Herzen. Wie das Fernsehen unseren Charakter formt*, Stuttgart 2005.

면 아이들의 사회적 성격까지도 변화될 수 있다는 미디어 연구가 페터 빈터호프 쉬푸르크(Peter Winterhoff-Spurk)의 견해가 바로 그중 하나다. 'TV 시청을 많이 하는 아이들'의 경우 순간적 인상에 따라 사유하고 비약적으로 행동하며 방송에서 제공하는 또 다른 자극을 끊임없이 추구하는 태도를 드러내는데 여기서 바로 '연극배우적 특성'이라고 부를 만한 기질이 생겨난다는 것이다. 꽉 찬 일과표, 학교성적의 지속적인 평가, 지적인 발달의 강요 및 그 밖의 속사포 문화의 다른 특징들과 관련해서 "언제나 바쁘게 이리저리 돌아다니는 아이들"이라는 엘킨드(David Elkind)의 표현 역시 눈여겨볼 만하다.[24] 이러한 빠르기 문화가 다양한 영상매체와 결부되어 아이들을 폭력적으로 몰아가고 있다는 리텔마이어의 지적은 결코 무심하게 지나칠 수 없다. 이를테면 사내아이들이 가장 좋아하는 TV 프로 중 장면 전환이 급속도로 이루어지는 만화영화나 액션영화들은 6세에서 13세 사이의 아이들, 그중에서도 특히 사내아이들이 가장 좋아하는 TV 프로로, 이미지들의 빠른 연결, 암시적인 수사법, 또 다른 "자극적 흥분"의 끝없는 추구 등은 사건을 제대로 응시하고 마음을 열고 받아들이도록 더 이상 허용하지 않으며, 이는 나중에 다른 사람들의 감정을 함께 느끼고 자기감정을 조절하면서 관계 맺는 데 기초가 되는 중요한 특성들을 터득하지 못하도록 방해하는 결과를 낳는다는 것이다. 가령 학생들 간의 폭력에서 전형적인 귀결은 "나를 자극하니까, 나도 때릴 수밖에 없다"는 식이다. 이런 식으로 오늘날 어린이 생활환경의 폭력적인 분위기가 TV, 만화, 공격적인 장난감 등에 의해 상당히 광범위하게 규정된다는 사실에

---

24) D. Elkind: *Das gehetzte Kind. Werden unsere Kleinen zu schnell gross?*, Hamburg 1991.

대해 리텔마이어는 주의를 환기하고 있다.[25] 빠른 화면은 감각을 자극하기는 하지만 사유활동을 진작시키는 데는 결코 도움이 되지 않으며 오히려 다방면에 걸쳐 정신적 혼란을 야기한다는 점 말이다.

1950~60년대에 제작된 영화들은 요즈음의 영상물에 비해 상당히 느린 속도로 진행된다. 그보다 느린 속도는 연극 장면들에서 잘 찾아볼 수 있다. 특히 그림자극의 장면들은 대부분 느린 속도로 진행된다. 그림자극은 정지 화면이건 움직이는 화면이건 장면들을 따뜻하고 구수하게 전해준다. 그 장면들 속에서 아이들의 미적 감각과 사유행위가 천천히 깨우쳐지리라는 점은 충분히 기대할 수 있다.

몇 해 전 독일 크레펠트 시에 있는 몬테소리 학교를 방문하였다. 학교 견학을 마치고 나와 교장실에서 면담을 하던 중 책상 위에 놓인 커다란 달팽이 모형을 보았다. 이것이 무엇인가 물었더니 그는 이렇게 대답하였다. "달팽이는 천천히 움직이는데 마치 어린이들이 배워나가는 모습 같다."고, 그래서 "여행을 갔다가 가게에서 발견하고는 마음에 들어 사 가지고 왔는데 늘 교훈 삼아 책상 위에 올려놓고 있다"는 것이었다. 달팽이는 마치 봄철에 발아하여 천천히 피어나는 초목과도 같이 동물세계에서 찾아볼 수 있는 느린 자연의 속도를 보여준다.

불안과 신경증과 자살과 폭력에 시달리는 아이들에게 다시 평안과 안식을 돌려줄 수 있는 것은 바로 이러한 느린 속도이다. 느린 속도라 했지만 이는 보통 기술산업사회가 요구하는 속도와 비교했을 때를 염두에 둔 것이고 실은 그 자체로 보아서는 '적당한 속도'를 뜻한다.

---

25) 이 논지는 한국어 역본『아이들이 위험하다』(송순재 · 권순주 역, 이매진, 2010) 중 49~75에 상론되어있다.

옛 선비의 하루 생활

몰아치는 속도에 하루가 휘둘리지 않도록 하기 위해서 일찍 일어나는 것은 어느 모로나 도움이 된다. 새벽과 아침 시간을 고요히 묵상하여 맞을 수 있고, 또 하루 전체를 천천히 호흡하며 구상할 수 있기 때문이다. 이 시간만큼은 전화를 걸어오는 사람도 없고 영상물에 노출될 우려도 없다. 여기서 확보된 율동을 하루 종일 이어나가게 할 수 있다면 그날은 성공이다! 이런 식의 하루 일과표가 가지는 의미는 전통적인 공부법에서 두루 찾아볼 수 있다. 전통적인 관습을 그대로 몸에 지니고 있는 유학자들과 대화를 나눌 때마다 느끼는 것은 그들의 말씨가 가다듬어져있고 천천히 움직이는 속도감을 함축하고 있다는 것이었다. 그런 자리에 가면 평소 동료들에게 너무 느리다고 핀잔을 받는 나도 이분들이 그윽이 내보이는 속도감 안으로 빨려들어감을 어쩔 수 없다. 이 옛 선비의 하루 생활을 정순목은 조선 후기 윤최식(尹最植)이 지은 일용지결(日用之訣, 1880, 고종 17년)에서 이렇게 되새겨주었다.[26]

옛 선비들은 보통 오전 4시에 일어나 뜻을 세우고[立志] 몸을 공경히 하는 공부[敬身]로부터 하루를 시작했다. 6시부터 독서와 사색에 집중하였고 제자들에게는 글을 가르친다. 8시가 되면 아침식사 시간. 음식은 가족 모두에게 균일하게 하고 종종 반찬 가지 수를 정하는 경우도 있었다. 이때부터 바빠지므로 마음을 가다듬고 고요히 살폈다[存養省察] 한다. 10시 ~12시에는 손님을 응대하는 시간을 삼았는데 이때 손님맞이는 성심성의

---

26) 정순목: 『옛 선비교육의 길』(문음사, 1991), 371~376.

를 다하고 인정을 깊이 나누었다. 집안 형편에 따라 밭을 갈고 소를 먹이기도 했다. 12시~오후 2시에는 부리는 사람[婢僕]이 하는 일을 살피되 실기(失期)하지 않게 하고 허물에 대해서는 너그러이 하였다. 이때 편지를 쓰기도 했다. 오후 2시부터 다시 독서. 이때 심신이 피곤하면 정좌(靜坐)를 하도록 하여 정신을 함양(涵養)시킨다. 때로는 여가를 즐긴다. 화초나 자연의 풍경을 완상(玩賞)하는 것은 그 한 방법이었다. 실용의 기술[時藝]을 닦기도 했다. 오후 4시부터 다시 공부. 글을 천천히 읽어 맛보도록 하고 여유 있는 마음을 가지도록 한다. 이때의 공부를 주자는 약을 달이는 것에 비유하였다 한다. 오후 6시~8시에는 그날 맡은 일에 대하여 묻는다. 자제들에게는 그날 공부한 것 중 의문 나는 것에 대하여 강론하였다. 이때 역시 집안의 법도도 바르게 하였다. 밤 8시~10시에는 일기를 쓰고 장부를 정리하였다. 아울러 공부도 하였는데 이 경우, 낮에 공부하는 것을 거듭 익히도록 했다. 독서가 끝나면 고요히 우주와 인생의 근원에 대하여 생각하고 게으르거나 거친 행동이 없었는지 성찰한다. 홀로 깊이 사색하는 시간이다. 밤 10시~12시에 잠자리에 들었다. 잠자는 시간은 원기를 배양하는 시간이기도 하다. 새벽 12시~2시는 깊이 잠자는 시간이다. 옛사람들은 이때 밤기운으로 심신을 양생(養生)하였다 한다. 꿈자리를 보아 그 사람의 공부의 깊고 얕음을 살폈다. 꿈자리가 사나운 것은 마음이 안정되지 않았기 때문이다. 꿈에 확고한 주장을 할 수 있어야 한다. 새벽 2시~4시 첫 닭이 울면 깨어나 성신을 거두어 흐트러지지 않게 한다. 한편으로 읽고 다른 한편으로 생각하였다. 이때 혹 깨달은 바가 있으면 적어 둔다. 종종 사색을 위하여서 가장 좋은 시간으로 삼았다.

이 해설을 접하고 보면 선인들이 하루의 율동을 얼마나 세심하게 타고 가며 하루를 지냈는지 놀랍다. 그런데 이런 습속은 다음에 살펴보려니와 실은 고대의 지혜에 따른 것이다.

논어에서 시습(時習)이라는 뜻

"때때로 익히다"라는 말은 논어의 서두, 학이시습지불역열호(學而時習之不亦說乎), 즉 "배우고 때때로 익히니 어찌 기쁘지 않으랴."[27]라는 구절의 한 대목인데, 여기서 주제와 관련되는 말은 '시습(時習)'이다. 정자(程子)는 습(習)을 중습(重習), 즉 거듭함으로 풀었는바, 하나는 생각의 차원에서 그러해야 하고, 다른 하나는 실천적 행함, 즉 몸의 익힘이라는 차원에서 그러해야 한다고 했다. "습은 중습이니, 때로 다시 생각하고 연석(演繹)해서 가슴 속에 무젖게 하(는)" 것이요, "배우는 것은 장차 그것을 행하려고 해서이니, 때로 익힌다면 배운 것이 내 몸에 있다."[28] 주자(朱子)도 그와 같이 습을 복습(復習)으로, 즉 새가 자주 나는 것에 비유해 배우기를 그치지 않는 것으로 풀었다. 무얼 알았으면 실제로 해보아야 한다는 뜻이다. 깨달음은 실천에서 진정한 질을 갖추게 된다는 말이다. 이론과 실천의 분리가 오늘날 학교공부의 병폐라면 실천하지 못하는 것 역시 학교교육의 병폐이다. 예에 대해서 배웠으면 부모님께 문안드릴 줄 알아야 한다. 영어를 배웠으면 직접 말을 해보고 문학작품을 읽어보고, 가사를 배웠으면 적어도 매주 한 번

---

27) 신영복:『강의. 나의 동양고전 독법』(돌베개, 2005), 142.
28) 성백효 역주:『論語集註』, 17.

씩은 집에서 음식도 장만해보고, 역사를 배웠으면 현재라는 순간순간 들을 역사적으로 구성해볼 줄 알아야 한다. 이런 실천은 계속해서 정치적 실천이나 도덕적, 종교적 실천의 영역까지 나아가 이루어져야 한다. 도덕은 명제와 교설을 아는 것에서 의지를 연마하는 것으로 넘어가야 하고, 종교는 경전을 배우는 것에서 자기 내면세계로 몰입하고 우주적 전망을 가지고 삶 전체를 재구성하는 것으로 넘어가야 한다.

시(時)가 무엇인지에 대해서는 여러 견해가 있다. 주자는 사씨(謝氏)를 인용하여 개개 상황에 처하게 되는 모든 시간 시간으로 보았다. 그렇게 보면 "시습이란 때마다 익히지 않음이 없는 것이니, 앉음에 시동(尸童)과 같이 함은 앉아있을 때의 익힘이요, 섬에 제계(齊戒)함과 같이 함은 서있을 때의 익힘이다."[29] 앉아있을 때, 설 때와 같이 말할 때, 일할 때, 쉴 때 등 매시 매사에 있어 끊임없이 익힘을 뜻한다. 시시때때로, 즉 항상, 끊임없이(often, occasionally)의 뜻이다. 또 다산(茶山)도 '수시로'로 보았다. 배운 순간 "바로 그때부터……날마다 하루 종일 끊임없이 저녁까지"를 뜻한다.[30]

그런가 하면 황간(皇侃)이나 왕숙(王肅)은 이시(以時), 즉 적당한 때(timely)로 풀었다. 이와 같이 신영복은 "여러 조건이 성숙한 '적절한 시기'"로 보았으며,[31] 김용옥도 황간의 설을 지지하여 '때에 맞추어'로

---

29) 성백효 역주: 『論語集註』, 17.
30) "부모를 모시는 昏定晨省을 배웠다면 바로 그때부터 날마다 혼정신성을 익혀서 하루 종일 끊임없이 저녁까지 두려워해야 한다. 공부를 배웠다면 바로 그때부터 날마다 하루 종일 끊임없이 저녁까지 두려워하는 것을 익히며, 祭禮를 배웠다면 제례를, 鄕禮를 배웠다면 향례를, 음악을 배웠다면 음악을, 글 외우는 것을 배웠다면 글 외우는 것을, 활쏘기와 말 타기를 배웠다면 활쏘기와 말 타기를, 글쓰기와 셈하기를 배웠다면 글쓰기와 셈하기를 익히는 것, 모두가 학업을 익히는 것이다." 다산 정약용: 『국역 여유당전서 2. 論語古今註』, 8.
31) 신영복: 『강의. 나의 동양고전 독법』, 144~145.

풀었다.[32] 김도련은 이 두 가지 설 모두를 소개한 후 '제때'로 번역했지만, 이 제때가 전자의 견해인지 후자의 견해인지는 불분명하다.[33]

두 설 모두 일리가 있으려니와 후자를 취하자면 시습이란 '알맞은 때에 거듭 생각하고 거듭 실천하여 익힌다.'는 정도로 풀어볼 수 있겠다. 황간의 풀이는 흥미롭다. 시(時)란 신중시(身中時), 연중시(年中時), 일중시(日中時)의 삼시(三時)로 나누어볼 수 있다 했는데, 신중시란 유(幼)·약(弱)·장(壯)·강(强)·애(艾)·기(耆)로 어릴 때와 약할 때와 기력이 좋을 때와 강할 때와 늙을 때와 더욱 나이 들어 기력이 쇠해졌을 때를 타서 실천해야 한다는 뜻이다. 연중시란 봄, 여름, 가을, 겨울의 사계절에 맞아야 한다는 뜻이고, 일중시란 새벽, 오전, 점심, 오후, 저녁 시간에 각각 맞아야 한다는 뜻이다.[34] 이 때를 잘 타야 실천이 제대로 될 수 있고, 그렇지 못하면 오류나 병통에 걸리게 된다. 이를테면 어릴 때에 활쏘기나 말 타기를 연습할 수 없다. 선인들은 늘 하루를 일찍 시작했고 또 새벽을 이용했다. 퇴계 선생께서는 새벽에 얻는 바가 많았다고 했는데, 바로 그런 뜻이다.

이런 습속은 비록 오래전 것이기는 하나 여전히 교훈적이다. 그 흡사한 형태를 오늘날 찾아볼 수 있다면 대안학교 시간표가 아마 여기에 해당할 것이다. 이를테면 '연중시'라는 개념을 따라서 학기는 계절의

---

32) 김용옥: 『도올논어 1』, 159~160.

33) 김도련 역주: 『論語』, 15.

34) 다산은 이 설을 다음과 같이 소개하고 있다. 학문하는 데에는 세 차례의 시기가 있다. 1. 일생을 두고 시기에 맞게 하는 것—身中時(學記에 이르기를 '시기가 지난 후에 배우면 부지런히 하여 고생을 하더라도 성공하기 어렵다'고 하였다). 2. 1년을 두고 시기를 맞게 하는 것—年中時(王制에 이르기를 '春秋에는 禮樂을 冬夏에는 詩書를 가르친다'고 한다.) 3. 1일을 두고 때에 맞게 하는 것—日中時(學記에 이르기를 '머물면서 수학하고 쉬며 유학을 한다는 것은 날로 익히는 바를 말한다' 하였다). 정약용: 『국역 여유당전서 2. 論語古今註』, 8.

변화에 따라 3학기나 4학기로 만들어볼 수 있겠다. 풀무농업고등기술학교에 가면 학생들로부터 이런 인사말을 듣는다. 아침에는 "맑았습니다." 점심때는 "밝았습니다". 저녁때는 "고요합니다". 이 인사말들은 '일중시', 즉 하루의 시간구조에서 몸가짐을 어찌해야 하는지를 나타내는 말처럼 들린다.

시간을 넉넉하게 쓰는 '여유학습'

벚꽃과 개나리가 한창인 어느 봄날 불현듯 손에 잡힌 책 한 권이 내 마음을 그런 화사한 봄 마음으로 피어나게 했다. 일본의 후쿠도메 쓰요시 선생이 쓴 『아이의 미래를 바꾸는 칭찬 학습법』이 바로 그것이다. 이 책에는 최근 일본의 자치단체들이 "아이를 칭찬하며 키우자"는 뜻으로 제정하기 시작한 조례와, 또 가정과 학교와 지역사회가 이 문제를 가지고 씨름하면서 경험하게 된 주목할 만한 변화에 관한 이야기들이 아기자기하고 박진감 있게 소개되어있다.

'칭찬'이라는 작은 행위 하나가 아이와 사회를 이렇게 바꾸어놓을 수 있다는 것이 놀랍다. 사연인즉슨 이렇다. 그 일은 처음 후쿠도메 선생의 착상, 즉 한 아이가 적절하게 격려를 받을 때 나타내는 '힘찬 능력'의 문제를 골똘히 생각한 데서 발단이 되었다. 그는 이 현상이 아이뿐 아니라 어른에게도 나타나고, 또 인간뿐 아니라 동물에게도 역시 나타난다는 점에 독자들의 관심을 환기시키려 한다. 칭찬은 한 사람의 삶을 격려하고 뒷받침하기 위한 마음의 표현이다. 칭찬은 아이를 밝게 만들고 자기 자신을 긍정하게 만들며, 결국 한 사람의 능력을 최대한 발휘하게 만든다고 한다. 유의할 점은 공부 잘하는 아이들만 칭찬하는 게 아니고 재능에 따라 칭찬한다는 것이다. 야구든, 요리든, 사회봉사든 자기 힘으로 할 수 있는 것이면 무엇이든 말이다. 단, 그것은 자기가 직접 한 것을 토대로 하고, 결과보다는 과정을 중시해야 한다. 또한 가지 유의해야 할 점은 무슨 굉장한 걸 두고 칭찬하는 게 아니라 작은 목표에서 보인 성과에 대해서 칭찬하는 것이다.

중요한 것은 칭찬할 때 말로 '적시에' '표현'하는 것이며, 또 일정한 수업과정에서 누구나 '한 가지' 정도는 '표창'을 받도록 하는 것이다. 이렇게 하여 아이들은 놀랍게도 배움의 즐거움을 갖게 되었고 마침내 제각각 자기 과제에 몰두하게 되었다는 것이다. 이 행위는 처음에는 어른에게서 아이로, 그다음은 아이에게서 아이에게로, 그리고 모두가 함께 서로를 위한 방향에서 이루어지게 된다.

칭찬 조례는 처음 '고쿠분지마치'에서 제정되었고 그 이래 일본 내 여러 지자체에서 확산일로에 있다. 이 칭찬 조례에 따라 아이들은 여러 가지 상을 받게 된다. 노력상, 봉사상, 친절상, 체육상, 학예상, 건강상, 창조상, 근로상, 독서상, 우정상, 명랑상 등 또 그 외 여러 상이 있다.

시간이 지남에 따라 칭찬은 학교에서, 가정에서 그리고 지역사회에서 모두 함께해야 하는 일로 자라나게 되었다. 어른이 칭찬을 통해서 지속적으로 성장하거나 병약한 상태를 박차고 일어나게 되었다는 매우 흥미로운 보고도 찾아볼 수 있다. 그런 점에서 후쿠도메는 이 일을 '평생학습사회'의 주된 과제로 설정한다. 또 하나 특기할 만한 것은 이런 과정을 통해서 '우리 의식', 즉 공동체의식이 싹트게 되었다는 점이다. 현대산업사회와 그러한 토대 위에 세워진 근대식 학교교육이 가지는 맹점, 즉 이기주의적 인간상, 더불어 사는 힘을 상실한 고독한 인간상의 문제가 자연스레 극복되기 시작한 것이다. 그렇게 하여 거둔 성과가 질책이나 야단, 부정적인 말로 인한 결과와는 얼마나 현격한 차이가 있는 것인지!

칭찬은 지금까지 일본에서 그리 자명한 것이 아니었다. 과묵한 것을 미덕으로 삼아왔기 때문에 그런 점도 있고, 글공부 잘하는 것은 칭찬받을 만해도 그 밖의 다른 능력에 대해서는 그럴 만한 가치를 두지 않았기 때문이다. 이를 일컬어 후쿠도메는 좀더 '진보된 문화'라고 평가한다. '학력'에 따라 사람을 평가하는 '뒤처진 문화'에 대한 대구다.

인상적인 부분은 후쿠도메가 이러한 진보된 문화의 성격을 최근 일본에서 이루어지고 있는 교육개혁 정신의 맥락에서 읽어보려 한 것이다. '마음이 풍부한 사람' 그리고 '활력이 넘치고 다른 나라한테 존경받으며 세계 번영에 공헌할 수 있는 국가'라는 대전제하에 그가 소개하고 있는 일본 교육개혁의 네 가지 하위 목표는 이러하다. 첫째, 여유 있게 스스로 배우고 행동할 수 있는 삶의 힘 기르기, 둘째, 개성과 능력을 구현할 수 있는 제도 만들기, 셋째, 단위 학교를 자율적 권한과 책임이 부여된 자리로 만들기, 넷째, 대학의 개혁과 연구의 진흥. 이런 논지하에 저자는 칭찬이라는 화두를 사용하여 일본의 교육 전체가 어떤 방향으로 나아가야 할지 역설하고 있다. 어떤 면은 최근 정부의 교육방침과 흡사해 보이나 그와는 다른 매우 흥미로운 논점도 찾아볼 수 있다. 이를테면 '마음이 풍부한 사람 만들기'라는 대전제와 또 그것과 관련된 것으로 '스스로 여유 있게 배우고 생각하고 행동할 줄 아는 힘 기르기'라는 첫 번째 목표가 그것이다. 한마디로 학생들은 '시간을 넉넉하게 쓰며 공부하는 법'을 배워야 한다는 말이다.

살벌한 이기주의와 무관심과 경쟁관계로 규정되어있는가 하면 집단 따돌림과 폭력으로 어지러워진 우리 학교와 교실에 대해서, 그리고 원천적 교육의 자리이면서도 진정한 교육력을 상실한 우리의 많은 가정들에 대해서, 그리고 교육제도의 틀 자체를 '자율구조'라는 방향에서 전면적으로 혁신하려 하되, 그러나 학문의 골자, 즉 진정한 자유의 정신은 빼먹은 채 무한경쟁과 지적 수월성을 최상의 가치로 삼고자 하는 정부의 교육정책에서 이런 시간구조를 기대하기는 난망해 보인다.

하지만 일찍이 우리네 선인들은 서당과 서원에서 개성과 능력에 따라 스스로 공부하도록 했으되 그렇게 '여유'를 가지고 공부하는 학습법을 발전시키지 않았는가? 그분들이 그렇게 높은 학문과 삶의 경지를 개척해낼 수 있었던 것은 바로 이 공부법 덕분이지 않았는가? 오늘날 우리 사회 전반에 걸쳐 더 이상 존재하지 않는 이 공부법의 흡사한 형태가 오늘날 유럽 대륙의 학교들에서 실천되고 있음을 보게 되면 서글픈 생각이 든다.[35]

자발성과 율동이 경험되는 시간표 짜기

지금까지 우리 학교에 존재했던 시간표는 대체로 학생들의 자발적 참여나 자기 삶의 율동을 고려하지 않은 것이었다. 산업사회가 규정하는 학교 틀에서 벗어나 아이들에게 시간이 좀더 자연스럽게 경험되도

---

35) 이 부분은 후쿠도메 쓰요시의 『아이의 미래를 바꾸는 칭찬 학습법』의 한글판(정선철 역, 이매진, 2008)에 기고한 필자의 추천사 일부(5~9)를 옮겨놓은 것이다.

록 또 그들 삶의 율동에 부합되도록 시간계획을 해보자. 다음은 근자에 구상되거나 실천되고 있는 몇 가지 사례이다.

학생들 스스로 혹은 함께 시간표 짜기

전통적인 시간표 대신에 아이들과 함께 시간표를 짠다든지, 아예 아이들에게 맡겨보는 식이 있고, 그렇지 않으면 이렇게 짠 시간표를 전통적 정규교과 시간표와 나란히 배치, 운영해보기. 이를테면 프랑스의 어떤 프레네 학급에서는 전통적인 시간표 대신에 하루를 4등분하여 그 구조에 개인별 자유학습시간, 모둠협동학습시간, 학급회의시간 등을 배정하여 운영하거나, 이들과 정규학습시간을 나란히 배정하여 전체가 균형감 있게 움직여 나가도록 한다. 이때 유의할 점은 가능한 한 시간계획의 실현 가능성과 장애물 등의 문제를 면밀히 검토하도록 하는 것이다. 계획을 수정해가는 유연성도 때로 필요하다. 계획이 일단 마련되면 결실을 볼 때까지 인내심을 가지고 착실히 밀고 나가도록 한다. 개인적인 차원의 공부계획을 관철하는 과제도 중요하겠지만, 배드민턴이나 축구단, 핸드볼팀, 혹은 합창단 같은 예술활동에 참여하도록 하여 친구들과 어울려 일정한 시점까지 목표에 도달하도록 하는 것도 역시 중요하다. 독자적 방식과 공동적 방식, 이 둘의 병행은 학습을 특정한 긴장관계 속에서 역동적으로 다룰 수 있도록 도울 것이다.

교육과정이 성해져있는 일반 학교에서는 좀 어려운 일일까? 그래도 정해진 교과를 학생들 편에서 배열하기 위한 여백은 존재한다. 이를테면 교사는 재량으로 자기가 맡은 교과수업 중 일부를 그렇게 '자유로' 배정할 수 있다. 매 시간, 혹은 일주일에 얼마쯤의 방식으로……. 혹은 일단 하루 일과나 일주일, 주말이나 하계 및 동계 휴가 기간을 어떻게 보내야 할지에 대하여 학부모, 교사, 학생이 함께 심도 있는 워크숍을 진행해볼 수도 있다. 한 걸음 더 나아가 프로젝트 수업을 도입할 수 있다면 그러한 기회는 전적으로 확보할 수 있는 셈이다.

율동적 시간체험

학교 시간표는 학교의 학사행정과 선생님의 편의에 따라 짜여있는 경우가 많다. 예컨대 월요일 아침부터 난해한 과목들이 배정되어있는 경우라든지. 시간표상으로 보았을 때 교사는 자기 나름대로 시간과 시간의 맥과 연속성을 알고 있는 반면, 아이들은 그러한 맥과 연속성을 알지 못하는 경우가 비일비재하다. 그러니까 과학을 한 다음 영어로, 영어에서 갑자기 체육으로, 체육에서 다시 수학으로 등등. 이런 구조에서 학생들은 한번 어떤 문제 영역에 집중했다가, 다른 국면으로 넘어가서는 이전 구조를 깨끗이 접어버린 후 다른 영역으로 뛰어넘어야 하는 어려움을 늘 이겨내야 한다. 시간표를 아이들의 내적 경험의 연속성이라는 점에서 재편할 수는 없을까?

학교의 일상에서 아이들은 전체적인 흐름을 조망할 수 있어야 한다. 그렇게 하기 위해서는 이 시간에서 저 시간으로, 이 날에서 저 날로, 옮겨가면서 어떤 율동을 발견해야 한다. 그러나 보통 학교의 일상에서 그러한 율동을 경험하기는 힘들다. 따라서 학교 시간은 결속력을 갖지 못하고 이리저리 떠돌아다니는 식으로 경험되기 일쑤다. 야콥 무트(Jakob Muth)는 이를 "특정한 형식의 율동적 회귀"라는 말로 표현하였다. 날마다 같은 시간에 철자쓰기 연습을 하기, 숙제를 규칙적으로 검사하기, 한 주간에 항상 동일한 시간에 예상되는 자유로운 일의 가능성, 한 주간을 매 월요일 첫 시간에 축제적 분위기 속에서 시작하기 등

등. 이런 점에서 야콥 무트는 생텍쥐페리의『어린 왕자』에 나오는 한 인상 깊은 대목을 소개한다.

"매일 같은 시각에 오는 게 더 좋을 거야. 가령 네가 오후 네 시에 온다면 나는 세 시부터 행복해지기 시작할 거야. 네 시가 다가올수록 나는 더욱 행복해지겠지. 네 시가 되면 나는 가슴이 두근거리고 안절부절 못할 거야. 그럼 행복이 얼마나 소중한 것인지 깨닫게 되겠지! 그러나 네가 아무 때나 오면 몇 시에 마음의 준비를 하고 있어야 하는지 모르잖아……. 그래서 의식이 필요한 거야."[36]

하지만 이 율동을 기계적 반복과정과 혼동하지는 말아야 한다. 여기서는 아이들의 내적 상태 — 꾸준한지, 생생한지, 지루해하는지 — 를 눈여겨보는 감수성이 중요하다. 매주 월요일 첫 시간에 이루어지는 축제적 분위기의 내용은 매번 다른 것으로 채워질 수 있다. 혹은 그 내용은 때로 파격적으로 만들어볼 수 있다. 전체 시간계획은 계절에 따라 다르게 운용할 수도 있다. 옛 서당에서는 여름에는 시 공부를 하며 쉬엄쉬엄 했는가 하면 겨울에는 본격적으로 밀도 있게 공부를 하곤 했다. 어느 경우에나 아이들 내면에서 그러한 율동적 흐름을 포착해내야 한다.

---

36) Jakob Muth: "학교에서 시작하는 하루",『사유하는 교사』, 56~57. 이 번역문은 강주헌의 한국어 역서(예담, 2008, 108)에 의거

주기별 집중수업

학과에 따라 어떤 과목은 좀더 길게, 한 배 반이나 두 배로 하고, 어떤 과목은 발도르프 학교의 '주기별 집중수업(Epochenunterricht)'같이 매일 아침 2시간씩 한두 달 동안 내내 하거나, 혹은 학기말에는 다른 공부는 하지 말고 그저 연극이나 외국어만 2~3주일 내내 한다든지 하는 식의 파격적 구조는 어떨까?

독일 헬레네랑에 학교에서는 공교육제도에서 일반화된 시간표에서 이탈한 좀더 다른 구조의 시간표를 모색했다. 이른바 '주기별 집중수업.' 9-10학년의 경우 생물학, 미술, 음악, 종교 교과에 국한하여 주당 네 시간으로 이루어진 단위학습시간을 배정하고, 이를 '주기별 집중수업'으로 한다는 것이다. 두 시간으로 배정된 수업을 두 번 하는 것이다. 학년 초에 이렇게 시도해보았다. 즉, 넷으로 구분된 약간 긴 기간을 설정하고, 각 학급은 네 교과 가운데 한 가지만을 돌아가면서 주당 네 시간을 공부하도록 하는 것이다. 이것은 다음과 같은 상황을 뜻한다. 즉, 학생들의 견지에서 보자면, 그들은 학기초부터 시작하여 9주 동안 주당 4시간의 생물수업을 연속해서 가 선생님에게 받고, 다음 9주 동안은 주당 4시간의 미술수업을 연속해서 나 선생님에게 공부하는 것이다. 가 선생님의 경우, 이는 매주 4학급에 동시에 들어가는 것이 아니라, 넷으로 나누어진 주기에 걸쳐 돌아가면서 한 학급을 네 시간 동안 가르치는 셈이 된다. 이렇게 한 결과, 지금까지 부수적으로 경험해왔던 것을 영어나 수학을 하듯이 시간을 짜임새 있게 배정하여 예습과 복습을 하는 식으로 진하게 공부하게 되었다. 주제에 집중하는 효과가 있었고, 더 이상 산만하게 되지 않았다. 교사들도 주제를 편안하게 다룰 수 있게 되었다고 보고하고 있다. 이전보다 더 자주(주제에 관련된) 소풍을 갈 수 있게 되었고, 혹은 넷으로 나누어진 주기를 프로젝트 수업과 비슷한 형태로 계획하게 되었다. 요컨대 교수학적으로 방법론적인 견지에서 수업을 더욱 유연하게 구성할 수 있게 되었다. 교사와 학생, 학생끼리의 의사소통도 원활해졌다. 이는 앞으로 계속해서 발전시킬 만한 수업형태로 평가되었다.[37]

이야기와 노래, 침묵으로 아침 열기

이른바 '월요병'은 어른뿐 아니라 아이들도 앓는다. 그래서 주일 저녁시간에 그다음 날을 준비하도록 마음의 준비를 갖추도록 하는 것은 중요하다. 더 중요한 것은 월요일 아침시간인데, 사람들은 대부분 주말의 휴식의 기분에서 깨어나서 다시금 일로 돌아오기까지는 시간이 걸리는 것이다. 잘못하면 하루 종일 나른하게 보낼 수도 있고. 이것은 화요일로 연장될 수도 있다. 개혁교육학자 페터 페터젠은 그래서 유서 깊은 고도(古都) 예나(Jena)에서 유명한 개혁학교의 구상을 밝히면서 (1921)[38] 시도한 혁신적인 사례들 속에서 월요일 첫 시간에 이루어지는 '월요일 아침모임(Montag Morgenkreis)'에 대하여 이야기하였다. 이는 오늘날 개혁을 시도하는 현대 학교들에 다시금 받아들여져 아주 성공적으로 실천되고 있다. 아이들이 등교하면 담임선생님과 함께 둘러앉아 한 시간 동안 자연스럽게 이야기를 나눈다. 지난주에 내게는 이런저런 문제가 있었다고…… 그리고 아이들은 그 문제를 두고 서로 이야기한다. 혹은 선생님이 작은 동화나 일화를 준비한다. 작은 놀이를

---

37) 송순재: 『유럽의 아름다운 학교와 교육개혁운동』(내일을 여는 책, 2008), 35~36.
38) Peter Petersen: *Der kleine Jena-Plan*, Weinheim und Basel, 1980, 50~59, bes. 54 u. 58.

할 수도 있다. 노래를 부르면서 아이들의 흥을 가만히 돋우기도 한다.

나는 새로운 학교를 구상하는 어떤 학교 선생님들께 이런 제안을 드린 적이 있다. 조회시간 대신에 고전무용의 춤 한 사위를 함께 추거나 탈춤 중 몇 개의 기본동작을 배우는 것으로 아침시간을 시작하는 것이 좋겠다고. 그래서 한번은 선생님들과 함께 고전무용의 기본동작을 함께 배웠다. 적어도 선생님들은 그 시간에 뒷짐 지고 물러나 있거나 교무실에 있지 말고, 학생들과 어울려 출 수 있어야 하겠기 때문이다. 이러한 어울림이 학생들과 정서적으로 하나가 되게 하고 그 하나의 정서가 바로 이어지는 수업을 성공적으로 만들어줄 수 있는 기초가 될 수 있으리라는 생각이다. 옛 유학자들이 새벽에 불을 밝히고 독송(소리를 내어 글을 읽는 방식)을 하거나, 선원에서 북을 쳐 만물을 깨우는 것이나, 가톨릭교회 수도원에서 작은 기도회로써 아침을 시작하는 것 모두 이런 '생체 율동을 고려한 하루 열기'라 할 수 있다.

오후 시간을 생기 있게 만들기

독일의 학교는 보통 오전수업을 위주로 한다. 이에 비해 미국의 학교는 종일제수업을 하고 일본이나 한국도 종일제수업을 한다. 독일 학교가 오전수업을 채택한 데는 다음과 같은 역사적 이유가 있다. 하루 온종일 수업하는 것이 아이들에게는 너무 힘들기 때문에 배려 차원에서(이것이 주된 이유이다), 한편 아직 근대산업사회로 이행하기 전에는 원거리에서 통학을 하는 학생들에게 "점심을 먹고 다시 학교에 오도록 하기"가 쉽지 않았을 것이기 때문이라는 추정도 있다. 여하튼 일반적으로 독일 학교에서는 이렇게 하여 오후시간에 자유로이 놀거나 자기 일을 할 수 있도록 하였다(독일에서도 최근 세계화 바람을 타고 종일제로 이행해가려는 조짐이 나타나고 있기는 하다). 수도원 전통과 관련이 있는 '전원학사'(Landerziehungsheim, 자연이 풍부한 곳에 학교를 짓고 공동체생활과 특히 노작이나 예술활동을 강조하는 학교. 1898년 헤르만 리이츠 Hermann Lietz가 시작)에서는 오전시간에는 공부를 하고 오후시간에는 노동이나 작업을 하도록 했는데, 이런 예들은 모두 기술산업사회 안에서 발전되고 있는 학교의 규격화된 시간표 운영과는 사뭇 다른 양상을 보여주는 것들이다.

이런 것과 비교할 수 있는 예는 우리나라의 서당이다. 대전 근처에 있는 '송양정사'라는 서당에서는 아침 6시부터 수업을 시작하여 8시경까지 공동수업을 하고 그다음 하루 종일 개인학습과 개별지도를 한다. 예전의 유학자나 선원(禪院) 같은 데서는 3-4시경부터 이미 하루 일과를 시작하였다. 사찰에서는 오후에는 비교적 자유롭게 보내거나 노동(혹은 운력)을 한다.

이런 모든 예는 아이들의 생체율동을 고려하지 않는 현대 학교와는 아주 다르다. 보통 오후수업 첫 시간에 학생들은 졸음을 쫓느라 애를 먹는다. 우리의 시간표는 많은 잠이 필요한 아이들의 체질을, 즉 아이들과 청소년은 어른보다 비교적 많이 잠을 자야 한다는 사실을 전혀 고려하지 않는다. 나는 우리나라의 어떤 정규학교에서 점심시간을 한 시간 반 정도로 늘리고, 낮잠을 자게 한다거나 자유로운 공간에서 쉬게 한다든지 하는 예를 거의 찾아보지 못하였다. 어떤 외국의 실험학교에서는(독일 빌레펠트 대학 실험학교, Die Bielefelder Laborschule) 초등학교 어린이의 경우 아예 창문에 커튼을 쳐서 어둡게 만들고 마루에 누워 한숨자게 하고 있다.[39] 나는 지난 학기 점심시간에 바로 잇대어 있는 한 수업시간에서 "졸음이 오면 졸지 않으려 하지 말고 아예 한 십분 정도 엎드려 자는 것이 좋다."고 제안했다. 졸음이라는 생리적 현상에 대하여 이래라 저래라 명령할 권리가 없다고 생각했기 때문이다.

파편화된 시간과 몰두하는 힘

우리 사회, 현대적 일상의 특징은 산산조각 난 시간이다. 동시에 여러 과제를 해내야 하기 때문에, 예정도 없는 일들이 연속해서 터지기 때문에, 그리고 숨 쉴 틈 없이 바뀌는 지식의 갱신 때문에 바쁘다. 이 바쁨은 시간 없음을 의미하기도 하고, 시간이 산산조각 나 있다는 사실을 의미하기도 한다. 사람들은 시도 때도 없이 찾아오고 찾아간다. 사적인 시간은 거의 보호받지 못한다. 이 모든 것은 한 사람이 자기 힘을 집약시켜 몇 가지 일에 몰두함으로써 삶을 의미 있게 하지 못하도록 가로막는 요인이 된다. 부서진 시간으로는 무얼 제대로 할 수 없다. 이렇게 하여 삶은 필경 피상성과 허술함으로 종결되고야 만다.

하루 종일 습격당하는 느낌으로 하루를 살아야 한다. 텔레비전 영상 정보물은 우리들 삶에 선택의 폭을 넓혀주고 이를 풍요롭게 해주고 있지만, 이 채널에서 저 채널로 나비처럼 날아다니며 흥미와 재미를 추구하는 삶의 양식으로 유혹하며 이끌기도 한다. 아침은 왁자지껄한 뉴스로 채워지는 반면 이 시간을 내면적으로 시작할 수 있도록 도와주는 시나 음악 연주나 미술작품을 방영하지는 않는다. 마음을 모아주지 못

---

39) 이 학교는 하르트무트 폰 헨티히(Hartmut von Hentig)가 기획하고 실험한 것으로 다음 간략한 소개 책자가 있다. *Die Bielefelder Laborschule—Aufgaben, Prinzipien, Einrichtungen*, 1995. 장면에 대한 묘사는 필자의 참관 기록에 따른 것임.

하며 이런저런 외적 사건에서 사건으로 옮겨다니게 할 뿐이다. 심지어는 아침부터 연속극이다.

우리 '핸드폰' 문화 중 가장 큰 문제는 지속적인 시간의 흐름을 무차별하게 단절시킨다는 것이다. 공부할 때, 대화를 나눌 때, 회의할 때 그런 맥락에서 긴장이 고조될 때 갑자기 걸려오는 전화는 이 시간의 흐름을 순식간에 부숴버리고 만다. 이렇게 하여 집중과 몰두를 위한 힘은 수시로 차단되고 산란함이 촉발된다. 그들은 즐기고 유희한다. 그러나 결코 몰두하지 못한다. 삶의 의미 있는 영위는 반드시 기능적 편리함으로부터 보장되지는 않는다. 오히려 그것은 불편함을 감수하는 데서 올 수 있다. 이런 고집을 통해서만 나의 시간은 부서지지 않을 것이다. 조각 난 시간들을 서로 이어서 하나로 만들기는 어렵다. 시간은 '통째로' 써야 한다. 하지만 시간이 통째로 주어져있다 해도 이를 사용하는 사람들의 내적 힘이 부실하다면 의미가 없다. 즉 '몰두하는 힘'이다. 이 힘은 저절로 존재하지 않는다. 정신적으로 연습하는 사람들만이 가질 수 있는 무엇이다.

옛 선비들은 스스로 이렇게 다짐하며 공부했다. '주일무적(主一無適)', 즉 한 번에 한 가지씩 몰두하라! 이 마음공부는 이제나저제나 마찬가지로 중요하다. 이 힘이 있다면 비록 바쁜 시간에 내몰리더라도 자기를 잃어버리지 않을 수 있다. 이런 정도가 되면 정말 의미 있는 일에 자기 몸을 던져 바쁠 수 있고 또 고맙게도 이 일들을 잘 해낼 수도 있다.

앞서 거론한 페터 제발트는 『수도원의 가르침』에서 이 '주일무적'이 뜻하는 바와 아주 흡사한 방식으로 이 주제를 설파해냈다.[40] 어떤 수도사는 일을 매우 많이 하는데도 언제나 정신이 흐트러지지 않고 집중력 있는 모습을 보여주었다. 그래서 방문객들에게 어떻게 그럴 수 있느냐는 질문을 받았나 보다.

그가 말했다.
"나는 서있을 때는 서있고
길을 걸을 때는 걷고
앉아있을 때는 앉아있고
음식을 먹을 때는 먹는답니다."
질문을 던진 사람들이 말을 받았다.
"그런 건 우리도 하는데요."
그러나 그가 그들에게 말했다.
"아니.
당신들은 앉아있을 때 벌써 서있습니다.
서있을 때는 벌써 걸어가고 있지요.
걸어갈 때에는 벌써 목적지까지 가있지요."

아이들에게 시간을 부서지지 않은 채 통째로 제공하고, 또 어떻게 하면 아이들로 하여금 그런 시간에 몰입하게 할 수 있을까?

이를테면 '사진 찍기' 기법 같은 것이 있다. 사진은 마음에 드는 사물을 포착하기 위해 조용히 구상하고, 그런 뒤 끊임없이 움직이다가 포착이 되면, 일정한 집중상태에서 숨을 가다듬고 몰입하여 찍는다. 그러나 찍는 순간은 천천히 움직이는 동작뿐 아니라 어떤 때는 먹이를 향

---

40) Peter Seewald: 『수도원의 가르침』, 51~52.

해 돌진하는 매처럼 고도의 민첩성을 요하기도 한다. 그러나 이는 숨가쁘게 돌아가는 현장을 포착하기 위해 투입된 사진기자의 모습이 아니라, 흘러가는 일상생활과 자연현상의 일거수일투족에 매료된 아마추어 사진사의 모습을 묘사한 것이다. 사진 찍기는 정(靜)과 동(動), 동과 정이 절묘하게 어우러지는 행위이다. 이 움직임 자체는 결코 서두름이나 빠른 속도와는 관계없고, 겉으로 보기에는 적어도 느릿느릿한 빠르기 속에서 그러나 본질적으로 적절한 속도의 흐름을 타고 이루어진다. 이런 연습은 앞서 말한 내적 힘을 기르는 데 도움을 줄 수 있다.

나아가서 이런 움직임은 아무도 찾아오지 않는 밤중과 새벽시간에 하는 명상 연습으로 이어갈 수 있다. 그리고 일상 전체를 이런 자세로 임하도록 일깨운다. 아침 청소, 밥 먹을 때, 공부할 때, 대화할 때, 놀 때, 여행할 때, 산보할 때, 잠잘 때 그렇게 일념이 되도록 돕는 것이다.

끌로드 누리드사니(Claude Nuridsany) 감독의 영상물 〈마이크로코스모스〉는 자연세계 안에 존재하는 개미, 곤충, 달팽이, 빗방울, 모기 등의 소우주를 집중적으로 포착하여 이 작은 세계의 크기 안에 나타나는 기기묘묘한 현상과 양태를 소위 인간세계의 크기 안에 존재하는 현상과 양태에 대비시켜 하나의 엄연한 독자적 세계로 그려냈다. 그 작은 세계 안에서는 천천히 피어나는 꽃망울의 속도와 달팽이들의 애무하는 속도와, 애벌레들이 줄지어가는 속도와 멀리서 동이 터오는 속도 같은 것늘 안에서 포착된 '자연의 속도'가 경이로운 방식으로 느러나고 있다. 부서지지 않은 자연세계의 흐름에 몰두해 들어간 성과이다. 이 세계는 끊임없이 습격당하는 느낌으로 다시 한 주일을 시작해야 하는 우리들 세계와는 참으로 다르다.

시간, 죽음, 영원에 관한 물음

시간이 영원이 아니라면 모든 생명체에는 숨을 거두는 순간이 있다. 탄생이 있다면 죽음이 있는 것이다. 이 탄생과 죽음 사이를 살아가면서 우리는 역사적 삶을 경험한다. 이 뜻을 고대 히브리의 한 철인은 이렇게 설파했다.[41]

범사에 기한이 있고 천하만사가 다 때가 있나니
날 때가 있고 죽을 때가 있(다)……

---

41) 『성서』(개역개정판), 「전도서」 3: 1~11.

이런 시각에서 하는 공부가 역사학이다. 한 사람의 전기 연구, 그날 그날의 일기, 한 나라의 역사와 세계의 역사는 그런 폭과 넓이 속에서 다루어지는 삶의 이야기다. 삶을 그 끝에서 그 종말과 그 죽음에서 비추어보는 공부이다. 이 인식 없이 삶의 문제가 제대로 다루어질 수 없다. 죽음의 교육학은 철학과 종교에서 본격적으로 다루는 문제지만 인문학과 자연과학의 제반 영역에서도 다룰 수 있다. 이 주제는 청소년기에 다루기에 적절하지만 어린아이들에게도 제시할 수 있으며 또 그래야 한다. 삶과 죽음의 경계는 종잇장 하나의 차이이며, 죽음은 시간적으로 먼 훗날에만 닥치는 것이 아니라 불현듯, 어린 시절에도 찾아오기도 하기 때문이다.

오래전 일이다. '은비'가 죽었다. 은비는 집에서 기르던 강아지 이름이다. 은비가 죽은 후 초등학교에 다니던(2, 3학년쯤으로 기억된다) 어린 딸아이는 한동안을 훌쩍이며 지냈다. 은비는 흰색 마르치스로 아주 예뻤다. 그것은 사고 때문이었다. 이 강아지는 뒷걸음치는 버릇이 있었다. 주인이 올 때마다 꼬리를 살랑거리며 뒷걸음치는 것이 강아지의 기쁨이었다. 그날도 딸아이가 집에 돌아와 문을 열고 들어가려는데, 강아지가 먼저 달려 나왔다. 그리고는 뒷걸음질을 치면서 주인을 반겼는데, 이것이 그만 화근이었다. 이층 난간 뒤로 물러서 가다가 그만 난간 아래로 훌쩍 떨어지고 말았던 것이다. 아이는 비명을 지르며 황급히 계단 아래로 달려 내려갔다. 은비는 숨을 헐떡이며 주인을 바라보았다. 꼬랑지는 여전히 살랑거렸다. 그러다가 눈이 스르르 내려 감기면서 숨이 넘어갔다. 은비가 죽은 것이다. 아이는 충격에 사로잡혔다. 아이는 아빠와 함께 뒤뜰에 강아지를 파묻으면서 꺼억꺼억 울었다. 이 슬픔은 오래 갔다. 어제 우연히 은비 이야기가 나왔다. 아이는 다시 펑펑 울어대기 시작했다. 시간이 좀 지난 후 아이는 엄마와의 대화를 통해서 좀더 높은 수준의 문제의식을 갖게끔 되었다. 즉, "강아지가 죽는다면 사람도 죽고, 사람이 죽는다면 엄마도 죽고, 엄마가 죽는다면 나도 죽는다."는 사실에 관해서다. 이 인식은 그에게 하나의 특별한 성찰을 가능케 하는 계기가 되었다. 어린아이는 이렇게 인생의 이른 시기에 정신적 성숙을 경험할 수 있게 되었던 것이다.

할머니가 세상을 뜨셨을 때 관을 땅에 묻는 장례형식에 대해서도 아이들이 아주 궁금해 했던 적도 있다. "엄마, 왜 땅에 묻는 거야?' 이 질문은 어물쩍하고 넘어가거나 대충 무시할 수도 있다. 그때 '엄마'는 이렇게 대답했다. "꽃이 피려면 땅에 씨를 묻어야 하니까!" 그리고 사람도 씨처럼 묻으면 하늘나라에서 다시 꽃처럼 피어날 것이라는 설명도 곁들였다. 당시 서너 살 된 어린 아이들이 놀랍게도 이 설명에 만족감을 표시했던 것을 기억한다.

죽음은 누구에게나 가혹한 것이다. 하지만 아이들로 하여금 이 사실을 너무 가혹하지 않게 받아들이지 않도록 하면서도 그 의미에 다가가도록 하는 것은 교사의 몫이다.

안제이 바이다(Andrzej Wajda) 감독의 작품 〈닥터 코르착〉(1990)에는 죽음에 대한 아이들의 이해를 돕기 위한 야누쉬 코르착(Janusz Korczak, 1878~1942)[42]의 노력이 한 장면 묘사되어있다. 그는 독일군 치하의 폴란드 유대인 고아원에서 종종 가혹한 죽음에 노출되는 아이들을 위해 '죽음을 소재로 한 연극'을 무대에 올리도록 한다. 여기서 한 아이는 침대에 누워 죽어가면서 의사와 대화를 나누고 있다. 아이는 숨을 거두면서 머리와 어깨를 천천히 옆으로 기울여 떨군다. 조금 후에 한 소녀가 문을 열고 들어와 아이의 이름을 부르며 이렇게 말한다. "꽃을 가져왔어." 몇 아이들이 침대 발치에서 아이를 지켜보고 있다. 아이가 숨을 거두는 장면은 '잠'에 빠져드는 것으로 묘사되고 있다. 그 연극은 인도의 시인 타고르의 작품을 대본으로 한 것이었다. 코르착은 그 작품을 함께 감상하던 부인의 물음에 대해 이렇게 대답한다:

"아이들이 죽음을 익숙하게 받아들였으면 해서요.
죽음이…… 부드러운 것으로 여겨졌으면 해서요."

이 주제는 아이의 나이가 들어가면서 차츰 심각성을 띠기 마련이다. 하지만 현대의 대중영상물 속에서 청소년들은 많은 사람들의 죽음에 익숙해져가고 있기도 하다. 이들에게 죽음은 이례적인 것이라기보다는 일상적인 것일지 모른다. 철학수업은 그래서 중요하다. 우리 학교가 소홀히 하고 있는 바로 그 점이다.

시간과 관련하여 영원이라는 문제에 대해 생각해보자. 시간이 영원

---

42) 야누쉬 코르착은 유대계 폴란드 인으로 20세기 초엽 유럽에서 개혁교육운동(혹은 신교육운동)이 한창일 무렵 활동했던 비범한 교육자이다. 소아과 의사로 또 아이들과 인간을 소재로 한 문필활동은 그의 이름을 전 세계적으로 알려지게 했다. 그는 평생을 고아원에서 원장으로 몸 바쳐 익했으며 이를 기초로 7마의 독창적인 실천과 이론적 세계를 구현했다. 그는 스스로 '아이들의 변호자'로 자처했다. 1989년 국제연합 총회에서 아동인권협정이 채택되었는데, 이것은 바로 코르착 사상에 근거하여 폴란드에서 작성한 초안에 근거한 것이다. 독일군이 폴란드에 진주한 후, 1945년 트레블링카 가스실에서 아이들과 함께 생을 마쳤다. 교육사적으로 당시 전위적 교육학을 통해 당시 사회와 교육을 바꾸기 위한 파격적인 실험을 감행함으로써 페스탈로치에 비견되는 독특하고 위대한 업적을 이룬 인물로 평가된다. S. Joseph(ed.): 『야누슈 코르착의 아이들A Voice for the Child』, 노영희 역(양철북, 2002); 정기섭: 『아동존중의 교육학: 코르착의 교육사상과 실천』(문음사, 2002); 송순재: "코르착", 『위대한 교육사상가들(VII)』, 오인탁 편 (교육과학사, 2008).

이 아니라고 영원의 문제를 도외시할 수는 없다. 영원은 오히려 시간과 함께 다루어야 할 삶의 본격적 주제이다. 이렇게 하면서 우리는 과학적 지평을 넘어서게 된다. 과학만으로는 성립되지 않는 것이 바로 교육학이다. 영원은 시간과 대립하는 식으로 나타날 수 있지만, 시간 안에서 경험되는 무엇이기도 하다. 시간은 단순히 유한성이 아니라 그 안에 무한으로 통하는 길이 숨겨져있는 신비로운 세계. 근대기 유대교 평민 신비주의 사상인 하시디즘(Hassidism)[43]은 세계 안에는 신적인 불꽃이 숨겨져있다고, 그렇게 가르쳤다. 누구에게나, 즉 사제뿐 아니라 교회와 성소뿐 아니라, 이 세계 전체 안에, 새와 토끼와 강아지와 소, 나무와 돌과 시냇물, 태양과 달, 바람과 물, 그리고 우리들 인간 안에 그리고 '아이들 안에' 깃들어 계시다. 야누쉬 코르착은 이 아이 안에 계시는 신적 불꽃에 도취되었던 교사이다. 그는 아이를 보잘것없는 '작은 먼지'로 부르기도 하지만, 또 그 먼지 안에 감추어진 신비를 통찰해냈다.

아이는 너무나 약하다. 수천 배로 확대해야 비로소 하나의 점처럼 보이는 박테리아까지도 그 아이를 죽일 수 있다……. 그러나 이 무는 바다 속의 파도와 폭풍우와 번개와 태양과 은하수의 형제이다. 이 작은 먼지는 곡식

---

43) 하시디즘은 18~19세기 폴란드를 중심으로 동유럽에 광범위한 영향력을 미치며 확산된 유대교 신비주의운동으로 엘리에세르(Israel Ben Elieser, 일명 Baal-Schem Tow, 1700~1760)에 의해 창시되었고, 현대에 이르러 마르틴 부버(Martin Buber)에 의해 재해석되어 서방 기독교 세계에 널리 알려진 바, 그 독창적 사상은 신학, 철학, 사회학, 심리학, 교육학 등 다양한 영역에 스며들어 화려하게 개화되었다. 이 운동은 계명의 준수나 의례의 참여가 가지는 중요성도 말했지만, '일상생활'에서 '거룩한 의도'(Kawana)로 수행되는 활동을 좀더 중시했다. Martin Buber: 『하시디즘과 현대인Hasidism and Modern Man』, 남정길 역(현대사상사, 1994), 43, 46.

이삭과 풀과 참나무와 야자수 나무의 형제이다. …… 그 속에는 느끼고, 조사하고, 인내하고, 갈망하고, 기뻐하고, 사랑하고, 신뢰하고, 증오하고, 믿고, 의심하고, 좋아하기도 하고, 배척하기도 하는 그 무엇이 들어있다. 이 작은 먼지는 자신의 생각으로 모든 것을, 별과 태양과 산과 계곡을 파악한다. 그렇다면 영혼의 내용은 가없는 우주만물이 아니고 무엇이겠는가. 이것은 인간적, 사라져 없어질 먼지로 이루어진 존재 속에 있는 모순이며, '그 속에 신이 내재한다.'[44]

학교의 교육은 이런 영원성에 관한 물음에 무지해서는 안 된다. 오히려 아이들의 시야가 마침내는 이 지평에 가 닿도록 이끌어야 한다. 이것이 시간에 관련된 마지막이자 가장 중요한 주제이다.

---

44) Janusz Korczak:『어떻게 아이들을 사랑해야 하는가 Wie man ein Kind lieben soll』, 송순재 · 안미현 역. (내일을 여는 책, 2002), 38.

셋째마당

소 리

소리—모든 생명체가 저마다 내는 목소리

오래전 친구가 함께 차를 마시던 중 던진 말 한마디가 생각난다. "자네가 말하는 것을 난 자네 음성으로 듣네." 그리고 대화는 자연스레 음성과 말의 내용에 관한 문제로 넘어갔다. 그때 우리가 동의할 수 있었던 것은 대화에서 좀더 중요한 것은 소리라는 것이었다. 아무리 중요한 뜻이라도 할지라도 내뱉는 소리에 담겨진다면 그 뜻은 반감되거나 공허해지고 만다. 그와는 달리 안정된 색조로 가지런히 들리는 소리가 있다. 소리는 정서적 상태를 여실하게 드러낸다. 소리의 높낮이나 크기 그리고 억양은 그 내용과 잘 어우러질 때 설득력이나 호소력을 발휘하는가 하면, 청자의 마음을 진정시키거나 용기를 주거나 위로하는 힘을 발휘한다. 소리는 생명체의 본질적 현상이다.

소리 그 자체의 현상과 작용에 마음이 동하여 이를 미적 형식을 따라 만들어낸 것이 바로 음악이다. 고매한 음악작품은 청각을 타고 들어가 듣는 이의 마음을 밑바닥부터 휘저어놓는다. 그처럼 심금을 울릴수 있는 것이 없기에 사람들은 음악의 세계에 빠져든다. 어두움이 깊게 깔린 밤 낭만주의 색조를 깊이 드리운 쇼팽의 야상곡은 섬세한 소년의 마음을 휘젓는가 하면, 또 그렇게 말러의 교향곡은 우주의 비밀을 감지할 나이가 된 소년의 가슴을 압도한다.

만일 음악이 그런 것이라면 자연이 빚어내는 소리는 또 어떠한가? 풀벌레 소리, 매미 소리, 개구리 소리, 개 짖는 소리, 소 우는 소리, 꽹이 소리, 맹수들의 포효하는 소리, 바람 소리, 바람결에 흔들리는 나뭇잎 소리, 물소리. 이 자연의 소리들은 시원하고, 아름답다. 즐거움과 놀라움을 안겨주고, 애처롭게 하는가 하면, 두려워 떨게도 하고 어떤 때는 나를 홀연히 풀어 자유롭게 만들어주기까지 한다. 그래서 가끔 바람 소리를 들으려 홀로 산 위에 오르기도 하고, 깊은 산중 떨어지는 폭포 소리에 오그라든 가슴을 씻어내고 그 청명한 품에 몸을 담그려는 것이다. 난 가끔 이른 아침 산에 올라 솟아오르는 광명을 보고 종종 아이들에게 이렇게 묻곤 한다. "해 뜨는 소리가 들리니?" 물론 소리가 들릴 리 없다. 하지만 나는 그 적막함 속에서 '소리 없는 소리'를 들었다. 그런 중 가끔 바람 부는 소리나 산새 소리도 들린다. 이런 소리 때문에 그 적막함이 오히려 더할 때도 있다. 어느 늦가을 어둑해질 무렵 낙엽이 다 져버린 개심사를 찾았을 때 잎새를 흩날리며 부는 그런 바람 소리를 들었다. 깊은 산중 하염없이 내리는 눈발 속에서도 그런 적막한 소리가 들린다. 이런 소리는 좀 다른 소리다. 어떤 내면 깊은 데서 들려오는 소리다. 하지만 비오는 소리는 또 좀 다르다.

이태동은 그의 수필 "밤비 오는 소리"에서 그런 자연의 소리를 섬세하게 포착해냈다.[1]

한밤중이나 새벽녘에 잠을 깨우면서 시원하게 쏟아져 내리는 소낙비 소리도 좋지만, 어둠을 타고 천천히 내리는 빗소리 또한 이에 못지않게 아름다운 음악이다.……나는 빗소리가 들리는 밤이면 일어나서 먼 과거로 거슬러 올라가 기억의 땅을 배회하곤 한다. 그리고 그곳에서 내가 가장 행복했던 일들과 가장 슬펐던 일들을 재현시켜 본다. 향수를 실어다 주는 밤비 오는 소리는 누가 들어도 비가(悲歌)임에는 틀림없다. 그러나 그것은 결코 감상의 물결로 흐르지 않고 조곡(組曲)처럼 절제된 음악 속에 우리의 마음을 씻게 하고 '최초의 행복'을 영원히 재현시키려는 욕망을 불러일으킨다.

그런 밤비 소리를 들은 지 꽤 오래되었다! 현대를 살아가는 우리의 일상은 그런 소리보다는 인위적인 소리와 잡다한 소리로 가득 차있다. 그건 농촌에서도 역시 마찬가지다. 농촌 마을마다 서있는 교회에서 종종 울려 퍼지는 차임벨 소리는 전자 기계음이라 듣기에 그리 편치 않다. 그런 차임벨 소리보다는 쇳물을 부어 만든 종소리가 한결 마음에 와 닿는다. 유럽의 농촌 마을들에서는 그런 오래된 전통으로부터 나온 소리를 들을 수 있다. 고요한 일요일 아침 울려 퍼지는 종소리는 전혀 다른 정서를 불러일으키곤 한다. 도시의 일요일 아침도 오래전부터 쓰던 큰 종소리와 함께 깨어난다. 사람들은 문득 한 걸음 물러서며, 아름다움을 느끼고 위로를 받곤 한다. 이런 종소리는 확성기를 타고 질러대는 찬송가 소리와는 분명 전혀 다르다.

도시 한복판 까페나 찻집, 혹은 대중음식점에서 들려오는 소리와는 좀처럼 어울리기 힘들다. 일단 여기서 들리는 소리는 너무 커서 앉아

---

1) 이태동: 『마음의 섬』(효형출판, 2004), 18~19.

있기조차 힘들 때가 많다. 굉음처럼 울리는 음악 소리는 너무 커서 오순도순 대화를 나눌 수도 없다. 물론 요즈음 까페라는 것이 젊은이들에게는 대화보다는 음악이 주가 되는 경우가 많기는 하다마는, 그래도 이야기는 나누어야 하니까 좀더 큰 소리로 말해야 하고 이것이 옹기종기 앉아있는 사람들 소리와 합쳐지면 마치 왁자지껄한 시장 바닥 같다. 이런 소리들이 사람들의 교제나 만남의 시간을 얼마나 뜻있게 만들어줄 수 있을지, 조금은 쓸쓸한 생각이 든다.

하지만 이런 식으로 사례를 들어, 큰 소리는 나쁜 것이고 작은 소리로 말해야 한다고 주장하려는 것은 아니다. 대개 시골에서 농사짓고 사는 분들은 그 말하는 법이 격식에 매이지 않고 그 소리가 툭 터져있다. 이건 서양도 마찬가지다. 자연 안에서 놓아기르면 그 소리가 분명하고 툭 터져있지만, 도회지에서 가둬 기르면 그만 못할 것이라는 매우 오래된 견해가 있다. 루소는 그의 유명한 교육소설『에밀』에서 농촌 아이들이 크고 분명하게 말하는 현상에 주목하였는데, 그 이유인즉 들판에서는 서로 멀리 떨어져있기 때문에 크고 분명하게 말하지 않으면 안 되었다는 것이다. 그 때문에 루소는 농촌 아이들이 도회지 아이들보다 나은 삶의 조건을 향유하고 있다고 주장했다.

> 농촌의……어린이는 어머니에게 하고 싶은 말이 있으면 큰 소리로 분명하게 말하는 버릇을 익히지 않을 수 없다. 들에서도 어린이들은 부모와 다른 아이들에게서 멀리 떨어져 뿔뿔이 흩어져 놀기 때문에 그들은 멀리 떨어져있는 상대방에게 말소리가 들릴 수 있도록, 그리고 말을 전하려는 상대방과의 거리에 따라 목소리의 강도를 조정하는 훈련을 하게 된다. 이것이야말로 발음을 확실하게 습득할 수 있는 방법으로서, 줄곧 주의를 기울여주는 유모의 귓속에 모음 몇 개를 옹알거려 가지고는 발음 훈련은 되지 않는다. 그러므로 농촌의 어린이는……일단 입을 열면 분명하게 말을 한다. 반면에 도회지 어린이에게는 하녀가 통역을 해주어야 한다. 안 그러면, 어린이가 입 속에서 옹알거리는 소리를 한 마디도 알아들을 수가 없기 때문이다.[2]

부모와 들판을 거닐며 배우는 말소리는 전자매체가 만들어내는 조건 속에서 자라나는 아이들의 말소리와는 분명 다를 것이라는 점에 대해서 나는 전혀 이의가 없다. 농촌에서 농사일도 가르치는 대안학교에

---

2) J.-J. Rousseau:『에밀 Emile』, 오징자 역(박영사, 1990), 95.

다니는 아이들을 몇 알고 있다. 이곳에서 아이들 목소리는 생기 있고, 분명하며, 활기차다. 이런 식으로 아이들은 거침없이 말하면서 커야 한다. 그래야 목청도 발달하고 노래도 잘하게 될 것이다. 남도 지방에 서는 아낙네들이면 누구나 구성지게 소리를 할 줄 안다고 한다. 이 모두 들판이나 일판에서 닦은 소리들이리라. 이런 식의 큰 소리는 힘이 들어찬 소리로 듣는 이로 하여금 힘이 솟구치게 한다. 건강한 몸이 낼 수 있는 소리다. 하지만 들에서 내는 소리와 방안의 나지막한 대화 소리는 그 격식에 있어 분명 다르다.

모든 생명체는 저마다 각양각색의 목소리를 가지고 있어 흥미롭다. 소리에도 개성이 있다는 말이다. 그래서 아는 사이라면 목소리만 들어도 누군지 안다. 들머리에서 소개한 "자네가 말하는 것을 난 자네 음성 속에서 듣네."라는 진술은 음성이 지닌 개성을 지시하는 것이기도 하다. 그런 식의 남자 소리가 있고 여자 소리가 있다. 높고 가벼운 아이들의 소리, 소년과 소녀의 경쾌한 소리, 스무 살 청년의 소리, 아줌마 목소리, 장년기에 들어선 남자의 목소리, 할아버지의 음성이 있다. 홀로 내는 소리가 있다면 함께 내는 소리도 있다. 같은 종류끼리 내는 소리도 있고 함께 어우러져 내는 소리도 있다. 실내악 소리와 심포니 소리 또한 그 격이 다르다. 악기를 써서 하는 합창 소리와 아카펠라, 즉 순전히 목소리로만 노래하는 합창 소리도 다를 것이다. 이걸 아무렇게나 뒤섞어놓으면 혼란스럽게 본다. 같은 벨로디라도 다른 악기로 연주하면 그 맛이 다르다. 요즘에는 서양곡을 국악기로 연주하는 풍도 생겼다. 맛이 특이하다.

소리는 삶의 개성, 즉 그때그때를 특유하게 경험하며 살아가는 사람들의 처지와 상태를 지시해주기도 한다. 깨어나는 소리, 일하는 소리,

잠자는 소리, 환희에 가득 찬 소리, 놀라는 소리, 사랑하는 소리, 미워하는 소리, 상쾌한 마음의 소리, 슬픔에 가득 찬 소리, 비명소리, 고통에 가득 찬 소리, 신음하는 소리나 임종을 앞둔 꺼져가는 목소리가 있다.

모두 존재의 소리들이다. 이 소리의 세계 안에는 다양한 의미층들이 존재한다. 하나의 소리에는 이를테면 언어로, 음악으로, 문학과 철학으로, 과학으로, 그리고 때로 종교와 신학으로 해명해볼 수 있는 다양한 의미층들이 존재한다. 자라나는 어린이와 청소년들이 이런 의미층들을 잘 해명해 들어갈 수 있도록 돕는 것, 그리하여 스스로를 소리의 세계 안에서 경험하고 이를 통해 자기 자신의 격과 결에 맞게 형성하도록 하는 것, 이는 교육의 근본과제 중 하나다.

소리—가르침과 배움의 자리에서

인간 형성과 언어와 음악을 위한 소리

어린 시절에 듣는 소리는 특별히 어떤 교과목과 관련된 소리라기보다는 일정한 정서적 안정과 마음의 조율 상태를 위한 것이다. 즉, 하나의 '진정한 인간성의 도야'를 위한 기초적 행위이다. 갓 태어난 어린아이의 청각은 정서적 안정이나 아늑함을 위해 일정한 자극을 필요로 한다. 그래서 어머니의 품이 소중하다. 아이는 그 품에 안겨 어머니 '심장 뛰는 소리'부터 듣고 자란다. 이런 식으로 귓가에 대고 자그마하게 속삭이는 어머니의 음성이나 노랫소리 같이 부드럽고 감싸주는 소리는, 막 질러대는 소리와는 분명 다른 정서를 만들어낸다. 세계의 거의 모든 문화권에서 찾아볼 수 있는 자장가 소리는 이런 정서를 공유하고 있다.

자연의 품에서는 거의 예외 없이 이런 소리를 들을 수 있다. 고요한 자연도 있고 말하는 자연도 있다. 꽃과 나무는 고요하다. 풀벌레는 몸집은 작지만 소리는 크다. 물고기는 조용하고, 새들은 지저귀고, 시냇물 소리는 분명하다. 하지만 모두 아늑한 정서를 불러일으킨다. 대중매체와 전자기기가 내는 소리에 익숙해져있는 아이들은 어떤 점에서는 이런 자연의 소리를 잘 알아듣지 못하는 장애상태에 놓여있을지 모른다. 어떤 해법이 필요할 듯싶다. 일상 용구에서 그런 소리를 만들어낼 수 있을 것이다. 보통 물잔에서는 부드럽고 청아한 소리가 난다. 그릇은 좀 다르다. 피아노 소리보다는 북소리가 먼저다. 단, 북채가 아니라 손으로 가볍게 쳐주는 식으로……. 그런 다음 부드러운 기타 소리로 넘어가보자.

이런 소리들은 아이들의 언어능력과 음악적 감수성을 자극하기 마련이다. 개중에는 소리에 특히 민감한 아이들이 있다. 언어와 음악의 세계에 일찍 눈뜨는 아이들이다. 아이들은 먼저 자연의 소리에 친숙해질 필요가 있다. 이탈리아의 사회개혁가이자 교육실천가인 다닐로 돌치(Danilo Dolci)는 시칠리아 섬의 퇴락해가는 농촌문화를 살리기 위해 그곳에 들어가 농촌부흥운동을 벌이면서 교육사업의 일환으로 유치원을 세웠는데, 여기에 자기 나름대로 좀 독특한 교육방법을 사용했다.[3] 이를테면 선생님은 실개천이 흐르는 들로 아이들을 데리고 나갔는데, 거기서 시냇물은 잔잔히 흐르다가 작은 폭포 소리를 내기도 하고, 물줄기가 많이 모일 때는 좀더 우렁찬 소리를 내기도 했다. 선생님은 작은 폭포 앞에서 아이들이 물소리를 귀 기울여 잘 들어보도록 했

---

3) 독일 방송사 ZDF가 기획하고 Hella Andre가 감독하여 만든 영상물 〈세계를 변화시키는 희망
　—시칠리아의 다닐로 돌치 *Hoffnung, die Welt zu verändern—Danilo Dolci in Sicilien*〉.

다. 그리고는 그 물소리를 한번 따라 해보도록 하고, 또 그다음에는 자기들이 낸 소리를 서로 비교해보도록 했다. 우리는 여기서 아이들이 자연을 통해서 어떻게 언어와 음악의 자연스런 기초를 쌓을 수 있게 되는지 보게 된다.

이런 기법은 일찍이 페스탈로치(Johann Heinrich Pestalozzi)가 시도한 것이다. 그는 아이들을 데리고 자연으로 나가서 생물과 무생물 소리를 흉내 내도록 한 후 이것을 일련의 인위적인 소리로 대치해보도록 했다. 이를 그는 어휘교육과 언어교육의 전 단계로 파악했다.[4] 이 대목에서 프랑스의 현대 작곡가 올리비에 메시앙(Olivier Messiaen, 1908~1992)이 새소리를 주제로 쓴 작품들은 무척 흥미로워 보인다. 메시앙은 오선지와 연필을 손에 쥐고 자연 속에 자리를 잡고 앉아 새소리를 체계적으로 연구했는데, 그 이전의 음악들이 시도한 바와는 전혀 다르게 새의 지저귐을 될 수 있는 대로 가장 정확하게, 그리고 가장 객관적으로 옮겨 쓰려고 하면서, 거기서 자연의 소리를 모방한 묘사적 작품을 창작해냈던 것이다. 이 새소리를 주제로 한 작품활동에서 메시앙은 새들이 자기에게 "잃어버린 길"을 되찾게 해주고 "음악가의 권리를 다시 주었다"는 사실을 고백했는데,[5] 그는 이렇게 하여 '조류학자'가 되기도 했다. 우리의 이야기 맥락에서 매우 인상 깊고 시사적인 일

---

4) Johann Heinrich Pestalozzi: 『게르트루트는 어떻게 그의 자녀를 가르치는가 Wie Gertrud ihre Kinder lehrt』, 김정환 · 이재준 역(젊은날, 1991), 239.

5) 이런 방향에서 거론할 만한 작품들: 〈플루트와 피아노를 위한 검은 티티새〉(1951), 〈피아노와 관현악을 위한 새의 눈뜸〉(1953), 〈피아노, 2개의 클라리넷, 타악기, 관악 오케스트라를 위한 이국의 새들〉(1955-56), 그리고 〈피아노 독주를 위한 거대한 모음곡 새의 카탈로그〉(1956-58). Michel Chion: "메시앙, 올리비에", 『라루스세계음악사전 Larousse de la musique』, 서우석 · 김원구 편역(탐구당, 1997), 453; 전상직: 『메시앙작곡기법』(음악춘추사, 2005).

화이다.

우리네 민요 〈새타령〉에도 그 흡사한 것이 있다.[6] 명창 김소희 선생은 여기 등장하는 새와 새소리가 빚어내는 소리의 세계를 그녀만의 독특한 창법으로 재현해냈다. 하지만 탄성을 자아내기에 충분한 이 새소리에 대한 갖가지 묘사와 표현법에 우리들 세대는 그리 익숙지 않다. 잃어버린 자연의 소리다. 예로부터 소리하는 사람들은 때때로 득음(得音)을 위해 폭포로 가서 그 폭포 소리를 타고 소리를 닦아왔다. 우리 아이들을 이 풍부한 의미의 세계로 다시금 이끌 수 없을까?

마음을 이끄는 소리

소리가 사람의 마음을 일정한 방향으로, 즉 힘을 돋우거나 고요하게 하는 식으로 이끌어내는 데 탁월한 힘이 있음을 알고, 이를 학문과 정치에 요긴한 도구로 삼은 것은 어제 오늘의 일이 아니다. 옛 전쟁터에서 병사들이 군가를 부르고, 북이나 꽹과리, 나팔이나 피리 같은 악기를 사용한 것은 그만한 까닭이 있었던 것이다. 일찍이 정이천(程伊川)은 이렇게 말했다.

---

6) "새가 날아든다. 온갖 잡새가 날아든다. 새 중에는 봉황새 만수 문전에 풍년새……말 잘하는 앵무새, 춤 잘 추는 학두루미, 솟탱이 쑥국, 앵매기 뚜리루 대천에 비웃 소루기 남풍 쫓아 떨쳐 나니……솟탱이 쑥국, 앵매기 뚜리루 대천에 비웃 소루기 수리루 루리루리루 좌우로 다녀 울음 운다. 저 쑥국새가 울음 운다. 저 쑥국새가 울음 운다……이 산으로 가며 쑥국 쑥국 저 산으로 가며 쑥쑥국 쑥국 어으 어 어 으어 좌우로 다녀 울음 운다……."

사람을 가르치되 아직 그의 뜻과 지취(指趣)를 모르게 되면 반드시 배우기를 좋아하지 않을 것이니, 잠시 노래와 춤을 가르칠 것이다. 〈詩經〉의 고시(古詩) 삼백 편 같은 것은 다 옛사람이 지었나니, 그중에서도 관저편 (關雎篇) 같은 유(類)는 집안을 바로잡는 데 으뜸이다. 그러므로 이것을 향리(鄕里)의 사람에게 교재로 사용하며, 이것을 국가의 교육 재료로 사용하여 날마다 사람으로 하여금 이 시의 노래를 듣게 하니, 이러한 등류(等類)의 시는 그 말이 간결하고 뜻이 심오하여 지금 사람들이 아직 깨닫기 쉽지 않다. 따로 시를 지어서 아이들이 물 뿌리고 소제하며, 응대하고 어른 섬기는 절도를 가르치는 것을 대략 말하여, 아침저녁으로 그것을 노래하게 하고자 하나니, 마땅히 도움이 있을 것 같다.(『소학』「가언」)[7]

배움은 노래와 춤으로부터 시작하여 이끌어내고, 좋은 시와 음악을 골라 날마다 백성들이 듣게 하는가 하면 자작시(自作詩)를 지어 학동들로 하여금 노래하게 했다는 것이다.

또 『논어』「태백」 편에 보면 "시에서 감동하며, 예에서 서며, 악에서 이룬다"(興於詩, 立於禮, 成於樂)라는 아주 유명한 글귀가 나온다. 악(樂)에 관한 한 이 문구는 음악이 사람의 성정(性情)과 심령(心靈)을 직접 감화하고 도야하는 것으로, 다시 말해서 "악은 성을 이루는 것"(樂所以成性)이요, "악으로 성을 다스리므로 성을 이룰 수 있고, 성을 이룸은 또한 몸을 닦는 것"(樂以治性 故能成性 成性亦修身也—劉寶楠, 『논어정의』"成於樂"注)임을 뜻하였다. 현대 중국 미학자 이택후(李澤厚)는 "악(樂)을 즐김"은 그것으로 인격과 사회의 완성을 도모할 뿐 아니라, 그

---

7) 『小學』「嘉言」, 김성원 편저(명문당, 1999), 395.

러한 즐김 자체가 그 충만함 안에서 인생의 최고 상태, 최고 이상이 되게 하려는 데 있다고 해석했다.[8] 주자는 이렇게 풀었다. "음악은 사람의 성정을 유화하고 정조를 함양하는 것으로, 따라서 사람은 이 음악의 도화에 의하여 자연한 속에 전인격을 완성한다."[9] 잘 만들어지고 연주되는 음악은 사람의 성정을 순전하게 하고 고상한 도덕인이 되도록 한다는 것으로, 그 외의 것으로는 이러한 효과를 보기 어렵다는 뜻이다.

이 모두를 예전에는 '율려(律呂)'의 원리를 따라 했다. 율려란 율(律)과 여(呂)의 음악으로 음양을 조화롭게 한다는 뜻이다. 율은 양(陽)에 속한 6개의 악기를 일컫고, 여는 음(陰)에 속한 6개의 악기를 일컫는다. 이렇게 조성된 십이율려는 춘추시대 12음계의 중국 아악(雅樂) 일반의 음률이었다. 당시 중국에서는 이 악(樂)을 가지고 사람의 마음을 서로 친하게 하면서 동시에 예(禮)를 가지고 질서를 지음으로써 정치의 바탕을 삼았던 것이다. 이전에 널리 사용되었던 천자문에는 이 말이 '율려조양'(律呂調陽)이라는 문구로 나온다.[10] 이 문제를 여기서 더 깊이 말하기는 적절치 않고,[11] 다만 예로부터 소리가 사람들의 마음을 조율하는 데 요긴하게 쓰였음을 짚어두는 것 정도로 그친다.

고대 희랍 철학에도 같은 논리가 나온다. 이후 서양에서 그 교육적 의미와 가치를 새로이 드러낸 이는 페스탈로치이다. 그는 어릴 적부터

---

8) 이택후:『화하미학』, 권호 역(동문선, 1999), 60~77, 특히 73~75, 75~77.
9) 『小學』「入敎」, 김성원 편저(명문당, 1999), 63.
10) 오세종 편저:『천자문』(삼필문화사, 2002), 13~15.
11) 김지하의『율려란 무엇인가』(한문화, 1999)에서 특히 첫 번째 글 "율려란 무엇인가"(9~41) 참조.

모든 감각을 발달시키되, 눈과 귀의 능력을 발달시키는 것이 교육에서 얼마나 중요한지에 대해 재삼재사 강조하였다. 그리고 그는 이런 교육의 행위를 아이가 순화된 감정을 갖도록 하는 데 집중시킨다. 그렇다면 이것은 어떻게 가능할까? 이것을 그는 교설로써가 아니라 음악을 가지고 했다. 그는 음악을 도덕교육에서 가장 효과적 도구 중 하나로 보았다.

> 음악은 마음을 가장 좋게 표현하는 준비를 시키거나 그런 상태에 조화(시킵니다). 빼어난 연주에는 아름다운 조화가 있고, 그 주자들의 연주에는 갈고 닦은 우아함이 있어 애호가들에게 감동을 줍니다. 그런데 모든 사람들의 가슴에 깊게 파고드는 것은 단순하고 소박한 가락의 매력입니다. 이러한 뜻에서 우리는 국민가요에 주목하는 바입니다. 올바른 정신으로 교육만 된다면 (음악은) 악하고 편협한 감정, 옹졸하고 천한 기호, 인간성에 알맞지 않은 충동의 뿌리까지 모두 뽑아버립니다.[12]

그런데 페스탈로치는 여기서 한 가지 단서를 둔다. 모든 음악이 그런 작용을 하는 것은 아니라고. 그런 작용이 일어나려면 소리의 구조와 체계를 잘 갖추어야 한다는 것이다. 이를 그는 '단순성'이라 했다. 애써 화려하게 꾸미거나 쓸데없이 겉치레에 흘러서는 안 된다는 뜻이다. 그래야 마음을 고양시키고 순화하여 경건한 감정을 자아낼 수 있다는 것이다. 이 전형을 그는 종교개혁가이자 음악의 천재이기도 한

---

12) Johann Heinrich Pestalozzi: 『페스탈로치가 어머니들에게 보내는 편지 Letters on Early Education, adressed to J. P. Greaves by Pestalozzi, 1818~1819』, 김정환 역(양서원, 1991), 117~119.

마르틴 루터(Martin Luther)에게서 발견했다.

유감스럽게도 현대의 학교는 이런 유산을 상실했다. 이 점에서 발도르프 학교에서 음악을 모든 수업과 학교생활에서 중시하고 있음은 주목할 만하다. 그곳에서 아이들은 하루의 아침을 좋은 음악으로 열고 수업의 첫머리를 그런 음악으로 시작한다. 이 사례가 매우 교훈적으로 보이는 것은 이 학교에서는 선현들의 정신적 유산에서 배우려는 지혜로운 태도와 이를 오늘의 학교상황에서 되살려내려는 꿋꿋한 시도가 존재한다는 것, 그리고 또 이러한 행위가 오늘날에도 여전히 가능하고 그렇게 했을 때 진정한 의미에서의 인간 형성이 가능해진다는 점을 학생들의 삶에서 입증해내고 있기 때문이다.

불러일으키는 소리, 타악기, 전혀 다른 음악 수업

전래 타악기가 만들어내는 소리가 청소년과 청년들의 마음을 얼마나 사로잡는지는 근래 중고등학교와 대학교에서 꾸준히 확산되고 있는 풍물 동아리의 활동상황으로 잘 알 수 있다. 이들 소리는 마음속으로 깊이 파고들어 놀랍게 불러일으키는 힘이 있다. 오래전 중학교에 다니던 아들 녀석이 가족들과 함께 풍물 공연을 보고 와서는 벌렁 방바닥에 누워 팔다리를 흔들면서 말한 것이 기억난다. "지금까지 이렇게 감동적이고 행복한 시간은 없었어요!" 이를 계기로 아들은 풍물을 배웠다. 지금은 그만두었지만 그 기억은 아이 마음속에 여전히 살아있다.

어린 시절 타악기를 치면서 그 소리 속에서 자라나게 하는 것은 심리적으로나 육체적인 발달에 아주 좋다. 피아노는 일단 몸으로부터 떨어져있고 큰 몸집으로 아이를 향해 압도해온다. 주관과 객관의 분리가 너무 큰 것이다. 손가락 역시 아직은 미발달상태에 있지 않은가? 이에 비해서 북이나 종 같은 타악기는 일단 몸에 가까이할 수 있을 정도의 작은 몸집이고, 그 연주법 역시 손의 연장이라 할 수 있는 '채'나 '막대기'를 사용한다든지, 아니면 아예 손바닥으로 칠 수 있기 때문에 피아노와는 전혀 다르다. 다만 개혁교육학적인 시각[13]에서 말하자면 이미 만들어진 가락과 장단을 따라 하게 하는 것이 중요한 것이 아니라, 그저 느낌이 오는 대로 치는 행위 자체, 아니면 단순한 놀이로 그저 치면서 노는 행위가 중요하다. 여기서 자연스럽게 다음 단계로 넘어가는데 아이들은 아주 오랫동안 자기들이 만들어내는 소리에 빠져서 뻘뻘 땀을 흘리며 북을 치게 되는 것이다. 이러한 움직임과 여기서 빚어내는 소리는 그대로 삶의 원천성과 직결되어있다. 나는 그런 비슷한 광경을 독일의 한 선생님 댁에서 본 적이 있다. 이 댁에는 여러 가정이 함께 공동생활을 하고 있었는데 한쪽에 가보니 큰 방이 있었다. 여기에 여러 나라에서 온 갖가지 북이 있었고, 아이와 소년과 청년 들이 함께 모여 북을 치고 있었다. 무슨 일정한 격식이 있는 것 같지는 않았다. 그저 제멋대로 치는 것이었는데, 이 연주 같기도 하고 놀이 같기도 한 연주는 저녁 내내 계속되었다. 그리고 손님들 누구나 여기에 참여할 수 있었다. 한마디로 '소리의 축제'라 할 만한 것이었다.

---

13) 개혁교육학이란 19세기 말에서 20세기 초엽에 독일에서 개화한 교육학으로 어린이의 삶을 교육의 출발점으로 삼고자 했던 교육학이다. 이 방향에서 전원학사운동, 예술교육운동, 청소년운동, 노작교육운동 등 여러 흐름들이 전개되었다. 이 시기 유럽 다른 나라에서도 그 같은 맥락에서 '신교육운동', '능동적 교육학', '진보주의 교육학' 등이 일어났다.

이런 유로서 손쉽게 해볼 수 있는 몇 가지 방안이 있다. 나무 윷가락을 양손에 들고 마주치거나 여러 종류의 대나무를 깎아 마주치기 혹은 조약돌을 가지고 부딪치기, 나무와 돌을 함께 이용하기. 내 어린 시절 기억나는 아주 특별한 예가 있다. 다름 아닌 다듬이질 소리이다. 우리 남매는 서로 마주 앉아 다듬이질하면서 이 손짓이 빚어내는 박자와 율동감을 가지고 노는 듯이 일했고 일하듯 놀았다. 지금은 전기다리미로 거의 다 사라져버린 이 '돌'이 그립다. 방 한구석에 놓아두었다가 때가 되면 다듬이질하시는 어머니의 손짓을 나는 결코 잊을 수 없다. 내게는 아직도 이 '다듬이질'과 관련된 작은 계획 하나가 있다. 그것은 좀 큰 방에서 학생들과 수십 대의 다듬이를 가지고 노는 것이다. 그 장면을 그려보는 것만으로도 즐겁다.

음악교육을 단순한 전수가 아니라 아이들 속에 잠자고 있는 음악적 창조성을 특히 타악기를 통해서 불러일으킨다는 점에서 현대의 영향력 있는 작곡자이자 음악교육학에서 독보적인 길을 개척한 칼 오르프(Carl Orff, 1895~1982)의 리듬에 관한 견해와 작품은 늘 새로운 감흥을 일으킨다.—칼 오르프는 1920년대 리듬에 기초한 음악교육 체계에 주목하기 시작하였으며, 1925년에는 도로테 귄터(Dorothe Günter)와 함께 고전무용과 리듬체조를 가르치기 위해 귄터슐레(Günterschule)를 설립하였다. 이 학교 학생들을 위해 오르프는 소규모의 타악기(5음계로 조율되어 음이 줄여진 목금이나 철금)가 많이 포함되어있는 오케스트라를 구상했는데, 이 오케스트라는 그의 저서 『학교교육용 작품 Schulwerk』(1933) 이후 제창된 교육방법과 관련하여 오늘날까지 여전히 사용되고 있다. 이 방법은 달크로즈법과 함께 아동용으로 고안된 것 중 실제로 쓰이는 흔치 않은 교육방법 중 하나로 평가되고 있다

(Michel Chion: "오르프, 칼", 『라루스세계음악사전』, 1127).

　이런 식으로 전혀 새로운 시각에서 학교 음악교육 시간을 전혀 다르게 만들어보려 했던 다른 시도들도 많다.

　프랑스 신교육운동의 주창자 가운데 한 사람인 셀레스땡 프레네(C. Freinet)와 같이 일한 그의 부인 엘리제 프레네는 어떤 경우에도 규칙이나 이론을 출발점으로 삼지 않았다. 그녀는 음악으로 아이들이 위축되지 않고 오히려 아이들이 타고난 신선함을 끌어내고자 했다. 모방이나 변형이나 왜곡의 길이 아니라, 어떻게 하면 아이들 스스로가 영감을 얻고 스스로 만든 결과나 창작품에 흥미를 가지게 할 수 있을까 하는 것이 그녀의 관심사였던 것이다.

　오랫동안 프레네 교육을 실천했던 바이예(D. Baillet) 선생님은 이런 취지에서 아이가 태어나 처음 맞이하게 되는 환경에서 중요한 것은 이 신선한 감각의 소유자들에게 변조와 음악, 주위세계의 조화에 스스로 끼어들도록 하는 것이라 보았다. 여기서 표현활동은 결정적이다. 이를테면 완성된 악기를 손에 쥐어주기 전에 먼저 자기 손으로 악기를 직접 제작하게 한다. 이렇게 해서 병, 유리잔, 냄비, 피리, 북, 간편한 형태의 만돌린 등이 아이들 앞에 놓여졌다. 자기 손으로 해보았을 때 위대한 작곡가의 음악을 더 잘 이해할 수 있다는 생각이다. 이 지점에서 전통적인 음악수업과 '자유 음악활동'이 갈라진다. 그 핵심은 음악수업의 내용을 확정하지 않으면서, 아울러 그러한 활동을 함에 있어 학생들을 홀로 외롭게 하도록 내버려두지 않는 데 있다. 한편으로 즉흥성을 촉진하고 다른 한편으로 모둠을 지어 하도록 하는 것이다. 이 과정은 '노래하기'와 '악기 연주하기', '모둠 활동을 통한 상호교류'의 방식으로 이루어졌다. 모든 활동에서 유의할 점은 아이 안에서 움직이는 욕구와 관련지어 시작하는 것이다.

다음은 바이예 선생님이 한 학급에서 해본 사례이다.

노래하기

- 즉흥적 노래 부르기—자기 내면적 감정을 해방시키기 위한 표현 가능성. 전달에 중점을 두지 않는다.
- 자기가 하고 싶은 말을 음악적 형태로 전하기.
- 자기가 발견한 음악적 재료를 가지고 자작곡 만들어보기.

악기 연주

아이들은 자유롭게 노래를 부른 지 1년 정도 지나 악기를 연주하고 싶은 마음을 표출하기 시작했다. 하지만 그렇다고 바로 교재에 따라 악기 연주법을 가르치는 것이 옳지 않다는 점을 발견했다. 그래서 바이예 선생님은 노래 부르기처럼 스스로 탐색하는 경험을 쌓아가는 과정으로부터 다시 시작했다.

상호교류

상호교류란 혼자 만들어낸 것을 '함께' 듣거나 서로 비평을 가하는 것을 말한다. 처음 아이들은 피차 '조언'이나 '충고'를 했지만, 차츰 이 조언이나 충고는 학우들이 작품을 만들면서 행복했는지 슬펐는지 확인하는 식으로 바뀌었다. 하지만 당사자들은 그런 느낌보다는 자기가 만든 작품을 화제로 삼는다는 사실만으로도 기뻐했다. 이 '어린' 작곡가들이 주로 표시하는 관심사는 곡이 아름다운지에 관한 것이었다. 과정이 진행됨에 따라 여학생들은 음악에 맞추어 춤을 추었고, 남학생들은 그보다는 지휘를 했다. 때로는 좀더 깊은 대화의 장면도 나타났다. 이를테면, "어째서 네 음악은 슬프지? 계속해서 우네—내 마음이 아프니까—저 북소리가 네 심장 뛰는 소리야—아니 그건, 우리 아버지야, 아버지가 날 때려. 그러면 난 소리를 지르지: 이, 이, 이, 이~난 안 울어. 난 남자니까. 대신 소리를 질러. 난 강하니까. 절대 안 울어. 하지만 음악은 부드럽지. 음악은 울 줄 알아. 여자애 같아. 용서해달라고 빌지 않고 그냥 울어버려."

전통적인 음악교사와 달리 여기서 음악교사는 무엇을 해야 하는가? 그것은 아이들이 시험해보고, 탐색하고, 발견하게끔, 될수록 많은 것을 허용하고, 도움이 필요할 때만 도와주는 것이라 한다. 그러면 아이들은 모두 각자 제 갈 길을 간다는 것이다. 중요한 것은 거부하지 않는 것이다. 귀 기울여 듣는 것이다. 그러면 전혀 예상치 않은 상상의 세계가 열릴 수도 있다. 그것을 바이예 선생님은 "완전한 음악적 표현의 세계"라 불렀다.[14)]

이런 시도들 모두 우리네 현장에서 십분 경청해볼 만한 사례가 아닌가 싶다. 여전히 전통과 교재를 답습하는 음악수업, 대가로부터 전수 받기, 그리고 그렇기 때문에 정도가 높아질수록 특수한 전문가적 기예를 요하며 보통 사람들이 접근하기 어려운 엘리트 음악수업 구조라는 점에서 말이다.

---

14) Dietlinde Baillet: 『프레네 교육학에 기초한 학교 만들기 *Freinet-praktisch: Beispiele und Berichte aus Grundschule und Sekundarstufe*』. 송순재 · 권순주 역(내일을 여는 책, 2002), 115~120.

소리와 몸가짐에 관한 옛사람들의 감각

소리를 몸가짐과 연관 지어 가르쳤던 선인들의 문화가 있다. 서당에서 처음 읽는『사자소학』에 보면 '역물대언(亦勿大言)'이라 하여 '크게 말하지 말라'고 가르치거나, 율곡 선생은『격몽요결(擊蒙要訣)』에서 '구용(九容)', 즉 '아홉 가지 몸가짐'에 대하여 말하는 자리에서 소리 모양을 조용히 하라고 권하고 있는데, 이는 형기를 가다듬어 잡소리를 내지 말고 가지런히 하라는 뜻으로 말한 것이다.[15] 그 삶의 형식에 있어서 생기와 약동성을 본질로 하는 아이들을, 더구나 요즈음 같은 세태에서 이런 식으로 붙잡아놓을 수는 없을 것이다. 하지만 아이들은 활발한 것과 크게 말하는 때가 필요한 것처럼, 뒤로 물러나고 조용히 하는 법도 배워야 한다.

옛사람들이 몸과 마음을 닦고 지키는 데 있어 소리를 얼마나 중시하였는지, 흥미로운 이야기 하나가 있다. 선비들은 옛 풍속에 따라 패(佩)를 차고 다녔는데, 패란 옥패(玉佩)를 일컫는 것이다. 허리에 띠를 매고 오른쪽에는 풍류 소리가 나는 치(徵)와 각(角)의 소리가 나는 옥(玉)을 차고 왼쪽에는 궁(宮)과 우(羽)의 소리가 나는 옥(玉)을 차고 다녔는데,[16] 달려갈 때, 걸어갈 때, 두루 돌 때, 꺾어서 돌 때, 나아갈 때, 물러나올 때마다, 변화하는 몸짓에 따라 옥소리가 쟁쟁히 나도록 하였다. 그런 소리로써 마음을 일깨우고, 추스리고 단속하였던 것이다. 옥패도 옥패려니와 수레에는 방울을 달아 수레를 타고 달릴 때에는 그

---

15) 성백효 역주:『동몽선습 · 격몽요결』(전통문화연구회, 1998), 79.
16) 宮 · 商 · 角 · 徵 · 羽의 五聲 중 四聲에 해당하는 玉소리. 商소리를 뺀 것은 숙살(肅殺―날씨가 추워져 초목을 죽이는 것)하는 소리이기 때문이라 한다.

방울이 서로 어울려 나는 소리를 듣도록 했는데, 이를 난화(鸞和)라 했다.

　　빠른 걸음으로 걸어갈 때에는 채자(采齊)의 시편(詩篇)을 노래하여 박자를 맞추고, 마루에 올라갈 때에는 사하(肆夏)의 시편(詩篇)을 노래하여 박자를 맞추었으며, 둥글게 돌아가는 맵시는 규(規)에 맞춘 것처럼 원을 그리고, 좌우로 꺾어서 걸을 때에는 구(矩)에 맞춘 것처럼 직각을 그리며, 앞으로 나갈 때에는 조금 몸을 굽혀서 패옥(佩玉)이 앞으로 보이게 하고, 뒤로 물러날 때에는 약간 몸을 들어서 패옥이 뒤에 보이게 하나니, 그렇게 돌고 꺾고 나아가고 물러나는 것이 절도에 맞게 된 뒤라야 패옥은 쟁그랑 쟁그랑 하고 울린다. 그러므로 군자는 수레에 타고 있으면 난령(鸞鈴)과 화령(和鈴)의 소리를 듣고, 걸어 다니면 패옥 소리가 울린다. 이로써 편벽된 마음이 생길 여지가 없다.[17]

이 일화를 보니 현대를 살아가는 우리 자신에게나 우리의 청소년들에게도 그런 소리를 한번 들려주고 싶었다. 부질없는 생각일까? 그런 귀한 옥을 대량으로 구하기도 어려울 것이고 현대 의복에 치장하기도 어려울 테니 말이다. 그렇다고 그냥 옛일로 돌리기에는 이 얘기는 너무도 귀하다. 그대로는 아니더라도 깊은 산 계곡에서 자갈돌을 부딪쳐 소리를 내도록 할 수는 있겠다. 학교에서 내는 종소리를 그렇게 맑고 영롱한 소리로 만들면 어떨까? 한 걸음 더 나아가 아이를 향하여 부르는 '선생님의 목소리'를 이런 영롱한 소리에 비추어 닦도록 하면 어떨까?

---

17) 『小學』「敬身 第三」, 김성원 편저 (명문당, 1999), 269~270.

소리 내어 읽기

소리와 언어교육 문제에 대해 한번 생각해보자.

옛 서당교육의 전승을 돌아보다 오늘날 사용해도 손색이 없을 뿐 아니라 여전히 탁월해 보이는 훌륭한 교육방법 몇을 알게 되었는데, 그중 하나가 글을 소리 내어 읽는 법이다. 서당에서는 글을 늘 소리 내어 읽으며 익혔다고 한다. 이 소리에는 늘 곡조가 따라붙는다. 이른바 독송(讀誦)! 주말마다 이른 아침 늘 찾곤 하는 '삼필재 서당'(三筆齋 書堂, 無不達 오세종 훈장)[18]에서는 요즈음 흔히 찾아보기 어려운 그런 독송법에 관한 전승을 가지고 공부를 한다.

> 天地(천지)는 玄黃(현황)이고
> 宇宙(우주)는 洪荒(홍황)이라
> 日月(일월)은 盈昃(영측)하고
> 宸宿(신수)는 列張(열장)이라

이렇게 이어지는 글월을 한 열댓 명 목소리를 합하여 훈장님과 함께 읽어 내려가다 보면 무엇이 흐르는 듯, 무엇이 뚫리는 듯, 글자는 싱싱하게 살아서 마음속으로 파고든다. 독송할 때 4자로 이루어진 첫 번째 구절의 곡조는 이어지는 다음 구절과 엮어지고 이렇게 엮어진 8

---

18) 오세종 훈장은 감리교 목회자로 한문을 가학을 따라 배웠다. 나중에 신학을 하여 목사가 되었지만 끊임없이 한문 공부를 하면서 서당도 열었다. 서당공부는 젊은 세대로 하여금 우리말 속의 한문의 세계를 제대로 알게 하기 위함이요 또 한국기독교 초기 문서를 독해할 수 있는 젊은 학자들을 양성하기 위함이라 한다. 매주 토요일 오전 배화대학에서 교실 하나를 빌려 모인다.

자는 다음 8자와 어우러져 약간의 변주(變奏)만을 동반한 채 끝까지 계속된다. 즉, 곡조는 매우 단순하다. 다만 호흡을 크게 하여 시원하고 장쾌한 목소리로 부른다는 점만 유념하면 된다.

동서를 막론하고 옛 시절에는 대개 이런 식으로 공부했다. 그저 묵묵히 눈으로만 읽어 나가지 않고 소리를 내서 읽었던 것이다. 소리는 몸을 흔들면서 냈는데, 훈장은 좌우로 생도는 앞뒤로 흔들면서 소리하였다. 이것은 역시 효과적인 암송법(暗誦法)으로, 이런 식으로 학생들은 본문 전체를 통째로 외웠다. 같은 본문을 수차례 반복하여 읽으면 나름대로 재미가 나게 마련이다. 그저 지루하게 외운다는 느낌보다는, 오히려 놀이하면서 연습한다는 느낌을 가지게 된다. 몸을 흔들면 집중하게 된다. 즉, 마음이 산란하게 흩어지지 않도록 지켜줄 뿐 아니라 슬며시 잠들지 않도록 지켜주기도 한다. 이렇게 수십, 수백, 수천 번을 소리 내어 읽으면서 선인들은 본문이 그 몸에 착실히 자리 잡고 깊이 뿌리박게 하였다. 소리를 통해서 글과 몸과 정신이 모두 하나가 되도록 했던 것이다. 학동들은 서로 소리를 내며 읽음으로써 서로 격려하고 서로 자극을 주고받았을 것이다. 혹은 늘 큰 소리로 낭랑하게 소리 내서 읽는 아버지나 스승으로부터 알게 모르게 그 익힐 바를 익혔을 것이다. 이 소리는 본문의 성격이 어떠한가에 따라, 또 글 읽는 사람의 목청과 자세가 어떠한가에 따라 아주 달랐을 것이다. 주역(周易)에 통달하였다고 하는 대산(大山) 선생이 수역을 소리 내서 외우는 것을 녹음으로 들어보았다. 그것은 산야를 향하여 장쾌하게 뻗어나가는 소리였다. 여기서 소리는 결코 어떤 부수적인 것이 아니라 글의 의미와 혼연일체가 된 무엇인 듯하다. 이렇게 양자를 뗄 수 없게 하여 선인들은 공부하였던 것이다.

지금은 서당이 희귀하여 이런 풍속을 찾아보기 힘들게 되었으나 그래도 사찰에 가면 새벽예불 때 이런 소리를 들을 수 있기는 하다. 정민은 그의 글 "책 읽는 소리"에서 이런 식의 글 읽기 법을 회상하면서, 이를 오늘날 묵독(黙讀)에 익숙해진 학생들의 독서법과 대비시켜 놓았다. 그 소리가 마음을 상쾌하게 한다 하였고, 그 소리만으로도 배움을 이룩한다고 하였다. 나만의 문제의식은 아닌 듯하다.

다음은 한학자 정민의 추억이다.

> 옛날의 독서는 눈으로 읽지 않고 소리 내어 읽는 것이었다. 아이들은 서당에서 낭랑하게 목청을 돋우고 가락에 맞추어 책을 읽었다.……책을 읽는 낭랑한 목소리는 듣는 이의 마음을 상쾌하게 한다. 그렇게 읽다보면 그 가락이 저도 모르는 사이에 뇌리에 스며들어 뜻을 모르고도 글을 외울 수 있었다. 의미는 소리에 뒤따라왔다. 아이들은 어려서부터 사랑채에서 들려오는 어른들의 글 읽는 소리를 들으며 자랐다. 총명한 아이들은 그 소리를 듣고 배우지도 않고 글을 외웠다.……외우고 또 외우고, 읽고 또 읽었다. 독서백편의자현(讀書百遍義自見)이라고. 그렇게 소리를 내어 읽다보면 어느 순간 의미가 들어왔다. 그렇게 『논어(論語)』를 외우고 『맹자(孟子)』를 외웠다. 이렇게 얻은 의미는 평생을 따라다녔다."[19]

소리 내어 글 읽는 행위는 그 자체 생명의 약동을 표현한다. 이에 비해서 오늘날 일반화된 독서법은 때로는 너무 메말라 보인다. 공부 또한 너무 개인화되어있는 것처럼 보인다. 여럿이 목청을 돋우어 함께

---

19) 정민: 『책 읽는 소리』(마음산책, 2002), 15~19.

책을 읽거나, 혹은 저 멀리 산야에 나아가 그간에 익힌 글월을 한번 같이 큰 소리로 되새겨 볼 만한 여유나 기회는 없다. 그런 야성(野性), 그런 기백(氣魄) 좋은 아이들을 만나보기는 쉽지 않다. 그 소리는 단순히 읽는 소리가 아니라 이미 노래 자체요, 마음 깊은 샘에서 끌어올린 기쁨 그 자체이다.

음악, 철학, 문학

어떤 음악은 단순한 감정적 즐거움을 부추기지만, 어떤 음악은 깊이 침잠토록 하여 모종의 결단으로 이끌기도 한다. 이 점에서 음악은 일종의 철학적 문제이기도 하다. 음악은 형이상학적 의미를 담고 있는 그릇이다. 이를테면 베토벤의 심포니 5번 같은 음악은 안락의자에 앉아서 들을 수 있는 음악이 결코 아니다. 1악장 서두에서 마치 벼락이 치듯 출현하는 4연음부는 내 몸을 벌떡 일으켜 세우고야 마는데 이 엄중한 '수직적 자세'는 삶의 일정한 윤리적 지향성을 나타내는 것이다. 여기서 철학함은 말이 아니라 음을 통해서 이루어진다. 그러한 철학함은 이어지는 2악장에서 또 다른 국면을 지시한다. 에로이카의 종장이 그러하고 9번 심포니의 1악장 서두 또한 그러하다. 모두 그런 음악이 아니면 할 수 없는 결과를 사람의 마음에 조래케 하는 것이다. 바흐와 슈만 그리고 브람스와 말러에게서도 역시 그러한 힘들이 제각기 표출된다. 그 깊이 있는 작용력, 대중과 교감할 수 있는 호소력을 생각해볼 때 '음악을 통해 철학하기'라는 문제가 다양한 교육현장에서 제대로 구현되지 못하고 있음은 안타깝다.

　아이들은 일상생활에서 이 세계에 친숙해져야 한다. 감상력은 물론 노래나 기악 등 간단한 연주도 할 수 있으면 좋겠다. 보통 연주회장보다는 집에서 가족들과 함께할 수 있는 형태가 좀더 좋아 보인다. 또 몇 가정이 모여 함께 노래하고 연주를 할 수 있으면 더욱 바람직할 수 있겠다. 서양의 근대 시민계층에서 널리 행해져온 '가정 음악연주활동(Hausmusik)'이 그런 것인데, 거기서는 이를테면 친구나 친척들끼리, 스승과 제자들이, 혹은 이웃집들끼리 그런 식으로 한데 모이곤 한다. 아이들은 이 시간을 통해서 자연스레 어른들과 어울려 음악적 심성을 키워가게 마련이다. 연주가 끝나면 간단히 음식을 같이 나누면서 삼삼오오 짝을 지어 음악을 소재로 한, 혹은 그와 연관된 삶을 소재로 한 대화의 시간이 이어진다. 이 이야기 마당에서 음악은 자연스레 언어를 매개로 한 철학하기와 '하나의 짝'을 이루어 경험된다.

아울러 거론할 만한 것은 19-20세기 전환기에 독일에서 시작된 '청소년운동(Jugendbewegung)'의 음악활동이다. 이 운동에서 청소년들은 기존 습속과 외적 규정으로부터 벗어나 자연적인 것, 원천적인 것, 순수한 뿌리를 찾아 나서면서, 스스로 마음에 드는 그룹이나 단체에 속해서 제멋과 취향에 따른 삶의 양식, 즉 방랑, 여행, 의복, 음악활동 같은 것 등을 추구했는데, 특히 음악을 중시했다. 그들은 즐겨 노래를 부르고 놀고, 라이겐을 연주했다.[20] 이 삶의 양식은 분명 고답적인 연주회장의 음악과는 다른 형태를 띠고 있었다. 일상생활에 친근한, 청소년들에게 호소력 있는 이 자기들 식의 음악활동에 그들이 애써 추구하고자 했던 삶에 대한 철학적 성찰이 반영되어있었음은 두말할 나위가 없다. 이 매우 흥미로운 정신적 유산은 그곳 독일에서 오늘날 좀더 진보적 형태의 교육을 꿈꾸는 교사와 부모, 그리고 청소년들의 가슴속에 여전히 살아있다.

이와 흡사한 현상을 최근 우리네 대안교육운동에 참여한 청소년들과 교사 그리고 학부모들에게서도 찾아볼 수 있어 매우 흥미롭다. 종종 '국토순례'라는 이름하에 행해지는 도보여행에서 청소년들은 서로 어울려 그렇게 삶을 즐기고 노래하고 생각에 빠져들곤 하는 것이다.

한편 음악은 철학과 친하면서 '문학'과도 친하다. 선율에 가사를 붙인 것을 '가곡'이라 한다. 관현악에 합창이 한데 어우러지면 오라토리

---

20) 청소년운동에 관한 다음 상세한 연구 참조. 최재정: 『개혁교육학』(학지사, 2008), 106~116. 청소년운동 전체에서 가톨릭적으로 특이한 관점을 가지고 일했던 Romano Guardini의 작품 중 최근 한글 번역본이 나왔다. 『인간상의 형성 Grundlegung der Bildungslehre』, 김윤자 역(가톨릭대학교출판부, 2007), 특히 로마노 과르디니의 청소년운동에 대한 역자 해설 부분 참조.

오나 칸타타, 오페라, 합창교향곡 같은 양식이 나타난다. 음악이 문학에게 손을 내민 것일 수도 있고 그 반대일 수도 있다. 가곡이 지어진 사연을 보면 작곡가의 마음을 먼저 잡아끈 것은 선율이 아니라 지금은 가사로 자리잡게 된 '시'일 경우가 비일비재하다. 그러니 가곡의 혈관을 흐르는 가사를 곱씹지 않고 선율만 따라가며 가곡을 부른다면 핵심을 놓치는 셈이다. 그 음악이 존재하기 위해서 시가 먼저 존재해야 했던 것이다.

반대로 시는 음악과 한데 어우러짐으로써 음악 없이는 도달할 수 없는 대중적 호소력을 갖게 된다는 점에서 시는 음악에 의존한다. 그럴 수 있는 것은 그 시가 음악가의 예리하고 섬세한 눈에 포착되었기 때문이다. 엄선애 교수가 자신의 책 『독일음악 속의 문학』 서문에서 이렇게 말하는 까닭이다.

만일 빌헬름 뮐러의 연작시들을 프란츠 슈베르트가 알지 못했다면 그리고 그 작품이 그에게 무한한 영감을 불어넣지 않았더라면, 그것이 그의 작곡을 통해 문학 텍스트와 음악이 어우러진 '음악 서정시'가 되어 연작시로 머물러있을 때와는 비교할 수 없이 많은 독자(및 청자)를 확보하게 되는 일은 없었을 것이다. 슈베르트도 물론 불후의 걸작 연가곡들의 작곡자가 되지는 못했을 것이다. 슈베르트는 '최초의 뮐러-텍스트 해석자'로서 그의 연가곡들은 연이어 해석의 해석을 부르고 있으며, 이와 함께 뮐러의 연작시들 역시 계속적인 논의의 대상이 되고 있다. 슈베르트의 사후 그의 묘비명을 부탁받은 프란츠 그릴파르처는 한 초안에서 문학과 음악의 이 아름다운 만남에 대해 이렇게 말했다. "그는 시가 소리를 내도록 그리고 음악이 말하도록 했다. 이 둘은 귀부인과 하녀가 아닌 자매로서 슈베르트의

무덤 위에서 포옹한다."[21]

또 다른 형식으로는 음악을 문학화한 것으로 '표제음악'이 여기에 해당한다. 리스트의 〈파우스트 교향곡*Faust Symphonie*〉, 리하르트 슈트라우스의 교향시 〈차라투스트라는 이렇게 말했다*Also sprach Zarathustra*〉, 바그너의 악극 〈트리스탄과 이졸데*Tristan und Isolde*〉 등이 그런 것이다. 이와는 정반대 방향에서 음악과 문학이 결합하는 경우가 있는데, 이를테면 문학을 음악처럼 하는 것이다. 이때 언어와 문학적 기법은 음악적 세계를 불러내와 스스로에게 체화시킨다. 그렇게 문학적 세계는 음악적 세계에 의해 재구성된다. 이런 식으로 우리는 한 편의 산문이나 시에서 음악적 구조와 기법을 읽어낼 수 있다.

이 음악과 문학 간의 만남의 유형을 쉐어(S. P. Scher)는 '음악과 문학', '음악 속의 문학', '문학 속의 음악'의 셋으로 나누어 제시했다. 이진구는『헤세와 음악』이라는 그의 최근 책에서 이 주제를 자세히 다루었다. 여기서 그는 헤르만 헤세를 세 번째 유형에 속한 탁월한 예술가로, 시 짓는 것(Verbauen)을 '연주와 노래'로 이해한 사람으로, 이 점에서 '가곡시인(Prosamusik)'으로 '산문음악(Prosamusik)'의 작가로 해석해내려 했다.

헤세가 그의 산문에서 시도한 것은 남성적인 세계와 여성적인 세계, 정신적인 세계와 자연적인 세계가 공존하는 이중의 얼굴을 표현하는 것이다. 헤세는 음악이야말로 이러한 이중의 얼굴을 표현하기에 가장 적합한

---

21) 엄선애:『독일음악 속의 문학』(경성대학교, 2006), 7~8.

예술로 보고 있다. 음악은 투쟁하는 요소를 화해시켜 드높은 차원에서 합일시킬 수 있는 마술의 언어이면서 신의 정신을 전해주는 가장 질서정연한 정신의 언어이기 때문이다. 다시 말해 음악은 마술(Magie)과 로고스(Logos)의 결합인 것이다. 헤세는 이러한 세계를 지금의 언어로 표현하는 것이 불가능하다고 보았다. 타락하고 기계화된 지금의 언어에서 언어의 마력을 기대할 수 없다는 것이다. '근원적이고 순수한 원초적 힘의 본질인 마술의 본질'을 가장 많이 지니고 있는 음악만이 신비스러운 낙원의 열매가 영원히 열릴 수 있는 '생명의 나무'이므로, 음악만이 절대적으로 유일한 예술로 생각했던 것이다. 그래서 헤세는 세계의 대립은 물론 인간의 영혼에 흐르는 두 선율을 음악이라는 마술문자로 표현하고 싶다는 강한 의미를 표명하고 있다.[22]

음악과 철학과 문학이라는 삼자 간에 형성되는 내적 관계는 결코 적지 않은 교육학적 함의를 가진다. 아이들은 철학이라고 하면 까다로워 하겠지만 음악은 즐겨 듣는다. 하지만 이 음악적 행위에는 이미 철학이 숨겨져있기에 우리는 이 우회로를 통해 철학으로 나갈 수 있다. 음악과 철학, 문학 간의 통합교과수업을 위한 한 가지 중요한 물음이다.

오보에 연주가 성필관이나 한국 가곡은 물론 슈베르트와 슈만, 드보르작과 그리그의 가곡을 즐겨 부르는 바리톤 조병욱은 음악에서 철학을 할 수 있는 길을 끊임없이 탐색하는 국내 음악가들로 손꼽아보고 싶다. 성필관은 연주를 하면서 사이사이 곡에 대해 이야기해주는데 그

---

22) 이진구: 『헤세와 음악』(태학사, 2001), 16~21, 특히 17과 19.

것은 종종 단순한 해설 이상의 가치를 지닌다. 청자들은 그 생각의 세계에 스스로 참여하지 않고서는 다음 음악으로 넘어갈 수 없다. 성필관은 아내이자 플루트 연주가인 용미중 선생과 함께 종로구 부암동 산길에 자그마한 살림집 하나를 마련하고 그 곁에 'Art for Life'라는 아주 작은 연주회장 하나를 붙여 지었다. 그는 예술이란 갈채가 쏟아지는 거창한 무대도 아니고 고상한 엘리트를 위한 인생살이의 수단도 아니라 한다. 예술이란 있는 그대로 삶의 진면목을 마주 대하게 하며, 지혜가 무엇인지 깨닫게 하며, 삶을 기쁨 가득한 축제로 경험하게 해주는 무엇이라 한다. 'Art for Life'란 그런 뜻이 살아있는 집이다. 이 집에서는 매주 토요일 오후마다 그런 새로운 축제가 열리고 있다.

한편 조병욱의 음악 사랑은 그 자체 삶에 대한 진지한 사랑을 함축한다. 그가 한 곡 한 곡 부르는 슈베르트의 〈아름다운 물방앗간의 처녀 *Die schöne Müllerin*〉와 〈겨울 나그네 *Die Winterresie*〉는 깊은 사유의 표현이다. 그는 기존 문학가의 번역문 대신에 가사를 노래에 얹어 직접 번역하고 또 그 한글 가사에 혼을 불어넣어 노래 부르곤 한다. 그리하여 청중은 하나의 진정성을 통해 혼연일체가 된 음악과 문학을 만난다. 그는 고향땅 용유도 남북리 오가물(인천시 중구 남북동)에 자그마한 연주홀 하나를 짓고 여기에 〈음악이여〉라는 자작시 한 편을 붙여 그 집에서 음악을 통해 뜻하고자 하는 바를 나타냈다. 음악이 하나의 독특한 사유활동임은 여기서 자연스레 드러난다.

음악이여
생명의 젖줄이어라
사랑의 몸짓이어라

평화의 순례자여라

위대하신 그대의 창조자

선하신 그분의 손을 잡고

아름다운 새 집에서 열정의 춤을 추라

그 안에 우리 생명 얼크러지도록

음악을 듣고 그 느낌의 연장선상에서 철학을 해보고 또 그 느낌을 시나 산문의 형태로 옮겨본다든지, 그 반대 방향에서 사유를 음으로 표현하도록 하거나 문학작품을 음악적 구조와 기법으로 글을 지어보도록 하는 것은 어느 모로 보나 매우 자극적이다. 또 삼자가 이런 관계 맺음 속에서 각각 심화될 수 있음은 분명하다. 아주 어린 아이들에게 이런 언어적 표현을 기대하기는 어려울 것이다. 그보다 그림, 형태나 색채로 표현해보면 좋겠다. 이런 기법은 나이 든 청소년들이나 어른들에게도 많은 것을 뜻할 수 있다.

볼 수 있는 말, 볼 수 있는 음악―오이리트미

다음은 몇 년 전 러시아의 바슈꼬르또스탄 공화국 수도 우파에 있는 '자유로운 발달의 학교'를 방문했을 때 받은 인상적인 장면중 하나다.

이 학교는 독일의 학교와 자매결연을 하고 새로운 교육을 시도하고 있었는데 마침 독일에서 교사 한 분이 와서 교사 세미나를 인도하고 있었다. 넓은 홀 큰 벽에 대형 벽화가 걸려있었다. 푸츠라는 선생님이 그린 것으로, 그는 독일에서 은퇴 후 이곳에 가끔 와서 일을 돕고 있었다. 이런 벽화는 다른 교실에도 있었다. 그것은 높은 천정이 있는 교실 뒷면을 배경으로 그려진 큰 그림이었다. 잠시 세미나에 참석했었는데, 푸츠 선생님은 '그림 같은 언어'에 대해 강의를 하다가 갑자기 내게 한국의 전설과 신화가 있으면 하나 이야기해주지 않겠느냐고 청했다. 나는 그 청을 받아들였다. 문제는 통역이었는데, 길지 않은 시간에 어떻게 단숨에 이야기할 수 있을지가 의문이었다. 통역은 독일어 선생님이 맡았는데, 그녀는 이렇게 제안했다. "문장을 하나씩 통역하지 않겠다. 먼저 그 개요를 독일어로 이야기해달라. 그러면 그 전체를 러시아어로 한꺼번에 통역한 뒤 당신이 그 이야기 전체를 한국어로 다시 이야기해주면 좋겠다." 전혀 다른 방식이었다. 하지만 좋은 제안이었다. 나는 한국말로 몸짓 발짓을 해가며 심청전을 들려주었다. 상황은 아주 성공적으로 끝났다. 그들은 이야기 내용보다는 '외국어 소리'와 '운율' 그리고 '음성' 속에서 무엇인가를 듣고 찾아내고자 하는 표정이었다. 그것은 강연의 주제인 그림 같은 언어에 들어맞는 것이었다. 뒤에 이 학교 교장선생님이 내게 다가와서는 나를 껴안으면서 "우리 선생님들이 당신을 좋아한다."면서 말을 건넸다.

우리는 그림은 보고 소리는 듣는다고 말한다. 그런데 '그림 같은 언어'란 무엇일까? 언어라는 자리에 음악을 집어넣으면, '그림 같은 음악'이 된다. '볼 수 있는 말', '볼 수 있는 음악'이다. 그것은 그때 그 자리에서 하나의 비유이자 실재였다. 그때 '그림 같은 언어'라는 시간에서 내가 맡은 역할은 소리를 동작에 담아 그 뜻을 표현하는 것이었다. 우리 서로는 묘한 방식으로 뜻을 나누고 있었던 것이다. 그런데 이것은 실은 발도르프 학교의 '오이리트미(Eurythmie)' 교수법 중 한 대목을 원용한 것이었다.

  오이리트미란 '좋은 리듬' 혹은 '조화로운 리듬'이라는 뜻의 독일어로, '심리-정신적인 것(das Seelisch-Geistige)'을 육체적인 움직임과 연관 지어 표현하도록 함으로써 이 양 차원의 연계구조 속에서 삶이 일체를 이루어 조화롭게 전개되도록 하기 위한 특정한 '예술'을 말한다. 한마디로 '뜻이 담겨 표현되는 움직임의 예술'이다. 발도르프 학교의 창시자인 루돌프 슈타이너가 1912년 처음 시도한 이래 학교 초창기부터 지금까지 지속적으로 가르쳐지고 있다. 그 뜻을 풀어보면 대충 다음과 같다. 언어와 노래와 움직임은 본래 하나이다. 누군가의 말을 들을 때 인간의 내면은 움직인다. 슈타이너는 이 말하는 사람과 듣는 사람 사이에서 생성되는 내면적 움직임을 위한 의도를 포착했고 이 움직임을 '볼 수 있는 언어(sichtbare Sprache)'라는 형태로 제시했다. 이를테면 우리는 어떤 상황에서 말해진 말을 간단한 몸짓으로 표현해보도록 할 수 있는데, 이때 표현된 움직임이라는 현상을 말해진 말과의 연관관계 속에서 볼 때 나타나는 현상이 바로 오이리트미이다. 다음 장면을 한 번 상상해보자.

보통 여러 명이 한데 어울려 사각형 형태로 앞을 향해 선 자세로 몸을 움직이거나 원 형태를 지어 움직이기도 하고, 서너 명으로 구성된 한 팀이 무대 위를 이리저리 오가며 다양한 움직임의 형태를 만들어내기도 한다. 그 움직임이 일어나는 공간 다른 한쪽에 말하는 사람이 있다. 때로 시나 그 외 다양한 장르의 글이 소개되기도 하고, 혹은 다양한 악곡이 리코더나 피아노, 바이올린이나 첼로 같은 악기나 음성으로 연주되기도 한다. 몸동작에는 두서너 가지 채색 의상이나 막대기 등이 보조도구로 사용되기도 한다. 이렇게 시 한두 편이 낭송되거나 혹은 두어 가지 악곡이 연주될 동안 무대에 오른 사람들의 몸동작은 계속 이어진다. 잘 보면 말하는 사람과 움직임 사이에 어떤 연관관계가 느껴진다. 일체의 움직임은 시나 음악 없이 존재하지 않는다. 움직임 일체는 시와 음악의 의미를 표현하는 중인 것이다. 얼핏 보면 체조 같기도 하고 무용 같기도 하지만 그건 체조도 아니고 무용도 아닌 바로 오이리트미다.

만일 말소리에 따라 움직일 경우 '언어 오이리트미(speech eurythmy)'라 하고 음악에 따라 움직일 경우 '음악 오이리트미(tone eurythmy)'라 한다. 하지만 핵심은 동일하다. '보이지 않는 것'을 '보이는 형태'로 표현해보는 것이다. 이를테면 '모음들'은 제각각 음향과 음색에 따른 심리적 질, 즉 놀라움의, 주장하는 식의, 두려움의, 기쁨의 질 등을 생성시키며, '자음들' 역시 제각각 분화되고 조형적인 상징적 힘을 생성시키는데, 이러한 내적 체험의 질들을 일정한 몸의 움직임들로 표현해내도록 하는 것이다. 언어의 또 다른 요소로 '언어 움직임'에 존재하는 리듬을 들 수 있다. 운율이나 높낮이의 교차, 음의 반복(시구) 등이 바로 그런 것이다.

운율적 언어운동은 호흡에도 존재한다(모아서 끌어당기고, 확장하고, 채우고, 풀어주는 방식 등으로). 그런 것도 몸동작으로 표현해낼 수 있다. 또 슈타이너는 인간 몸의 형태, 예컨대 해골이나 몸의 배율 등에서 음악적 법칙과 구조를 읽어냈다. 그리고 이에 따라 음악적 소리와 음정을 몸동작으로 나타내 보이고자 했다. 그것이 바로 '보이는 노래(sichtbarer Gesang)'이다.

오이리트미는 혼자서 할 수 있지만 함께할 수도 있다. 함께하는 형태는 특히 '사회적 가치'를 염두에 둔 것인데, 전체를 조화롭게 만들어내기 위해서는 다른 아이들의 움직임에 주의를 기울이지 않으면 안 되기 때문이다. 아이들은 서로 특유한 유대감을 느끼며 하나의 조화로운 움직임을 만들어낸다.

슈타이너는 이 오이리트미를 인간교육을 위한 중요한 수단으로 여겨, 아이들이 학교에 입학하는 첫 해부터 졸업할 때까지 반드시 배워야 할 필수교과로 제시했다. 매 연령층과 삶의 단계에 부합하게 구성하여, 저학년 때는 간단한 소리에 따라 가능한 몸동작을 유도해보다가 학년이 높아갈수록 점차 복잡한 소리와 몸동작으로 심화시키는 구조로 되어있다.

다음은 그 몇 가지 사례이다.

1학년

① 수업의 주도선: 동화적 분위기를 바탕에 깔고 모든 동작은 아이들 성정에 맞게 그림을 그리는 식으로 구성한다. 예컨대 함께 원을 그려볼 수 있는데 이때 원은 '태양'의 표현이다.

② 교과내용: 직선과 곡선 운동, 나선형 운동을 도입한다. 동화를 이야기해주면서 팔로 모음과 자음을 따라 해보도록 한다. 동화 이야기 속에서 간단한 오음계 선율, 오중주를 위한 음정을 몸으로 그려보도록 한다. 걷기, 뛰기, 뜀뛰기, 뛰어오르기, 발 구르기 등을 연습한다. 몸을 섬세하게 움직이는 연습을 하면서 특히 좌우를 명료하게 구분하도록 한다.

4학년

① 수업의 주도선: 판타지와 표상 능력 및 도덕성이라는 새로운 힘을 기르는 게 핵심이다. 모국어 수업과 병행하여 오이리트미의 문법적 요소를 통한 '통일적' 언어체험을 강화시킨다. 문법적인 것을 이성의 힘만이 아니라 감성과 의지의 힘을 통해 파악하도록 한다. 여러 차원에서 숙련성을 기른다. 집중력 연습과 다양한 음정(장조, 단조, 3도 음정) 연습을 도입한다. 이 연습을 통해 자발성을 신장시킨다. 중요한 것은 오이리트미가 특정 교과 내용에 연관되어있으며, 이 맥락에서 학생들이 그 내용을 본격적으로 배워 이해하기 전에 오이리트미 몸동작으로 미리 해보도록 한다는 점이다. 예컨대 능동태와 수동태 문법과 관련된 오이리트미 수입을 먼저 제시하고 그 이듬해 해당 교과로 들어가 배우도록 하는 식이다. 음악수업에서 단조를 배울 때도 마찬가지다. '소리 오이리트미'를 통해서 학생들은 "인간을 악기"로 체험하게 된다.

② 교과내용: 언어의 문법적 요소(주어, 동사, 능동태-수동태)들을 몸짓

으로 표현해보기. 반영(反影) 형태를 표현하기. 막대기를 가지고 **빠른** 동작과 숙련된 동작을 연습하기. 집중력 연습하기. 두운법(頭韻法)을 표현해보기. 장조, 단조, 3도 음정 표현하기. 청음 연습. 도에서부터 시작할 때 첫음을 묘사해보기.

7학년

① 수업의 주도선: 언어수업과 연관 지어 좀더 세밀하게 접근해 들어간다. 문법에서 '조건문'(만일 ~하다면 ~할 것이다)이나, 정서적 변화, 예컨대 슬픔, 기쁨, 진지함, 무엇보다 명랑함 등을 체험하고 표현해보도록 한다. 혹은 자기 내면을 복잡한 기하학적 형태 등으로 표현해보도록 한다. 직립자세 연습을 도입해보고 이를 12학년까지 다양한 형태로 변주 · 심화시켜본다.

② 교과내용: 여러 문법적 형식요소를 연극적 몸짓(팔동작이나 발의 위치 등)으로 확장시켜본다. 5각형, 6각형, 7각형, 8각형으로 나타내보기. 음악 오이리트미에서 장조, 단조, 3도 음정 등을 표현해보기 혹은 로버트 슈만의 피아노 작품 중 〈유모레스크〉 등을 표현해보기.

9~12학년

이 단계는 중등교육의 상위단계로 처음 시작하는 과정에서 이전 과정과 명확한 차이가 느껴지도록 한다. 지금까지 연습하고 지속적으로 강화시킨 것을 의식적으로 새롭게 인식 · 표현해보도록 한다. 글이나 악곡을 일정한 법칙에 따라 전치시켜 표현해보는 과정이 있고, 그런 형태와는 아주 달리 '자유' 무용의 형태로 전치시켜 표현해보는 과정이 있다. '표현주의 예술' 형식을 학습해본다.

이 단계 전반에서 지금까지의 '집중연습'은 '역동적 연습'의 단계로 넘어가게 된다. 몸동작은 기하학적 형태에서 자유로운 예술적 표현형식으로 바뀌어 나타난다. 더 이상 교사가 먼저 시연해보이고 모방하게 하는 식이 아니라 학생의 내면적 활동이 분출하도록 하는 게 중요하다. 학생은 이제 깨어있는 상태에서 '주도적으로' 움직인다.

12학년

수업의 주도선은 오이리트미의 형상화와 관련된 제반 가능성을 모두 살펴보는 데 있다. 함께하는 오이리트미, 종합예술, 자발적으로 표현해보기, 자신을 내면의 도구로 익숙하게 표현해보기, 움직임, 정지, 몸짓 등으로 세분화시켜 표현해보기 등이 그것이다. 이를 위해 현대 시와 음악에 이르기까지 다양한 예술형식들을 연습해본다. 인간과 세계 간의 관계를 표현해보기, 현대미술로 표현해보기, 인상주의와 표현주의를 종합하여 표현해보기 등이 있다.[23]

여러 가지로 살펴보았지만 핵심은 소리를 통해 내면과 육체, 사람과 사람을 조화로운 일체로 엮어 형성하려는 데 있다. 이런 식으로도 전일적 교육 혹은 통섭적 교육이 가능할 수 있다는 사실이 무척 새롭고 흥미롭다.

---

23) Tobias Richter(Hrsg.): *Pädagogischer Auftrag und Unterrichtsziele einer Freien Waldorfschule*, Stuttgart 1995, 277~285. 아울러 다음 문헌 참조. 정윤경: 『발도르프 교육학』(학지사, 2004), 194~200; 임용자: "우주와 생명의 리듬을 따라가는 동작예술: 루돌프 슈타이너의 오이리트미에 대하여". 『정신세계』 22(2000).

소리와 또 다른 과학수업

소리는 과학적 세계를 함축하는 현상이기도 하다. 이 현상으로부터 과학수업을 아주 흥미롭게 만들어볼 수 있다. 유서 깊은 한 '전원학사'에서 탁월한 물리학 교사였던 마르틴 바겐샤인(Martin Wagenschein)은 "현상들을 구하라."라는 제하에서 다음과 같은 몇 가지 인상적인 이야기를 들려준다.[24] 그는 추상적 이론을 나열하기에 급급한, 따라서 학생들 간에 종종 지루한 시간으로 간주되는 학교 물리수업 시간을, 일상적 삶의 여러 길목에서 마주치는 현상들로부터 출발하여 해명해냄으로써 이 시간을 아주 매력적인 시간으로 만들어냈다. 그중에는 '소리라는 현상'을 주제로 한 것도 있다.

기관차의 기적 소리

지금은 쉰 살이 된 한 사람이 기억해낸 다음과 같은 이야기를 들어보자. "일곱 살 때 나는 기관차에서 흰 연기가 올라오는 것을 본 적이 있는데, 한 가지 이상한 것은 연기가 올라온 지 한참 뒤에야 기적 소리가 나는 것이었다. 나는 멈추어 서서 다른 기차들을 기다렸다. 다른 기차들도 똑같았다. 나는 소리가 보이지 않는 공기를 지나는 데 시간이 필요하다는 것을 이해할 수 없었다!"

아마도 '보이지 않는 공기', 하지만 존재하는 '무'가 '시간이 걸리게' 할 수 있다는 사실이 그를 놀라게 한 모양이었다.

---

24) Andreas Flitner/Hans Scheuerl(Hrsg.):『사유하는 교사 *Pädagogisches Sehen und Denken*』, 송순재 역(내일을 여는 책, 2008), 159~162.

까마귀 울음소리

베어 부인은 오십 년 전 다섯 살 때 작은 도시 외곽에서 까마귀를 보고 얼마나 놀라워했는지 이야기해주고 있다.

까마귀가 멀리 떨어진 울타리에 앉아 '까악까악' 울고 있었는데, 그때마다 매번 몸을 굽혔다. 아니, 그때마다가 아니라 오히려 울기 조금 전에 몸을 숙였다. 그 까마귀는 공기를 마시는 것인가 혹은 그의 소리는 '단순히 있는' 것이 아니라 공처럼 공기를 통해 날아오는 것인가? 이것을 알아내기 위해 그녀는 특별한 행동을 취했다. 까마귀로부터 더 멀리 떨어져보는 것이다. 그렇게 하니까 시간이 좀더 오래 걸렸다. 몸을 숙이는 것과 그것에 뒤따르는 '까악'하는 소리 사이의 시간 말이다. 그녀는 더 많이 떨어져 보았다. 당시 그녀의 여덟 살 난 놀이 친구는(지금은 대령이 되었지만) 이때 일을 아직도 기억한다. 그녀는 그에게 냇물을 쳐서 쏟아붓는 장치를 만들도록 부추겼다. 이번에도 마찬가지였다. 그녀는 먼저 물이 쏟아지는 것을 보았고, 그다음에 소리를 들었다. 그녀가 멀리 떨어지면 떨어질수록 물소리를 듣기까지는 시간이 점점 더 오래 걸렸다. 이제 그녀는 안심이 되었다. 어둡건 밝건 까마귀 소리는 물소리처럼, 혹은 공처럼 공기를 통해 날아온다는 사실을 알게 되었다.

다섯 살이라는 어린 나이에도 이 발견은 엄청난 업적처럼 보인다. 그러나 나는 이 소녀가 '소리의 속도(음속) 측정'이나 혹은 음향학의 학습 과정에 쉽게 열광했다고는 생각하지 않는다. 어쨌거나 나중에 체계적인 물리학이 '가르쳐져야 했을' 때 그녀는 '끝없이' 지루해 했다.

이 일화들을 소개한 후 바겐샤인은 페스탈로치의 말을 인용하여 이렇게 쓰고 있다. "학교는 사람이 사물을 보고 알기 전에 판단을 먼저 머릿속에 집어넣는다(……)." 그의 이야기를 좀더 들어보자.

튀빙엔 대학의 실험학교에는 아홉 살 난 소년들이 있었다. 대부분 말없이 지내는 교사는(그는 아이들에게 아무 말도 들려주지 않는다) 그 아이들에게 서로 이야기하는 것과 단지 사물에 대해서만 이야기하는 것을 가르쳤다. 그들이 생각하는 모든 것을 말하고, 자신들이 말하는 모든 것을 생각하도록 가르치는 것이다. 그들은 왜 멀리 떨어진 공기 해머나 북소리는 그것들이 움직이는 모습보다 뒤늦게 따라오는지에 대해 여러 시간 동안 이야기했다. 그들은 북의 표면을 눈과 손가락과 집게로 조사하고, "그것은 매우 떨리듯이 달그락거렸고, 아주 간지럽게 진동하고, (혀에서는) 거의 불타는 듯하다."는 것을 알아차리고 (녹음기에) 녹음했다. 그들은 마지막에는 소리가 늦게 오는 것은 공기 때문이라는 것을 밝혀냈다. 공기가 소리를 우리에게 '전달한다'는 것과, 그것은 시간을 필요로 한다는 것을 알아낸 것이다. 그러나 그것을 어떻게 '전달하는가?' 오랜 대화와 실험으로 얻어낸 결과는 다음과 같다. "내가 북의 표면을 치면 소리가 진동한다. 공기는 밀쳐진다. 그때 거기 있는 공기는 이리저리 흔들린다. (……) 공기는 다른 공기를 밀쳐내고, 그것은 다시 다른 공기를 밀쳐낸다. (……) 그렇게 하여 소리는 공기를 통해 내 귀까지 진동해온다." 이 아이들은 나중에 북과 귀 사이의 한 지점에서 진동을 기계적인 음향수신기로 그려낼 수 있다는 것을 배웠다. 그것은 '공기압 곡선'과 같은 것을 보여준다. 그들은 그것으로 무엇을 얻었는가? 대답은 분명하지만, 나는 기이하게도 그 대답을 어떤 교과서에서도 발견하지 못했다. 우리는 소리가 청각 장애자에게는 어떻게 남아있을 것인지를 정확히 알게 되었다.

바겐샤인은 학교가 어린아이들이 이해할 수 없는 것을 성급하게 가르치려 듦으로써 일종의 죄를 짓고 있다고 고발하면서 왜 앞서 소개한 바와 같이 세계의 '근본적인 현상'을 보여주지 않는가라고 물었다. 정말 중요한 것은 다만 현상 앞에 데리고 가서 가능하면 아무 말도 하지 않고 보여주고 들려주는 것이 아니겠는가? 그런데 학교는 더 이상 이러한 기초 위에 서있지 않다는 것이다. 그러니 학교에서 물리 공부가 기피의 대상이 되는 것은 전혀 이상하지 않다고 했다.

앞서 우리의 정서를 이끌어 주던 소리나 우리 마음에 감동을 불러일으켰던 음악은 여기서 '과학적 탐구'의 대상으로 나타난다. 또 하나의 품격 있는 음악작품이 연주회장에서 어떻게 청중과 교감을 나눌 수 있겠는지 하는 문제는 여기서 하나의 엄밀한 '음향학적 문제'로도 탐구될 수 있다. 그러나 그러한 탐구에도 불구하고 음악은 과학적으로 다 퍼낼 수 없는 깊이를 가진다. 이 두 가지 세계는 서로 관련되지만 묘하게도 서로 구별된다.

이 문제에 대한 바겐샤인의 설명을 들어보자.

처음에 이성은 감각에게 다음과 같이 말한다. "사람들은 알록달록한 것, 달콤한 것, 쓴 것 (……) 이 있다고 말한다. (여기에는 이미 모호한 단어가 사용되고 있다.) 그러나 실제로는 단지 원자들과 빈 공간이 있을 뿐이다." 라고. 그러자 감각은 이성에게 창을 겨누고 이렇게 답한다. "이 불쌍한 이성아. 너는 우리로부터 증거물을 얻었어. 그걸 가지고 어떻게 우리를 이길 수 있겠어!" 그렇다면 아주 일찍부터 물리학에 대한 비난이 있었던 것 같다. 물리학이 우리에게 감각을 싫어하도록 한다는 비난 말이다. 이 같은 견해는 오늘날에도 드물지 않아 보인다. 사람들이 열정적으로 이렇게 말한다면, 즉 "음악은 실제로는 공기의 진동 외에 아무것도 아니며, 열 자체는 분자운동일 뿐이고, 색채는 원래 전자 자력의 파장일 따름이다."라고 한다면, 그 말을 들은 사람은 약간 우울해지긴 하겠지만 고개를 끄덕일 수도 있을 것이다. 그 지점에서 물리학자들은 전혀 다르게 생각한다. (……) 바이올린 연주가이기도 했던 아인슈타인은 이런 질문을 받았다. "당신은 모든 것을 자연과학적인 방법으로 묘사할 수 있다고 믿습니까?" 그는 이렇게 답했다. "네, 있을 법한 일이지요. 하지만 그런 건 아무런 의미도 없습니다. 베토벤 교향곡을 공기압 곡선으로 그리는 것처럼, 그것은 적절하지 않은 수단을 통한 묘사일 겁니다."

우리 과학수업 시간에서도 소리와 과학 간의 관계를 새로이 조명하려는 시도가 보인다. 하지만 과학을 음악과 관련짓고 또 음악의 세계에서 노닐도록 하는 시도에 대해서는 듣지 못하였다. 하나의 중요한 과제가 아닐까 싶다.

고요한 소리, 내적 고요, 종교적 세계

몇 해 전 여름철 깊은 계곡에 내려갔다가 계곡물에 발을 담그고 바위에 하염없이 걸터앉아있는 한 젊은이를 보았다. 실은 나 역시 그렇게 앉아있었기 때문에 마치 그 젊은이도 나와 같이 그렇게 앉아있었다고 느꼈는지 모른다. 때때로 계곡을 통하여 바람이 불어왔기 때문에 물 흐르는 소리와 나뭇잎 바스락거리는 소리밖에는 아무것도 들리지 않았다.

가을, 낙엽 떨어지는 소리나 바람소리도 그렇다. 이쯤 되면 소리는 적막함 속에서 들려오기 때문에 '소리'와 '적막함'은 동시에 주제가 될 수 있다. 시구에서 종종 대할 수 있는 정취처럼 말이다. 18세기의 시인 김효일(金孝一)은 그의 〈추사(秋思, 가을날의 느낌)〉에서 이렇게 읊고 있다[25]:

　뜰 가득 오동잎은 서풍에 지고
　외론 꿈 깨고 보니 촛불만 눈물짓네
　창밖에 풀벌레도 가을 근심에
　나와 같이 긴긴 밤을 울며 지새네

이 시의 본뜻은 달리 있겠지만, 읽는 이들은 "건듯 부는 가을바람"(1행)이나 "풀벌레 소리"(3행)에서 종종 다만 그저 소리로서가 아니라 '적막을 더해주는 소리'를 듣는다. 이런 소리는 수도원이나 선원의 명상수행이나 기도회에서도 들을 수 있다.

고요함이란 일단 소음이 아주 적거나 거의 없는 상태를 말하기는 하지만, 나아가서는 인격의 깊이나 영혼의 입구로 인도하기 위한 내적 고요함을 말하는 것이다. 마음속의 소음이 분주하거나 산란한 상태를 뜻한다면, 고요한 마음은 분주함이 사라지고 집중된 상태를 뜻한다. 이제 '자기 자신'에게로 돌아온 것이다.

성서에서 하나님의 임재가 소리와 관계하여 묘사되고 있는 흥미로운 본문들이 몇 개 있다. 하나님은 폭풍 소리같이 오신다.

---

25) 김도련·정민: 『꽃 피자 어데선가 바람 불어 와』(교학사, 1993), 245.

우리 하나님이 오사 잠잠하지 아니하시니 앞에는 삼키는 불이 있고 그
사방에는 광풍이 불리로다.(시편 50:3)

하지만 그분은 고요 속에서 나타나시기도 한다.

여호와께서 이르시되 너는 나가서 여호와의 앞에서 산에 서라 하시더니
여호와께서 지나가시는데 여호와 앞에 크고 강한 바람이 산을 가르고 바
위를 부수나 바람 가운데에 여호와께서 계시지 아니하며 바람 후에 지진
이 있으나 지진 가운데에도 여호와께서 계시지 아니하며 또 지진 후에 불
이 있으나 불 가운데에도 여호와께서 계시지 아니하더니 불 후에 세미한
소리가 있는지라.(열왕기상 19: 11~13)

혹은 시편 기자는 이렇게 읊고 있다. "언어도 없고 말씀도 없으며 들
리는 소리도 없으나 그의 소리가 온 땅에 통하고 그 말씀이 세계 끝까
지 이르도다(……)."(19: 3~4) 이 구절은 『도덕경』의 서두를 연상시킨
다. "말할 수 있는 도는 영원불변한 도가 아니고, 이름 지을 수 있는 이
름은 영원불변한 이름이 아니다. 이름 지을 수 없는 것은 천지의 시원
이고, 이름 지을 수 있는 것은 만물의 모태이다"(道可道, 非常道, 名加名,
非常名, 無名天地之始; 有名萬物之母).[26] 이 모두 '내면적 사건'으로서의
고요함에 대해서 언급하는 본문들이다.

팍팍한 1980년대 현실의 거리를 독특한 몸짓으로 살아가며 시를 썼
던 기형도의 〈소리의 뼈〉라는 시 한 수가 이 대목에서 어쩌면 뜻하는

---

26) 김충열: 『김충열 교수의 노장철학 강의』(예문, 1995), 117~118.

바 있지 않을까 싶어 읽어본다.[27]

　김 교수님이 새로운 학설을 발표했다

　소리에도 뼈가 있다는 것이다

　모두 그 말을 웃어 넘겼다. 몇몇 학자들은

　잠시 즐거운 시간을 제공한 김 교수의 유머에 감사했다

　학장의 강력한 경고에도 불구하고

　교수님은 일 학기 강의를 개설했다

　호기심 많은 학생들이 장난삼아 신청했다

　한 학기 내내 그는

　모든 수업 시간마다 침묵하는

　무서운 고집을 보여주었다

　참지 못한 학생들이, 소리의 뼈란 무엇일까

　각자 일가견을 피력했다

　이군은 그것이 침묵일 거라고 말했다

　박군은 그것을 숨은 의미라 보았다

　또 누군가는 그것의 개념은 중요하지 않다고 했다

　모든 고정관념에 대한 비판에 접근하기 위하여 채택된

　방법론적 비유라는 것이었다

---

27) 기형도(1960~1989). "일상 속에 내재하는 폭압과 공포의 심리 구조를 추억의 형식을 통해
독특하게 표현"해냄으로써 현대 한국 문단에 지울 수 없는 인상과 족적을 남겼으며, 스물아홉
의 짧은 생애를 살면서 『입 속의 검은 잎』(문학과지성사)이라는 한 편의 시집을 펴냈다. 이 시
는 이 책 127~128에 실려있다. 최근 그의 삶과 문학을 기리는 문집이 출간되었다. 박해현 외
편: 『정거장에서의 충고』(문학과지성사, 2009).

상상력으로 교육에 말걸기

그의 견해는 너무 난해하여 곧 묵살되었다
그러나 어쨌든
그 다음 학기부터 우리들의 귀는
모든 소리들을 훨씬 더 잘 듣게 되었다.

고요함은 일단은 물리적으로 가라앉아 침잠된 상태를 뜻하지만 나아가서 그 진정한 국면은 소란스런 상황 여부와는 상관없이 한 인격 안에 존재한다. 즉, 일단 그 상태에 빠져들게 되면 물리적 환경 여하에 상관없이 고요할 수 있다는 말이다.

이건 일상적인 경험을 벗어나는 현상임이 분명하다. 일상이란 분주한 움직임이 내는 소리와 부잡스런 소음들로 가득 차있기 마련이다. 하루와 일주일과 한 달과 일 년은 그러한 소리들로 가득 차있다. 고요함이란 그러한 목표와 과제로부터 잠시 돌이켜보는 것이고 내 귀를 가득 채우는 그러한 소리를 끊어버리는 데서 찾아온다. 고요함을 추구하는 이유는 무엇인가? 그것은 고요함이라는 소리가 인간 형성을 위해 필수불가결한 문제이기 때문이다. 그것은 아이들에게도 마찬가지다. 좀더 정확히 말해서 아이들은 고요함을 필요로 한다. 그들의 정서와 인격 형성에 그리고 그들의 내면적, 종교적 세계 형성을 위해 그렇다. 유감스럽게도 오늘날 학교는 그런 경험의 가치를 제대로 알아보지 못했다. 마리아 몬테소리는 바로 이 점을 일깨워주었다. 그녀는 아이들이 자기 세계에 몰두하게 되면서 '고요'해지는 현상을 예리하게 관찰했다.

한 작은 (세 살 가량 된) 여자아이가 앉아있었다. 그 아이의 주의력은 특별히 어떤 것을 향해 집중하지 않은 채 습관적으로 쉬지 않고 여기저기로 옮겨 다니고 있었다. 그러다가 (우연히 손에 잡은 실린더 끼워 맞추기 놀이로 인해) 그 아이에게 그러한 집중력이 발생했던 것이다. 여기서 그 아이의 자아는 모든 외적 자극에도 불구하고 방해받지 않고 몰두할 수 있을 정도가 되었다. 이 집중행위는 정확하고 과학적으로 구성되어있는 학습교재를 가지고 노는 손의 율동적인 움직임을 통해 이루어졌다. 이어서 다른 아이들에게도 비슷한 경우가 되풀이되었다. 그런 일이 있을 때마다 아이들은 아주 신선해지고 평안해지고 생명력으로 가득 차서 커다란 기쁨을 체험한 표정을 지어보였다.[28]

아이는 부잡스런 일상에서 문득 한 가지 사물을 손에 잡게 되고 그 다음 여기에 흥미를 느끼며 빠져들게 되었는데, 여기서 그녀는 아이가 하나의 깊은 내적 차원으로 진입했음을 나타내는 징후들을 포착했다는 것이다. 그것은 집중과 몰입 그리고 고요함이라는 말로 요약된다. 여기에 바로 앞서 말한 고요함의 진정한 국면, 즉 외적 상황과는 무관하게 존재하는 일정한 내적 상태가 드러나있다.

이 관찰을 바탕삼아 그녀는 고도의 정신집중능력을 배양하기 위한 '놀이'를 통한 침묵연습을 시도했다. 그녀는 엄마품에 안겨 쌔근쌔근 잠자고 있는 4개월 된 아기의 고요한 숨결의 순간을 포착했다. 그리고 아이들을 이러한 순간으로 이끌어 들였다. "자, 이리들 와서 이 잠자는 아기가 얼마나 고요히 숨 쉬고 있는지를 보렴." 아이들은 갑자기 움

---

28) Maria Montessori: "연습의 반복", 『사유하는 교사』, 46f. 인용문 중 괄호 부분은 이해를 돕기 위해 필자가 써넣은 것이다.

직이지 않고 서서 놀라움으로 잠자는 아기를 바라보았다. 이렇게 하여 평상시에는 경험하기 어려운 고요한 순간이 그들에게 홀연 찾아왔다. 아이들은 바스락거리는 소리도 들릴 정도의 고요함 속으로 빠져드는 듯하였다. 아이들은 이 침묵의 순간을 계속 유지하였다. 아이들은 차츰 평화스러우면서도 열중하는 표정을 지었다. 이렇게 하면서 그들은 먼 곳에서 들려오는 새의 지저귀는 소리와 먼 곳에서 떨어지는 물방울 소리 같은 이 세상에서 가장 밝은 소리도 감지할 정도가 되었다.

몬테소리의 침묵연습은 이런 체험에서 비롯된 것이다. 그녀는 청각을 예민하게 발달시키기 위해 이러한 방법을 써보았다. 그녀는 멀리 떨어진 곳에서 아이의 이름을 가만히 부르기 시작했고, 아이는 조용히 소리를 내지 않고 그녀 가까이로 다가왔다. 이 과정에서 그녀가 발견한 것은 아이들이 침묵 가운데서 들려오는 거의 지각할 수 없는 소리에도 감각적인 반응을 나타낸다는 사실이었다. 이 상황은 다음과 같은 장면으로 이어진다. "그들은 아무 소리도 내지 않고 아무것에도 부딪히지 않으면서 조심스럽게 발뒤꿈치를 들고 한 걸음 한 걸음씩 천천히 걸어 다녔다. 계속해서 움직임을 연습하는 것이 분명했다."[29]

몬테소리의 침묵연습은 윤리와 종교적 수업을 위해 많은 것을 함의한 것이기도 하다. 한 가지 사물에 집중하는 시선과 마음은 인격의 핵심 내지 내면적 깊이와 불가분리의 문제이기 때문이다.

오늘날 교육의 전반적인 상황은 세계화 경쟁교육으로 인해 좀더 열악해지긴 했지만, 오히려 그렇기 때문에 이런 문제의 소중한 가치가 부각되기도 한다. 그래서 요즈음에는 가정을 오디오나 워크맨, 혹은 영상물이 만들어내는 소음으로부터 조용하게 지켜내거나, 학교에서 어린이들에게 침묵과 고요를 경험하도록 하기 위한 이런저런 시도들이 이루어지고 있다. 내적 고요는 어른이라 할지라도 쉽사리 경험할수 있는 것이 아니다. 하물며 아이들의 경우는 두말할 나위 없다. 어린이와 청소년들에게 이 문제를 접하게 하기 위해서는 놀이나 예술활동을 통한 일종의 우회로가 필요하다. 몬테소리처럼 구슬을 굴리고는 그마지막 굴러가는 소리가 끝날 때까지 귀를 기울여 듣기 같은 식이 있다. 처음에는 구슬은 큰 소리로 굴러가지만 소리는 급격히 작아져서 마침내 정지하고 '일순간' 고요가 찾아온다. 혹은 모두 눈을 감고 조용히 한 후 밖에서 들려오는 소리를 듣고 그 소리를 분별해내도록 하기

---

29) Maria Montessori: 『어린이의 신비 *Il segreto dell'infanzia*』, 조성자 역(창지사, 1991), 138~139.

같은 것도 있다―이 연습은 그저 무작정 조용히 하려는 때보다 그 고요함을 한층 밀도 있게 체험하도록 만들 수 있다. 소리를 무작정 억눌러 듣지 않으려는 것이 아니라, 작은 소리들을 들어보려고 한 까닭에 소리와 고요가 대조를 이루어 나타나기 때문일 것이다. 반대로 소리를 듣지 않으려 하면 오히려 소리 때문에 마음이 흔들릴 수 있다.

옛 동독의 고도 예나에서 페터 페터젠이 시도한 '예나계획학교(JenaPlan-Schule)'를 모형으로 새로 문을 연 학교가 있다. 그곳에서 한번은 초등학교 1학년 주일 첫 시간이 얼마나 아름답게 시작되는지 관찰한 적이 있다. 아이들은 작은 나무상자 위에 카펫이 깔린 바닥에 둘러앉아있었고, 선생님은 기타를 들고 아주 나지막한 음성으로 노래를 불러주었다. 아주 조용히 아이들은 노래를 함께하였고 그다음에 아이들은 자리에서 일어나 조용히 자기 자리에 가서 정해진 '줄기모둠'(일종의 소교사제에 의해 운영되는 모둠수업의 형태로 1학년과 3학년 아이들을 함께 엮어서 서로 가르치고 배우도록 하는 방법)에 속해 자율적으로 공부하기 시작했는데, 근 30여 분이 지날 동안 아이들은 별다른 지시 없이도 오랫동안 고요히 자기 일에 몰두하였다. 이런 것은 요란한 행진곡 소리에 발맞추어 시작하는 조회시간과는 전혀 다른 것으로, 인간과 어린이의 삶에 대한 더욱 사려 깊고 신중한 접근임에 틀림없다. 이 문제는 역시 학교에서 시간의 시작과 종료를 알리는 종소리를 어떻게 만들어 나가야 할지 하는 문제와도 관련된다.

첸가피넨(Petra Mark Zengaffinen)은 이런 문제의식을 가지고 아이들과 함께 고요함을 연습하기 위한 필요와 방도에 대해 연구했다. 여러 주제들을 제시했는데, 이를테면 재, 동전, 진주, 버섯, 이쑤시개, 깃털, 유리구슬, 창조에 관한 그림, 색연필, 손으로 만드는 선, 미로, 달팽이

집, 밀알, 성냥, 물로 만드는 음악, 쌀, 진흙, 나무, 보석, 호두, 소금, 거울, 풍선, 수건, 우주를 찍은 사진, 부모 사진, 촛불, 계란, 나비 등이 그것이다.

이 주제들에 대한 탐구는 그 주제를 인식하도록 자극하기-판타지 여행-노래와 기도-심화로 이루어진 일련의 과정으로 구성되어있다.[30]

'조개'라는 주제를 예로 들어보자.

목적과 내용:

고요함의 의미에 대해. 볼 수 없는 사물에 몰두해보기.

연습

자극하기:

"자 여러분, 이제 눈을 감고 조개의 형태를 느껴보세요."

(10분 정도 침묵)

"바다 소리가 들리니?"

(10분 정도 침묵)

"자, 이제 조개를 옆 사람에게 건네요."

혹은

"진흙 덩어리 하나씩을 받아보아요. 고요한 마음으로 조개의 형태를 진흙으로 떠보세요."

---

30) Petra Mark Zengaffinen: *Das Haus der Stille. Stillübungen und Phantasiereisen mit Kindern*, Düsseldorf, 1998.

환상 여행

특정한 중심 체험:

(선생님) 자, 이제 우리 모두 집 뒷문 쪽으로 가 문을 열고 정원으로 나 갑니다. 정원을 지나면 해변이 나오네요. 여기서부터 바다가 시작됩니다. 자, 이제 바닷물 속으로 점점 깊이 걸어들어 가볼까요.

(몇 초 동안 침묵)

바닷속으로 들어가 숨을 쉬어보아요. 이제 아주 분명히 볼 수 있어요. 이제 한번 해저세계를 구경해보지요. 저 앞에 커다란 조개가 있네요. 조개 하나가 우리에게 말을 걸어와요: "난 바닷속 깊은 곳에 산답니다. 여긴 어 둡고 고요해요. 고기들이 내 위로 헤엄을 치며 돌아다녀요. 내 옆에는 해초 가 자라고요. 내 위에서 이리저리 움직여요. 이 멋진 세계를 보고 있나요?"

(몇 초 동안 침묵)

조개가 다시 우리에게 말을 겁니다: "난 아주 조용하게 본답니다. 내 위 에서 비쳐오는 빛을 보지요. 바다 표면 위에는 아주 멋진 것들이 있을 것 같아요. 저 위의 화려한 색채로 된 세상을 꿈꾸어보아요. 난 이 해저세계에 있는 멋진 것들을 내 안에 깊이 간직하고 있어요."

(몇 초 동안 침묵)

또 조개가 말을 걸어와요: "난 아름답고, 색채가 있고, 반짝거리는 것은 무엇이건 모두 좋아한답니다. 내 마음이 기뻐요. 내 마음도 그렇게 된 것 같아요. 애야, 너도 그러니? 네 마음속에 간직하고 싶어 하는 게 무언지 한 번 생각해봐. 시간을 내서 한번 고요히 생각해보면, 이 멋진 사물들이, 그 런 세계가, 사람들이 끊임없이 네 마음 안에 머물러있을 거야. 그러면 넌 아주 좋고 아름다운 느낌을 가지게 될 거야. 자, 내 반짝거리는 진주 모양 을 한번 자세히 보렴."

(몇 초 동안 침묵)

(선생님) 자, 이제 우리 다시 헤엄을 쳐 바다 위로 올라가서 집으로 돌아가자. 따뜻한 바람이 우리 몸을 빨리 말려줄 거야.

(몇 초 동안 침묵)

(다음) 조개와 침묵에 관한 노래를 지어 불러본다.

(다음) 심화과정이 이어진다.

이런 방향에서 거론할 만한 몇몇 착상이 있다. 음악은 보통 소리를 통해서 존재한다고 생각하지만 좀더 엄밀하게 말하자면 그것은 소리와 침묵으로 이루어져 있다. 침묵을 구성하는 것은 쉼표와 휴지부이다. 그리고 관현악과 합창곡에서, 특히 대위법으로 작곡된 합창곡에서 각 성부는 항상 말하지 않으며, 아무 소리도 내지 않고 기다리는 부분들이 연이어 나타난다. 무반주 첼로곡이나 무반주 합창곡도 흡사한 느낌을 자아내는데, 즉 수많은 악기 소리들에 의해 동반되지 않는 현악기 연주나 합창 연주는 커다란 침묵을 배경으로 하고 나타나는 고독한 소리여서, 마치 커다란 여백을 배경으로 그려진 한 폭의 동양화 같다. 우리는 연주 소리와 함께 침묵을 듣는다. 관현악 연주가 끝난 직후 잠깐 정지한 지휘자의 몸짓은 청중 전체에게 커다란 침묵을 지시한다. 이것은 영화 한 편이 끝난 후, 제작자와 배우의 이름이 적힌 화면을 보며 잦아드는 음악 소리와 함께 자리를 뜨지 않고 앉아있는 청중들 속에서 배어나는 침묵현상과도 흡사하다.

이런 식으로 아름다운 자연을 담은 화폭이나 사진, 황혼에 물든 순천만의 풍경화 같은 것은 청소년의 마음을 명상으로 이끌기에 충분하다. 음악이 소리로 존재하는 것이라면 회화는 소리 없이 말을 걸어온

다. 전시회장은 침묵을 연습하기에 아주 좋다. 혹은 달팽이가 기어가는 모습을 인내심을 가지고 함께 지켜볼 수도 있겠다. 막 피어나는 화초 곁으로 다가가 지켜보면 어떨까? 꽃이 피어나려고 움직이는 소리를 들을 수 있을까? 우리는 지금 막 피어나는 장미꽃 앞에서 그 피어나는 소리에 귀 기울이려는 작은 몸짓 하나만으로도 아이들을 고요한 세계로 이끌 수 있다. 이 문제를 좀더 본격적으로 이야기해보자. 그것은 꽃과 식물의 세계와 '소리 없는 소리'로 이야기를 나누는 것이다. 이를 혹자는 허튼 짓으로 치부할 수도 있겠지만 최근 생태학이나 생명철학, 혹은 문화인류학적 연구는 우리로 하여금 또 다른 생각에 잠기게도 한다. 이를테면 아메리카 원주민들은 식물들과 소통하는 법을 알고 있었다고 한다. 이는 식물세계의 말하는 능력을 전제하며, 한편 그것을 알아들을 수 있고 또 말을 걸 수 있는 인간의 능력을 전제한다. 이렇게 보면 식물과의 대화를 허튼 소리로 치부하는 따위의 태도는 어쩌면 우리 현대인들의 잃어버린 능력에서 비롯된 것은 아닐까?

잃어버린 식물의 언어─자연의 소리는 들을 수 있는가?

식물은 어떻게 말하는가? 혹시 식물이 말하는 소리를 들은 사람이 있을까? 그것이 동물이 내는 소리 같은 것이라면 그것을 들은 사람은 그 누구도 없을 것이다. 우리가 그 소리를 들었다면 그것은 식물만의 독특한 어법을 의미하는 것일 터이다. 그 언어적 사건은 혹자에게는 '비유'로 받아들여질 수 있는 무엇인가 하면, 혹자에게는 하나의 독특한 '실재'를 의미할 수 있다. "식물의 잃어버린 언어"에 대해서 저술한 스티븐 해로드 뷰너(Stephen Harrod Buner)는 이 문제를, 식물들의 말하는 소리는 그것이 분비해내는 복합적인 화학물질이라는 형식으로 된 문장으로 나타나며 우리는 그것을 귀가 아닌 코로, 피부와 눈과 혀로 인식한다는 식으로 해명했다.

식물에게는 지성이 없으므로 식물의 언어에 의미 같은 것은 없다고 과학자들은 주장한다. 그러나 식물들이 분비해내는 복합적인 화학물질들은 제각각 의사를 전달하기 위한 하나의 문장이며, 이 문장들은 의미로 채색된 특정한 메시지들을 실어 나른다. 그리고 세계는 이 의미들을 받아들이고, 이에 따라 반응한다. 식물들의 의사전달 방식은 물속에 돌을 던지는 것과 같다. 이 돌이 일으키는 잔물결은 생태계 전역으로 확산되며, 우리에게까지 밀려든다. 때문에 '귀가 아닌 코로', '피부와 눈과 혀로' 받아들여도, 미묘하고 정교하며 의미로 가득 차있는 이들의 언어를 고스란히 이해할 수 있다. 인간의 영혼처럼, 식물들의 의도와 지성, 영혼도 화학작용이나 문법으로 이해할 수 있는 것이 아니기 때문이다. 식물은 그 부분들의 총화 이상의 존재이다. 그리고 그들은 오랜 세월 우리에게 말을 걸어오고 있다.[31]

이런 논지에 입각해서 혹자는 자연과 자연스레 소통할 수 있을 것이라 가정할지 모르겠다. 하지만 그것이 그리 자명한 것이 아니라는 사실을 굳이 강조할 필요는 없을 터이다. 우리의 눈과 귀와 피부 등 감각기관 일체는 무디어지고 무감각해졌다. 우리는 잃어버린 그 감각기관을 되찾거나 아니면 우리의 의식을 또 다른 차원으로 깨우치지 않는 한 우리가 그러한 세계로 진입하기는 어려울 것이다. 이런 교육적 과제는 지금까지 제대로 구명되지 않았다. 프리드리히 퀴멜(Friedrich Kümmel)이 그의 저서『자연은 말하는가? *Spricht die Natur?*』에서 밝힌 다음 논지는 이 대목에서 매우 시사적이다.

······자연 그 자체가 인간에게 주어진 것은 아니라는 것이다. 자연을 볼 수 있기 위해서는, 하나의 극단적인 돌파가 필요한데, 이것은 인간이 내부로부터 추동할 수 있는 성질의 것이 아니고, 인간의 밖에서 인간에게 작용해 들어오는 경험 안에서, 즉 참다운 의미의 만남을 통해 생겨날 수 있는 것이다.

여기서 요구되는 '극단적인 돌파'는 모든 사람에게 늘 맞닥뜨려지지 않는 비범한 사건이며, '단순한 사람들'(자연 속에서 사는 농부같이— 필자 주)의 것이 아닌가 하면 어린이의 것은 더욱 아니다. 이에 앞서 인간은 하나의 거의 폐쇄된 '의식의 집'에서 사는데, 그 안에는 아직 자연의 '다른 측면'이나 '자연의 소리', 그리고 그의 아름다움과 비밀에 열려있는 존재가 없다. 그럼에도 불구하고 자연에 대한 관계가 변화된 의식의 질뿐 아니

---

31) Stephen Harrod Buner:『식물의 잃어버린 언어 *The Lost Language of Plants*』, 박윤정 역(나무 심는사람, 2005), 319.

라 완전히 다른 의식차원의 돌파를 요구하는 것이 받아들여진다면,— 여기서 완전히 다른 의식은 최초의 주어진 의식 형태가 우세한 가운데 흡사 가리어진 모습으로 있다 — 교육적 문제는 다음의 두 가지 차원에서만 제기될 수 있다:

- 일상적 삶 한복판에 있는 자연은 어디서 필연적으로 인간 사이의 일상적 관계 안에 자리잡게 되며, 이러한 인간의 관계는……어떻게 형성될 수 있는가?
- 자연과의 만남과 이와 결부된 근본적인 의식전환을 위해 교육이 어떤 간접적인 역할을 할 수 있는가?

이 물음 하에서 퀌멜이 제시한 교육학적인 방안들은 다음과 같다.

- 자신의 신체성 전반에 대한 변화된 관계, 그러나 무엇보다
- 상이한 감각 재료와 직접적으로 접촉하는 감각의 다측면적 발달
- 심미적 교육에 대한 새로운 학제 통합적 구상
- 생태학적인 사유와 결부된, 그리고 '마음'으로부터 우러나는 행위의 특별한 환경교육
- 변화된 가치 존중 및 생명 경외의 교육과 결부된 도덕교육 구상의 수정[32]

이러한 퀌멜의 물음과 구상은 앞서 젠사비넨의 교육학적 시도와 결부시켜 볼 수 있다. 이 과제는 방대해 보이며 생태학적 논의가 분분한 요즘에도 여전히 미개척 단계에 놓여있는 것 같다. 학교교육에서는 더

---

32) Friedrich Kümmel: 『자연은 말하는가? *Spricht die Natur?*』, 최신한 역(탑출판사, 1995).

욱 말할 나위도 없다. 이 대목에서 식물들이 말을 걸면 가만히 귀를 기울이는 루서 버뱅크(Luther Burbank)와 풀과 꽃들의 언어를 이해할 수 있는 지혜로운 아이들에 대해서 이야기해주고 있는 헬렌 켈러[33]를 떠올려보면 어떨까? 혹은 해와 달과 별을 형제자매로 부르며 〈태양의 노래〉를 지었으며, 자연세계가 자기 자신과 똑같은 기원을 가졌다는 생각에서 야생동물들, 양이나 새, 늑대들을 형제자매로 부르며 그들과 소통할 수 있었던 성 프란치스꼬의 심오한 영성의 세계를 떠올려보는 건 어떨까?[34]

작은 목소리로 말하는 이유

학교에서 가르치는 친구 하나가 있다. 그는 종종 수업할 때 목소리가 너무 작다고 학생들로부터 지탄을 받곤 했다. 그래서 좀 크게 해보려 했는데, 잘되지 않는다 했다. 조금 있으면 이내 다시 작은 목소리로 변해버리는가 하면, 또 그렇게 큰 소리는 힘에 부쳐 좀처럼 계속해서 그렇게 할 수가 없다는 것이다. 그런데 그 작은 목소리의 이유가 무엇인지 그 이유를 최근 들어서야 알게 되어서, 전처럼 지탄을 받지 않도록 힘쓰고 있다 한다. 그래도 그는 이전의 그 작은 목소리가 교실에서 나름대로 한몫하고 있었음을 부끄럽게 생각지 않는다고 했다. 처음에는 잘 들리지 않다가 차츰 익숙해지면 그런대로 들을 만하게 되고,

---

33) Stephen Harrod Buner: 『식물의 잃어버린 언어』, 341.
34) 꼰벤뚜알 프란치스꼬회 편: 『보나벤뚜라에 의한 아씨시의 성 프란치스꼬 대전기』, 권숙애 역 (분도출판사, 2005), 91ff.

물론 이 점은 때때로 학생들의 졸음을 유발시키기도 했지만, 교실을 고요하게 하고 집중력을 오롯이 높이는 기능을 했다는 것이다. 이 점은 특히 세미나를 진행할 때, 즉 대화가 중요한 기능을 하는 수업에서는 도드라졌다고 털어놓았다. 대화 수업이 그리 익숙지 않은 젊은 학생들도 이런 행습에 차츰 익숙해지면 그리 불평을 늘어놓지만은 않는 것 같다는 얘기도 들려주었다. 목소리가 작은 이유는 여러 가지다. 선천적으로 작을 수도 있고, 어릴 적부터 말수가 적어서 혹은 큰 소리로 이야기하는 것을 꺼려서 음성이 퇴화해서 그럴 수도 있다. 혹은 몸 안에서 솟아나는 기력이 약하여 목소리가 작아졌다는 강력한 이유도 델 만하다. 그 친구는 그런 이유들을 찾아내서 자신의 작은 목소리를 나름대로 극복하려고 애쓰고 있다. 그러나 다른 한편 그는 그보다 또 다른 이유 때문에 그렇게 작은 목소리를 애호하기도 한다. 즉, 요즈음 주위가 너무 소란스럽고 시끄럽다는 것이다. 물론 그저 그만의 소감이요 느낌이기는 하나, 너무 소란하고 시끄럽다는 생각은 결코 접을 수는 없다고 했다. 그래서 좀 작게 이야기해보는 것이다. 불편하다고 하는 이들도 있었지만, 좀 특별한 느낌을 가지는 이들도 있었다 한다.

　몇 해 전 슈투트가르트 발도르프 교원대학의 슈테판 레버(Stefan Leber) 교수가 강연할 때의 일이다. 소개를 받은 레버 선생은 단에 올라서서 통역자에게 이런 부탁을 했다. 마이크를 치워달라고, 마이크 없이 이야기하겠다는 것이다. 다시 말해서 육성으로 근 이백여 명이나 되는 청중들과 교감하겠다는 것이다. 좀 이색적인 제안이었으나 사회자와 양해 끝에 그렇게 하기로 했다. 그래서 강연은 끝까지 육성으로 진행되었는데, 처음에는 듣기에 아주 어려웠으나 차츰 그 작은 소리에 익숙해지는 듯했다. 이 제안은 실상 기계음에 익숙해진 현대적 의사소통 방식에 대한 발상의 전환을 요청한 것이었다. 소위 문명의 이기로 우리의 자연스러운 목소리는 얼마나 왜곡되고, 과장되고, 변질되었는지! 대중을 상대로 하는 마이크 연설은 전자 음파의 그 교묘한 조작으로 아주 그럴듯하게 목소리를 변조해낼 수 있고 혹은 대중을 압도할 수 있지 않은가! 우리는 현대를 살아가면서 그런 변조된 소리 혹은 큰 소리에 익숙해졌기 때문에 자연스러운 소리나 작은 소리를 듣는 귀를 잃어가고 있다. 하지만 이러한 제안은 레버 교수의 것만은 아니다. 나는 수백 명의 학생을 앞에 놓고도 마이크 없이 강의를 진행하셨던 한 은사님을 알고 있다. 내가 다녔던 대학에서 교양음악과 합창을 가르치셨던 곽연 선생님이다. 그렇게 하시는 그분의 이유는 앞에서 이야기한 바와 같이 명백한 것이었다. 이런 시도는 인공적 소리와 인조 빛에 익숙해진 우리들 삶과 교류 방식에 말해주는 바가 적지 않다.

소리와 음악을 통한 치료기법

근래에는 심리학과 교육학에서 음악을 이지러진 성격이나 병든 마음 혹은 학습부진 상태를 바로잡기 위한 도구로 활용하기 시작했다. 이른바 '음악치료요법'이다. 음악치료(music therapy)란 음악(music)과 치료(therapy)의 합성어로 음악을 매개로 정신과 신체의 긍정적 변화를 유도하기 위한 요법이다. 음악이 이성이 아니라 감정을 자극하여 결국 한 사람의 마음을 특정한 방향으로 이끌어내는 힘이 있다는 사실에 착안한 것이다. 오늘날 음악치료요법에 상응하는 실천은 고대부터 존재했다. 요법과 학문 영역으로 전문화되기 시작한 것은 20세기 초·

중엽의 일로, 최초의 '음악치료협회'가 1903년 미국 뉴욕 시에서 결성되었고, 1946년 캔사스 대학에서 전공과정이 개설되었다. 미국의 근대산업화과정의 그늘에서 정신적으로 황폐화된 사람들이나 1차대전과 2차대전, 한국전쟁과 베트남전쟁을 겪으면서 생겨난 정신질환자들에 대해 음악이 가지는 치료효과에 주목하면서 심도 있는 연구가 시작되었다. 이 요법은 어린아이부터 청소년과 성인 그리고 노인에 이르기까지 모두 적용해볼 수 있으며, 정신의학과 특수교육 영역에서 주로 사용된다.[35] 어떤 사람은 지나치게 폐쇄적이어서 다른 사람 만나기를 싫어하고, 어떤 사람은 폭력적이며, 어떤 사람은 정서장애나 우울증으로 어려움을 겪는다. 어떤 아이들은 주의가 산만하여 집중을 못하는가 하면 지나치게 공격적이고, 어떤 사람은 정신분열로 고통을 받는다. 현대병이라 할 수 있는 스트레스 질환도 있다. 혹은 알코올중독이나 언어장애, 불치병으로 인한 절망상태에 빠진 사람들도 있다. 음악치료는 이런 제반 현상에 관심을 둔다.

한 사람의 마음상태는 "자기 마음을 음악을 가지고 표현해보라"고 하든지, 아니면 어떤 음악을 들려준 후 그 반응을 확인하는 식으로 식별해낼 수 있다. 일대일로 할 수도 있고 그룹으로 할 수도 있다. 그룹으로 할 경우 치료사는 먼저 자기 음성을 가지고 혹은 피아노나 북, 탬버린 같은 악기나 나무토막 등을 이용해서 어떻게 자기 마음을 표현할 수 있는지 시범을 보여야 한다. 만일 누군가 먼저 시작하면 그걸 가지고 다른 구성원들이 느낌을 나누도록 하는 식으로 진행한다. 각기 어

---

35) 정현주의『음악치료학의 이해와 적용』(이화여대출판부, 2005). 아울러 무라이 야스지의『음악요법의 기초』, 김승일 역(삼호뮤직, 2003) 참조.

떻게 느꼈는지는 동그라미나 세모 혹은 네모 같은 손동작으로 나타낼 수 있다.

하루는 음악치료사에게 한 아이가 찾아왔다. 치료사는 소프라노 가수가 부르는 음악을 들려주었는데 아이는 거의 발작에 가까운 반응을 보였다. 왜 그랬을까? 아이의 형편을 조사해본 결과 그 아이는 이 소프라노 가수의 높은 음조에서 날이면 날마다 소리를 질러대는 엄마의 음성 같은 느낌을 진하게 받았음이 밝혀졌다. 특정한 음악적 상황에서 그 아이의 이지러진 정황이 포착되었던 것이다. 음악치료요법의 요점은 한 사람이 자신의 현재 겪고 있는 상태와 문제점이 음악과 노래를 통해서 밝혀지도록 하고 이를 또 다른 개념이나 조형예술적 매체 혹은 음악을 통해서 바로잡는 데 있다.

치유에서 공감능력은 결정적이다. 이를 위해 단조와 장조를 잘 사용하는 게 중요하다. 단조는 어둡고 슬픈 정조를, 장조는 밝고 명랑한 정조를 그려내기 때문이다. 슬픔이 가득한 한 사람에게 단조로 된 한두 편의 음악은 매우 호소력 있게 다가갈 수 있는 것이다. 음의 그 미세한 차이가 결판을 내니 참 신기하기도 하다.

수줍어하는 아이들이나 고립된 상태를 즐기는 아이들은 소통이나 자기 긍정을 강화하기 위한, 가사가 붙은 노래를 가지고 접근해볼 수 있다. 왕따 상태에서 정서장애를 겪는 아이들에게는 자기주체성을 드러내고 강화시키기 위한 단어, 이를테면 '나'나 '꿈', '친구' 같은 개념이 들어있는 노래를 들려주고 또 함께 부르는 식으로 해본다. 진행과정에서 아이가 어떤 단서가 될 만한 행동을 보이면 즉각 강화시켜주어야 한다. 그리고 이를 좀 더 구체적인 형상, 이를테면 목표를 향해서 투쟁하는 주제가 담긴 영상물이나 조형예술작품을 통해서 혹은 구체적으로 지시하는 몸짓을 통해서 강화시켜준다. 그룹 원들이 함께 공감할 수 있도록 이끌어주는 것도 중요하다.[36]

이런 병은 종교인들이라도 피할 수 없다. 과다하고 끊임없는 일로 인해 만성 스트레스와 피로에 시달린 어떤 성직자는 우연한 기회에 피아노로 편곡한 소품 모음집 한 편을 통해서 다시금 조화와 평화를 되찾았다. 그리고 '또 그런 음악'이 없는지 물어왔다.

사회 공동체성을 기르기 위해 합창 연습은 좋은 방도가 될 수 있다. 합창은 유기적 연관성 위에서 가능한 행위이기 때문이다. 합창은 서로가 서로를 경쟁의 대상으로만 보지 않고 모두 힘을 합했을 때 나타나는 협력의 결과를 상징하며, 성격이 약한 아이들을 좀더 강하게, 강한 아이들을 좀더 여리게 이끌 수 있는, 혹은 소프라노처럼 잘 드러나는 아이들과 알토나 베이스처럼 나지막하게 말하는 아이들을 서로 어울리게 하는 가능성을 상징한다. 합창은 경쟁적 태도를 가지고는 도저히 만들어낼 수 없는 고도의 정신적 세계인 것이다. 합창에서 각 성부는 독자적 흐름을 타고 가지만 한데 어울리도록 작곡되어있다. 소프라노는 알토를 통해 또 이 두 성부는 테너와 베이스를 통해 온전한 전체를 이룰 수 있다. 소프라노와 베이스라는 외성부는 알토와 테너라는 내성부와 함께할 때 멋지다. 그 묘미는 특히 '겹쳐진 선율선(punctum contra punctum)'으로 음을 연결하는 '대위법'으로 작곡된 합창곡에서 잘 드러난다.

---

36) 다양한 실천요법 모형에 대해서 정현주의 『음악치료 기법과 모델』(학지사, 2008) 참조.

합창이 튼실하려면 모두 자기 몫을 해야 한다. 서로는 서로에게 의지해있다. 한두 성부가 부실해지면 전체가 부실해진다. 또 한 사람의 목청이 너무 삐져나오면 균형이 깨져버린다. 그래서 서로서로 어깨를 나란히 하거나 마주하면서 앞으로 나가는 것이 중요함을 깨닫도록 한다. 멜로디만으로는 만들어낼 수 없는 소리의 세계다. 그래서 멜로디를 빼고 각 성부를 따로따로 불러보는 게 중요하다. 그러면 각자가 얼마나 독자적인 세계를 가지고 있는지 잘 드러난다. 합창에서 잘 드러나지 않는 내성부나 저성부가 특히 그렇다. 그 의미는 각 성부가 자기 나름대로의 독주 영역을 발전시켜온 것과 관련지어보면 잘 알 수 있다. 베이스 영역이나 '고음악'(이를테면 바로크 시대의 텔레만이나 북스테후데, 바흐와 헨델 등의 음악)에서 저음부를 연주하는 '비올라 다감바'(Viola da gamba, 첼로와 음역이 비슷하지만 시대적으로 좀더 오래되고 음색이 좀더 연하고 잔잔한 현악기)가 만들어내는 독주 영역은 아주 특별하다. 두 대의 비올라 다감바를 위한 독주곡 연주를 들은 적이 있는데, 그것은 마치 나지막한 목소리로 '속삭이듯' 말을 건네는 두 사람의 대화 같기도 하고, 나지막하게 '설득하는' 목소리 같기도 하여 소프라노와는 전혀 다른 세계를 열어보였다. 동일한 곡을 다양한 음성이나 악기에 담아서 연주해보는 것도 한 방법이다. 관현악곡을 피아노로, 피아노 전주곡을 가곡으로, 중주곡을 중창곡으로……. 어떤 악기로 연주해도 잘 어울리는 음악으로 잘 알려져있는 바로크 시대의 바흐 음악은 그 좋은 모형이다.

음악이 이렇게 여러 성부로 구성될 수 있는 것은 여러 소리가 있기 때문이다. 저음부를 내는 목소리와 고음부를 내는 목소리가 따로 있으며 또 그 사이에 중간 영역을 내는 목소리들이 따로 있는 까닭이다. 태어나기를 아예 그렇게 태어났기 때문이다. 그러니 그러한 각양각색의 목소리들의 상태가 이미 서로 어우러져 살아야 하는 이유를 말해주는 것인지도 모른다. 그리고 마지막 지휘를 돌아가며 해보는 것도 생각할 수 있다. 보통 합창에서 지휘자는 독재적 위치에 있다는 점을 감안하자면, 이런 기회를 통해서 오케스트라의 민주적 운영을 실험해볼 수도 있겠다. 지휘는 아무나 할 수 있는 건 아니지만, 그래도 모두 한번 해보면 하나의 모임을 이끌기 위해 필요한 능력, 이를테면 음악에 대한 좀더 집중된 태도, 합창을 위한 특유한 기법의 소중함, 많은 사람들을 이끌기 위한 사회적 태도 등 어떤 결정적 호소력과 영향력을 발휘할 수 있는지를 경험할 수 있는 소중한 기회가 될지 모른다.

BBC 다큐멘터리로 방영되었고 EBS에 방영된(2007. 5) 〈개러스 선생님의 고교 합창단 프로젝트〉(원제 'The Choir')가 바로 그런 이야기다. 런던 심포니 오케스트라 합창단 지휘자로 청소년들을 고전음악의 세계에 이끌고 싶어 하던 개러스 선생님은 어느 날 노스홀트 중등학교에서 합창단을 꾸릴 수 있는 기회가 주어져, 이 일에 매진하게 되는데, 음악이라곤 한 번도 제대로 배워 본 적이 없는 이 아이들을 데리고 세계적인 합창대회인 '합창 올림픽'에 도전하기로 한다. 그 과정에서 겪을 수밖에 없었던 애환과 불화와 갈등 그리고 마침내 모든 난관을 극복하고 합창대회에 나가게 되는 사연이 가슴 뭉클하게 전개된다.

이는 특히 사회 공동체성이 현저히 결여되어 치료가 필요한 집단에도 매우 유효할 수 있다. 하지만 문제가 있어 치료적 의도를 가지고 접근하는 때만이 아니라 평상시에도 이런 감각은 필요하다. 나는 아이들과 학생들, 혹은 가까운 이들이나 다른 사람들과 대화할 때 그 담화의 언어와 내용뿐 아니라 이를 담아내는 음성에 종종 주의를 기울이곤 한다. 그 음성의 양태를 기술하면 이를테면 다음과 같다: 다소곳하다. 신중하다. 부드럽다. 직선적이다. 밀도가 너무 높다. 밀도가 너무 낮다. 음조가 너무 높다. 음색이 거슬린다. 시끄럽다. 공격적이다. 수줍다. 폭력적이다. 맑다. 탁하다. 연하다. 짙다……이런 느낌이나 인상들은 담화자들의 성격과 내적 상태를 보여줄 수 있다. 이를 잘 고려하면 상대방과 교감을 나누는 데 좋고 전체 상황을 잘 조율해갈 수도 있다. 이는 나 자신에게도 적용되는 문제이기도 한데, 즉 나의 음성이 상대방과 비교해서 너무 약한지, 힘이 없는지, 거친지, 너무 센지, 공격적인지 등을 검토하곤 하는 것이다. 그런 일상적 대화에서 어떤 경우 치명적 결함이 드러날 수도 있다. 이런 기법은 보통 특수화된 음악치료요법과는 다른 감각을 요구한다.

이런 식으로 음성의 강도와 색도, 분위기 등을 통해 한 몸의 '건강상태'를 살피기도 한다. 꺼져가는 목소리, 작은 목소리는 심장의 상태나 몸의 활력 그리고 생기의 징후를 나타낼 수 있다. 교사는 의사가 아닐지라도 담화 중에 표현되는 아이들 음성을 가지고 그들의 몸상태를 살필 수도 있어야 한다. 보통 아이들 음성은 활력이 넘치기 마련이다. 하지만 운동이 부족하고 방안에 들어앉아 컴퓨터에 몰두하는 아이들 음성은 때때로 졸리고 느리고 지루한 느낌을 준다. 교사의 눈은 날카로워야 한다. 무엇을 어떻게 조율해야 할지? 음악치료요법은 보통 사람들 마음에 집중한다. 하지만 또 하나 필요한 것은 '몸에 대한 감각'이다. 그래야 삶의 전체성을 제대로 포착할 수 있기 때문이다.

이런 기법들은 아이들만이 아니라 교사들에게도 필요하다. 교직은 보통 참 감당해내기 어려운 직업이다. 교수활동, 학생과 교사들 간의 인간관계, 숱한 행정업무와 위원회 일로 교사들은 지쳐있다. 정년을 마치지 못하고 학교를 그만두는 교사들도 점점 증가하고 있다. 이건 우리뿐 아니라 다른 나라도 마찬가지다. 어쩌면 이런 기법이 교사들의 내적 상황에 도움이 될지도 모르겠다.

소리 없는 소리를 들을 수 있다면

　한번은 한 학생이 음악시간에 음악감상을 하는데 슈베르트의 미완성 교향곡의 일부를 듣고 있었다. 음악에 깊이 빠져들고 있었는데 음악이 갑자기 꺼져버렸다. 선생님이 스위치를 껐기 때문이다. 하지만 이렇게 꺼져버린 것은 실은 음악이 아니라 이 아이의 마음이었던 것이다. 갑자기 삭막해졌다. 아이는 이런 제안을 하였다. 음악 소리를 차츰차츰 줄여서 자연스럽게 다른 장면으로 넘어갔으면 좋았을 뻔했다고. 이렇게 우리는 오늘도 무분별하게 폭력을 행사한다. 몇 해 전 학생들이 즐겨 듣는 '음악곡 감상 연습용 테이프'라는 것이 있었다. 이 테이프에는 수십 개의 곡이 곡명과 함께 조각조각 녹음되어있어서 들으면서 곡명을 외울 수 있도록 만들어진 것이다. 그리하여 곡들은 팔다리가 잘려 나가듯 중요한 대목에서 혹은 절정에서 잘려 나가고 단절된 후 다시 전혀 다른 곡으로 접속된다. 우리나라 중고등학생들이 애용하곤 했던 이 음악 테이프를 한번 들어보시라! 삶에 대한 모독이란 바로 이런 경우를 두고 하는 말이다. 손전화의 발신음도 마찬가지다. 수신자가 응답을 하는 순간 감미롭던 선율이 갑자기 그친다. 오늘날 음악이라는 소리는 이런 식으로 유린당하곤 한다.

참되고 아름다운 소리의 세계로 안내하는 것은 바로 한 아이를 그 정신생활의 깊이로부터 도야(陶冶)하는 것을 뜻한다. 소리는 음악시간에만 연습할 수 있는 것이 아니다. 국어와 과학과 종교 시간에 그리고 삶 전체에서 소리는 그 다양한 의미층을 제시한다.

그런가 하면 혼이 깃든 시나 그림은 침묵하는 법을 가르친다. 요즈음 그렇게 반 고흐의 그림을 보고 있다. 묵묵히 존재하고, 묵묵히 피어나는 자연도 내게 침묵하는 법을 가르친다. 그렇게 아름다운 자연의 계절, 연보랏빛 진달래와 담백한 철쭉꽃 앞에서 숨을 죽이고 그 나지막하게 피어나는 소리에 탄성을 지르고, 이 소리에 사로잡혀 아이들과 함께 온갖 짐승과 초목과 땅과 하늘과 그 부는 바람 소리에 귀를 기울여본다.

넷째마당

색 채

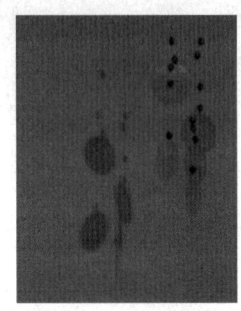

색채에 의한 세계 경험

색채에 대한 탄성

산이 좋다. 그중에서도 겨울 산이 좋다. 아마도 그 적막감 때문일 것
이라 생각한다. 산 속으로 걸어 올라갈수록 그 적막감도 깊어간다. 겨
울은 침묵을 가르쳐주기 때문에 좋다. 그런데 왜 겨울 산은 적막한가?
아마도 인적이 없기 때문이리라. 혹은 산짐승들이 숨어들었기 때문일
까? 하지만 잎새 떨어진 나무로 검게 드러나 서있는 숲 때문일 것이라
생각하기도 했다. 이 검푸른 겨울 산은 흰 눈이 펄펄 나리면 그 흰빛으
로 인하여 더욱 뚜렷해지고 눈 나린 산야의 나무숲은 더욱 꼿꼿한 모
습으로 시야에 드러난다. 흰빛을 배경으로 나무들은 더욱 명료하게 그
들 검은 자태를 상승하는 방향으로 나타낸다. 이런 풍경에서 나는 산
야를 형태가 아니라 색채로 인식한다.

계절의 변화는 색채의 다양함을 풍부하게 경험하도록 해준다. 겨울 산야의 적막함이 돌연히 입을 열고 말하기 시작하였다. 봄이 온 것이다! 산야의 검푸른 빛은 어느새 샛노란 개나리와 산수유, 꽃분홍 진달래와 하얀 목련, 그리고 담담한 분홍빛 철쭉과 눈부신 백색의 산벚으로 바뀌어버린다. 침묵하던 산야는 이 개화를 통해서 돌연히 말하기 시작한다. 나는 산 속으로 걸어 들어가 비로소 그 색채를 피워낸 꽃들을 바라보고, 꽃들 하나하나가 피워낸 봄을 맞아들인다. 어느 봄날 창가에 놓인 꽃 한 송이에 마주쳐 불현듯 마음속 깊이 탄성을 질렀다. 아마 수국이라 생각했던 이 꽃잎의 연보랏빛은 단박에 내 마음속으로 밀고 들어와 나로 하여금 한동안 꼼짝도 못하게 만들었던 것이다.

여름 한결같이 녹색이었던 숲이 가을이 되자 비로소 그 본색들을 드러내기 시작한다. 소리 없이 익어가는 색채들! 교정 뒤뜰 작은 단풍나무 잎이 물들어가는 것을 바라보면서 어느새 내 마음도 그렇게 고요히 붉게 물들어갔다. 그 계절 어느 이른 아침 태양이 솟아올랐다. 대광명(大光明)의 광휘(光輝)는 붉은색에 노란색을 신비롭게 가미한 따스한 빛으로 부드럽게 비추이다가 산등성이를 넘어서자마자 돌연히 눈부신 백색으로 변하나 싶더니, 훌쩍 떠올라 자기 온 몸체를 강렬히 작열하는 눈부신 백색으로 바꾸어놓았다. 이 가을의 큰 빛 아래서 어두움에 잠겨있던 온 우주만물은 다채롭게, 즉 결코 온통 까맣지 않고, 온통 빨갛지 않고, 온통 노랗지 않고, 온통 새하얗지 않게 그렇게 나채롭게 자신을 드러냈다. 그리고 나는 천천히 숲속으로 걸어 들어가 내 안으로 밀려들어오는 그 빛나는 아름다움을 맞아들였다.

이 모든 것 안에서 나는 자연의 위대한 원동자(原動者)를 본다.

색채를 입은 만물

우리들 앞에 전개된 세계가 무색이 아니라 색채를 띠고 있고, 그것도 한 가지 색이 아니라, 여러 가지 색으로 이루어져있다는 사실은 신비롭다. 아무 색채도 없는 세상은 마치 아무 억양도 없이 발설되는 말 같을 것이다. 태양은 그 안에 온갖 색을 감추어두고 있다가 비 내리는 어느 날 오후 구름을 타고 내려와 형형색색 아름다움을 펼쳐낸다. 산야는 녹색이며 하늘은 푸르다. 색채는 아름다울 뿐 아니라 생명을 연결시키고 증식시키는 기능을 담당하기까지 한다. 새 중에서 공작새는 아마도 가장 화려한 색채를 자랑할 것이다. 수컷은 그의 꼬리깃털 색으로 암컷을 유혹한다.

인간의 몸 색도 그렇다. 피부색, 머리카락 색, 치아의 색, 그리고 눈빛. 푸른빛을 내는 서양인의 눈과 검은빛을 내는 동양인의 눈은 다르다. 사람들은 나아가서 색을 지어 입고 사용하고 감상하기까지 한다. 우리가 입는 갖가지 천과 옷 색, 여성들의 화장 색, 집 색, 신호체계, 그림물감 이 모두는 우연한 것이 아니다.

벌교 근처 지곡마을이라는 곳에서 전통염색법을 재현해온 한광석이 십 수 년 전 인사동에서 모시에 물들인 색을 가지고 전시회를 열었다.[1] 그는 '쪽'으로 염색한 무명, 생명주, 삼베, 모시뿐 아니라, '지초'로 물들인 모시와 명주, '소목'으로 물들인 명주와 모시, '황련'으로 물들인 모시와 생명주, '치자'로 물들인 명주와 무명, '황백'으로 물들인 명주와 모시, '감물' 들인 무명, '오배자'로 물들인 무명, 그리고 이런

---

1) 「한광석 전통염색전」(학고재, 1993).

저런 염료로 염색한 명주실과 한산모시실 같은 것을 선보였다. 그 색들은 수줍은 자태로 내게 다가와서는, 일상에 쫓겨 잿빛으로 물든 나의 마음을 한없이 부끄럽게 울렸다. 참으로 장려한 색채의 세계였다.

이렇게 이 세상에는 색채와 무관하게 존재하는 것이 없다는 사실이나 이 색채의 세계가 인간에게 아름다움을 선사한다는 사실 때문에 나는 종종 신비로운 생각에 휩싸이곤 한다.

색채가 존재하는 이유
—괴테의 색채론과 교육적 함의

괴테가 이해하는 색채라는 현상

"색채는 어떻게 해서 생성되는가?" 색채라는 존재를 객관적 실체로 보는 견해(뉴턴)가 있는가 하면 괴테같이 전혀 다른 견해도 있다. 괴테는 이 문제를 그의 독창적인 저작 『색채론 *Zur Farbenlehre*』(1810)에서 설파했는바, 그의 논지는 이후 미술, 수학, 물리학, 화학, 심리학, 철학, 종교학, 염색술, 박물학 등의 영역에서 하나의 생산적 논쟁을 촉발시켰다. 괴테는 색채 생성이 일단은 빛에 의한 것이고, 또 이렇게 빛을 받은 사물이 이것을 보는 이의 눈(眼)이라는 감각기관과의 상호작용에서 빚어내는 현상으로 보았다. 그런데 괴테는 이 눈 역시 빛의 존재로 생겨난 것이라 했다. 색채는 빛으로 인해 생겨나지만, 눈 속에도 일종의 빛이 들어있어서 내부나 외부로부터 미세한 자극이라도 받으면 그것이 촉발된다는 것이다. 태양이나 불빛 같은 외부의 빛이 있다면 눈 속에 들어있으면서 작용하는 내부의 빛이 있다는 말이다.

이를테면 선명한 색종이 또는 비단 조각을 적당한 밝기의 흰색 판지 앞에 갖다대고 그 유색(有色) 표면을 잠시 동안 응시한 후 눈을 고정한 채로 그 종이를 치우면 바로 그 자리에 다양한 색채의 스펙트럼이 나타난다. 그 종이 색과 비단 조각이 황색이었다면 청자색이 나타나고, 주황색이었다면 청색이, 자색이었다면 녹색이 나타난다. 또한 유색 표면을 그대로 놓아둔 채 백색 판지의 다른 부분을 볼 수도 있다. 그러면 거기서도 저 유색의 상을 볼 수 있다. 이것을 괴테는 눈에 내재한 빛의 증거로 본다. 괴테는 이에 관해 자신의 경험담 하나를 말해주고 있다.

어느 날 저녁 무렵 나는 한 여관으로 들어갔다. 눈부시게 흰 얼굴과 검은 머리칼을 가진 몸집 좋은 한 소녀가 진홍색 조끼를 입고 방안으로 들어왔다. 나는 조금 떨어진 곳에 서있는 소녀를 어스름 속에서 응시하였다. 그 후에 소녀가 되돌아 나가는 순간, 나는 맞은편에 있는 흰색의 벽 위에서 밝은 빛으로 둘러싸인 검은색의 얼굴을 보았으며 그 밖에 정말 뚜렷한 윤곽을 보이는 의복은 아름다운 담록색으로 나타났다.

괴테는 어느 겨울 하르츠 산지를 여행하던 중 저녁 무렵 브로켄 산을 내려오면서 보았던 장면 하나도 묘사하고 있다. 낮 동안 눈이 황색의 색조를 띄고 있을 때, 그 그림자 부분은 희미한 청자색이었다. 그러다가 일몰이 다가오고 눈이 아름다운 자색으로 물들었을 때, 그림자

부분은 녹색으로 바뀌었다.

괴테가 유색음영(farbiger Schatten)이라 이름 붙인 이런 현상에 관한 사례들은 모두, 색채가 빛과 눈 사이의 상호작용에서 생겨나는 것이라는 그의 주장을 뒷받침하기 위한 것이다.[2]

이런 괴테의 색채현상을 둘러싼 인식론적 견해는 주객 이원론에 입각한 근대과학적 인식론과는 달리, 문제를 주객의 상호관계 위에서 이해하려는 것으로, 몇몇 모순점을 드러내며 비판을 받고 있기는 하지만, 그 본질적인 면에 있어서는 하이젠베르크, 막스 플랑크, 바이체커 등에 의해 이룩된 현대물리학적 인식에 합치하는 매우 독창적이며 선구적인 견해로 재발견되었으며, 현대산업사회가 초래한 생태위기상황을 극복하기 위한 '생태론적 직관주의'의 하나로도 평가받게 되었다.[3]

색채의 내면적 형성력

흥미롭게도 괴테는 이 색채라는 현상에서 인간 내면을 형성하는 힘을 통찰했다. 색채는 인간에게 갖가지 느낌을 자아내어—어떤 색은 생기를 주는가 하면, 어떤 색은 침울하게 하고, 어떤 색은 엄숙하게 하

---

2) 괴테는 이를 '생리색'으로 이해했으되, 나아가서 색의 유형을 좀더 객관적인 성격을 가지는 '물리색'과 가장 객관적이며 지속적인 성격을 가지는 '화학색'으로 분류하여 고찰했다. 괴테가 가장 중시했던 것은 생리색 현상이었다.

3) Johann Wolfgang von Goethe:『색채론 Zur Farbenlehre』, 장희창 역(민음사, 2003). 역자가 서문에서 밝힌 논지. 특히 10~12, 18~23. 괴테 자신의 논지는 역본 61~-67, 67~73 참조.

는가 하면, 어떤 색은 기쁨을 준다. 시원하게 풀어주고, 긴장시키며, 우리들 마음으로 파고들고, 해방시키는 식으로ー, 요컨대 미적·도덕적 정서를 자극함으로써, 결국 이를 통해 인간 내면을 형성한다는 사실이다.

색채가 눈이라는 감각기관……즉, 시각에 영향을 준다는 사실 앞에서 그리 놀라워하지 않는다. ……(색채)들은 언제나 결정적이고 중요한 영향을 미친다는 데에는 변함이 없고, 또한 이러한 영향은 정서와 직결되어있다. 그래서 예술의 한 요소로 간주되는 색채는 최고도의 심미적 목적을 위해서도 한몫을 하도록 이용될 수 있는 것이다……사람들은 대체로 색에서 기쁨을 느낀다. 눈은 빛을 필요로 하는 것처럼 또한 색을 필요로 한다.…… 다채로운 색의 보석들이 치유력을 가진다는 생각도 이러한 말로 나타낼 수 없는 안락함의 깊은 느낌으로부터 생겨난 것일지도 모른다.……경험이 가르치는 바에 의하면 각각의 색은 특별한 정서를 불러일으킨다. 재치 있는 한 프랑스인이 다음과 같이 설명한다. 그는 귀부인이 청색이던 내실의 가구를 진홍색으로 바꾼 이후로 그녀와 대화할 때 자신의 어투가 바뀌었다고 생각한다.[4]

"색채의 감각적 – 도덕적 작용(Sinnlich-sittliche Wirkung der Farbe)"에 관한 괴테의 견해는 대충 다음과 같이 요약할 수 있다.[5]

---

4) Johann Wolfgang von Goethe: 『색채론』, 248~249.
5) Brunhild Müller가 그의 저서 『물감으로 그리기 *Malen mit Wasserfarben*』(Stuttgart 1995)에서 괴테의 『색채론』에 관해 파악한 주요 논지(9~11)에 의거. 괴테의 『색채론』 중에서는 6장 전체에 해당.

- "인간은 보통 색채에서 커다란 기쁨을 느낀다."
- "경험에 따르면 색채는 제각기 특별한 감성적 정조를 일으킨다."
- "황색, 주황색, 주홍색은 자극을 주고, 활발하며, 긴장이나 상승하는 힘을 조성한다."
- "황색은 명랑하고, 활기차고, 부드럽게 자극하는 성질이 있다; 이들 색감은 따뜻하고 아늑한 인상을 준다; 순수하게 표현된 이 색은 편안하고 기쁘게 한다; 잘 표현된 진한 황색은 어떤 쾌활하고 고귀한 것을 뜻하지만, 반대로 더럽혀지면 불편한 느낌을 준다."
- "주황색은 본래 따뜻함과 넘치는 기쁨으로 보인다. 이 편안하고 쾌활한 주황색은 그 강도를 높여 진주홍색이 되면 억제할 수 없이 강력하게 표출하는 힘을 뜻한다."
- "청색, 적청색, 청적색은 불안한, 연약한, 갈망하는 정서를 나타낸다. 청자색은 항상 어두운 감을 끌어들인다. 우리는 청자색 보기를 즐겨하는데, 그 이유는 이 색이 우리에게 사무쳐 돌입해오기 때문이 아니라, 우리를 끌어당기기 때문이다."
- "청적색은 사람을 앞으로 나아가게 하는 힘이 있다."
- "적색이 있다. 이 색에는 아주 독특한 힘이 있다. 진지하고 품위가 있는가 하면, 우아하고 고귀한 인상을 준다."
- "황색과 청색을 섞으면, 녹색이라고 부르는 색이 생긴다. 우리의 눈은 여기서 실제로 생생한 만족을 얻는다. 눈과 정서는 이렇게 섞여있으며 단순한 색에서 머무르고 쉼을 얻는다. 그리하여 더 이상 앞으로 나아가려 하지 않고 또 그럴 수도 없다."

그의 관점은 이후 인간의 미적, 도덕적 형성을 위한 철학과 교육학적 논의를 위해 하나의 매우 의미있는 방향을 제시했다.

이상 논의는 다음 세 가지로 간추려볼 수 있겠다.

- 만물은 색채를 입고 있다.
- 색채는 아름다운 정서를 불러일으킨다.
- 색채는 인간 내면에 도덕적 작용력을 가진다.

세 가지 모두 많은 교육학적 함의를 가진다. 오늘날 색채 문제를 (특히 괴테와의 연관성 속에서) 학교교육을 위해 특화시켜 심도있게 발전시킨 사례가 있는데 바로 발도르프 학교의 창시자인 루돌프 슈타이너이다.[6]

---

6) Rudolf Steiner는 괴테의 색채론을 주해하여 펴낸 바 있다. Johann Wolfgang von Goethe: *Farbenlehre*, 1810. Neuauflage(Einleitung und Anmerkungen von Rudolf Steiner), Stuttgart 1988.

슈타이너의 색채론과 교육적 함의

　슈타이너는 색채를 그의 교육학에서 하나의 주요과제로 삼았다. 그가 말하려 한 핵심은 색채를 색채 그 '자체로서' 경험하도록 하자는 것이었다. 그것은 색채를 어떤 사물의 속성, 그러니까 어떤 사물에 부수적으로 속해서 따라다니는 무엇으로 보지 말고 그것과는 전혀 별개의 문제로 경험해보도록 하자는 것이다. 무슨 뜻인가? 이는 우리가 외부세계로부터 오는 인상과 함께 개개 색채의 질, 다시 말해서 비물질적이며 고유한 본질, 그러니까 빨강, 파랑, 노랑 같은 것을 그 자체 속성에 따라 받아들이고 이를 우리 의식 안으로 끌어들여 느끼는 것을 말한다. 그가 이렇게 본 까닭은 무엇일까?

　그것은 먼저 색채가 아이로 하여금 세계의 다양한 양상을 예감(豫感)하게 해주기 때문이라 한다. 즉, 대상을 지적으로 파악하기 전에, 느낌을 통해서 관계를 맺도록 한다는 것이다. 특히 색채가 미적 감정을 자극한다는 점이다. 아름다움을 몸으로 경험하게끔 하자는 것이다. 요컨대 색채는 내면세계를 형성하거나 표현하는 작용을 한다고 보았다. 다시 말해서 이는 우리가 색채를 눈이라는 물리적 기관으로 보면서 이를 또한 내면의 눈으로 봄을 뜻한다.—이를테면 빨강과 노랑에서 따뜻한 느낌을, 초록과 파랑에서 차가운 느낌을 가진다는 식으로. 나아가서 그의 관심의 초점은 이런 방향에서 색채가 도덕적 인간 형성이라는 과제에 봉사할 수 있다는 생각에 모아진다. 그러니까 도덕적 내용을 언설로 풀어내기 전에, 혹은 이와 병행하여 아이들의 내면이 색채를 통하여 도덕적으로 자극을 받게 하자는 것이다. 이 점을 슈타이너는 재삼재사 강조하였다.

슈타이너는 색채경험이 아주 어린 아이 시기, 그러니까 외부세계와 내부세계 사이를 그리 명확하게 구분하지 않는 시기부터 이루어지도록 할 것을 권한다. 보통 학교에 다니기 시작할 무렵이 되면 아이들은 이미 색채의 힘을 그 질과 작용이라는 면에서 더 이상 제대로 느끼지 못하게 되는데, 그 까닭은 오늘날 사회와 학교교육에서 이 색채를 다만 '기계론적 관점'에서 파악할 뿐 그 본질에 대한 체험에는 무관심하기 때문이라 한다. 이렇게 하여 색채를 보는 아이들의 내면의 눈은 차차 상실되어간다. 슈타이너는 바로 이 점을 지적한다. 이 대목에서 슈타이너는 끊임없이 괴테 색채이론의 내면적 형성력 부분으로 돌아가, 자신의 논리를 편다. 즉, 색채마다 인간 내면에 주는 고유한 뉘앙스가 있다는 것이다. 색채를 내면의 눈으로 받아들이는 것이 바로 이것이다. 특히 그는 '요구하는' 것 같은 속성을 가지고 말을 걸어오는 빨강색에 대해 주목한다. 그런가 하면 파랑색이 주는 적막감, 가라앉은 듯한 느낌에 대해 거론한다. 그리고 그 내면의 체험이 최종적으로 의지의 형성과 연관됨을 지적한다. 이런 방향에서 슈타이너는 아이들에게 색채에 대한 요체적 체험을 주고자 했다.[7]

이렇게 보면 발도르프 학교에서 색채가 왜 그렇게 다양한 방식으로 강조되어 사용되고 있는지 알 수 있다. 예컨대 우리는 보통 그림을 그릴 때 먼저 형태를 정하고 색을 칠하곤 하는데, 그곳에서는 '반대로' 먼저 색을 칠한 그 상태에서 출발하여 전체를 완성하자고 제안한다. 학교 정문을 열고 들어가면 로비에 이 색채만으로 그려진 커다란 그림들이 걸려있는 것을 종종 볼 수 있다. 노래하는 마음을 몸으로 표현하는 기예인 오이리트미의 연기자들은 서로 명료하게 구분되는 몇몇 색상으로 된 반투명 천을 걸치고 움직이는 것이 보통이다. 색채의 질을 몸짓으로 표현하거나, 색채를 언어학습과 관련짓기도 한다(색채와 게르만어를 연결 지은 이 방법은 한문과 한글을 섞어 쓰는 우리에게 좀 낯설게 느껴지기는 하다만 그 나름대로 논리가 있을 것이다). 색채를 소재로 한 동화나 시를 가지고 상상력을 발휘하도록 하여 색채의 세계로 이끌어 들이기도 한다. 그런가 하면 교실공간의 색채를 연령층에 따라 다양하게 칠한다. 즉, 저학년에는 따뜻한 느낌이 들도록 했다가 차츰 파랑색 계열을 주색으로 쓰는 방식으로……. 또 교실과 복도 공간의 빛의 정도를 다양한 등을 가지고 조절한다. 학교공간 전체를 조명하는 다양한 색채의 세계는 학생들의 내면을 도덕적으로 이끌기 위한 방향으로 조성되어있다.

슈타이너는 이 문제를 유형심리학과 발달심리학적 시각으로도 다루었다. 성격과 기질에 따라 호소하는 색이 있고, 또한 발달단계에 따

---

7) Brunhild Müller: *Malen mit Wasserfarben*, 10~11.

라 나타나는 현상들에 주의 깊게 대응해야 하리라는 것이다. 잘 알려진 것처럼 슈타이너는 성격을 담즙질, 우울질, 다혈질, 점액질이라는 네 가지 기질 유형으로 나누어 보았다. 그는 담즙질은 붉은색이, 우울질은 약간 작은 크기의 어두운 색이, 다혈질은 약간 작은 크기의 밝고 명랑한 색이, 점액질은 약간 큰 크기의 (큰 변화를 주지 않는) 단색 계통이 필요하다고 보았다. 각각의 성격과 기질 유형에 따라 만일 적합한 색으로 이루어진 환경에 놓이면 안정감과 격려 받는 느낌을 가질 수 있으며, 나아가서 위로 받고 치료 받는 효과까지 기대할 수 있다.

그런가 하면 발달단계에 따라 아이들에게 호소력을 가지는 한층 적합한 색이 있어서 환경을 조성할 때 주의를 기울여야 한다. 아이들은 발달단계에 따라 한층 다양한 색의 세계를 경험하면서, 그 호(好), 불호(不好)의 감정도 바뀐다. 빨간색이, 노란색이 좋다고, 그리고 드물기는 하지만 파란색이 혹은 녹색이 더 좋다고 말한다. 커가면서 좋아하는 색도 바뀌어간다. 이것을 슈타이너는 마음속에서 이루어지는 '반대색 산출과정'에 연관하여 설명한다. 즉, 처음에 좋아했던 색과는 정반대의 색을 좋아하는 현상이 나타난다는 것이다. 그리고 아이는 자라면서 다시금 여러 단계의 변화를 경험한다. 그 이유는 색체험에 있어서 평형상태를 이루려는 내적 필요성 때문이다. 이와 관련하여 슈타이너가 『정신과학의 관점에서 본 아동교육 Die Erziehung des Kindes vom Gesichtspunkte der Geisteswissenschaft』(Dornach 1907)이라는 글의 한 대목을 들어보자:

정신과학의 의미에서 볼 때 소위 신경이 예민하고, 활기찬 아이가 있고, 한편 이와는 달리 냉담하고 조용한 아이가 있는데, 이 아이들에 대해서는

상상력으로 교육에 말걸기

그들이 속해있는 환경에서 각각 달리 관계해 들어가야 한다. 모든 것, 말하자면 아이들이 평소에 거처하는 방이나 사물의 색으로부터 아이들이 입는 옷에 이르기까지 모든 것에 주의를 기울여야 한다.……활기찬 아이들은 빨간색이나 혹은 주홍색(내지 연단색)을 이용하여 환경을 조성해주고 옷도 그런 방향에서 지어주는 것이 좋다. 이와는 반대로 조용한 아이는 푸른색이나 청록색이 좋을 것이다.

이 문제는 마음속에서 산출되는 반대색 현상과 관계 지어 설명해야 한다. 예를 들어 빨간색에는 녹색이, 푸른색에는 오렌지색이 대비되어 산출되는데, 이는 우리가 잠시 동안이라도 색이 칠해진 면을 보게 되면 그 후에는 곧바로 흰색 면을 보려는 행동에서도 알 수 있다. 이 반대색 산출현상은 아동의 물리적 기관에 의한 것인데, 아이에게 불가결한 기관구조에 상응하기 때문이다. 활기찬 아이가 붉은색 계통의 환경에 있게 되면 그의 마음속에서는 반대로 푸른색을 요청하는 현상이 나타나게 되는 것이다. 이런 식의 푸른색 산출행위는 조용하게 하는 작용이 있으며, 아이의 내적 기관은 이 조용하게 하는 경향을 자신에게 받아들인다.[8]

슈타이너 생각의 벼리라 할 것 같으면, 색채가 마음에 끼치는 감각적-정서적, 미적, 윤리적 작용이 아니겠는가 싶다. 이는 오늘날 다시금 그 중요성이 부각되고 있는 '정서적, 미적, 도덕적 인간 형성'이라는 관점에서 (괴테의 그것과 함께) 깊은 통찰력을 바탕으로 한 것이어서 오늘의 교육현장에서 음미해볼 만하다. 이 논지를 배경으로, 이 색

---

8) Brunhild Müller: *Malen mit Wasserfarben*, 8~9.

채라는 문제가 오늘 우리의 교육적 일상에서 무엇을 뜻할 수 있겠는지 몇몇 대목을 짚어본다.

상상력으로 교육에 말걸기

색채체험과 표현을 통한 내면의 형성

색채와 빛의 경험

색채 감상력을 어린 시절부터 싹틔워주는 것이 좋음은 두말할 나위가 없다. 먼저 자연으로부터 얻는 체험이 중요할 것이다. 하지만 자연의 빛을 오늘날 일상에서 경험하기란 그리 쉽지 않다. 하지만 이 빛을 의식적으로 가까이하는 노력은 결코 부질없지 않다. 몇 년 전 기적과도 같이 반딧불이를 보았다. 한 마리가 아니라 수십 마리가 공중에서 뛰어다니듯 놀고 있었다. 계룡산 자락 어느 곳에서 학생들과 함께 밤 산보를 하던 중이었는데, 우리 모두는 환성을 질러대면서 이 작은 보석과도 같은 빛들과 별스런 시간을 보냈던 것이다.

반딧불이의 빛과는 달리 아주 장엄하고 신화와도 같은 빛이 있다면, 그것은 햇빛과 무지갯빛일 것이다. 달빛과 별빛이 밤의 신비를 펼친다면, 햇빛과 무지갯빛은 아침과 낮 그리고 저녁노을 속에서 자신의 존재를 개현한다. 오늘날 화려한 영상 화면에 길들여진 눈들을 그런 무지갯빛에 노출시킬 필요가 있다. 이런 체험은 미적인 차원에서부터 형이상학과 종교적 차원에 이르기까지 폭넓은 전망을 함유하고 있기 때문에, 더할 나위 없이 가치가 있다.

한 선생님이 들려준 이야기이다. 아이들과 버스를 타고 소풍을 가는 길이었는데 마침 비가 오고 있었다. 도시를 벗어나 한참을 달리는 동안 논밭 사이로 제법 높은 산들이 나타날 무렵, 비가 개었다. 한참을 달린 끝에 도로변에 잠시 쉬었다 가기로 했다. 모두들 내려서 시원한 공기를 즐기고 있던 중 한 아이가 소리를 질렀다. "무지개다!" 얼마 만인가, 무지개를 보는 것이! 모두들 탄성을 질렀다. 무지개는 산마루를 떠나 허공을 훌쩍 가로질러 이쪽 산허리에 내려앉았다. 선생님은 이 순간을 놓치고 싶지 않았다. 바로 출발하기보다는 '한참 동안이나' 아이들과 그 자리에 머물러 무지개와 함께 시간을 보냈다.

무지개에 대한 경탄은 그 색채에 대한 경탄을 뜻한다. 이 체험은 다양하게 변화를 주고 확장시킬 수 있다. 다채로운 자연세계를 사진기나 영사기로 세밀하게 관찰한 영상자료는 어린이는 물론 어른들에게도 특별한 체험을 불러일으킬 수 있다. 자연세계라는 현장을 끌어들인 프로젝트형 사진수업은 이 점에서 가치 있다.

태백산 산기슭에서 어느 농가 주녀 낱에 걸린 거미술을 본 적이 있는데, 그렇게 큰 건 처음이었다. 적어도 두 팔을 가로세로로 벌린 정도의 크기였던 것이다. 마침 아침 햇살을 받은 거미줄이 광채를 발하기 시작했는데, 그 아름다움은 이루 말할 수 없었다. 거미가 허공에 매달려 집을 만드는 기술은 아이들에게 커다란 호기심을 불러일으킨다. 어떻게 이쪽에서 저쪽으로 날아갔을까? 거미줄이 만들어내는 공간은 기하학적으로나 미학적으로 경탄할 만한 것이다. 하지만 이 아름다운 곳은 크고 작은 곤충들 간의 생존을 위한 싸움판이기도 하다. 이 거미줄을 이날 아침에는 색채로 볼 수 있었다.

자연의 색채는 형태와도 관련지어 보여줄 수 있는데, 이것은 이를테면 생물학에서 시도해볼 수 있다. 현대의 생물학적 인간학의 대표자 중 한 사람인 아돌프 포르트만(Adolf Portmann)은 '거북이 등에 새겨진 문양'을 생물학의 주제로서뿐 아니라 기하학과 미술 수업과 관련지어 다루었다.[9] 그 문양의 색을 거미줄이나 무지개 색과 비교해서 다루면 재미있겠다.

자연의 색뿐 아니라 인공의 색, 즉 현대기술공학이 만들어낸 갖가지 전구 빛, 형광등과 가로등, 네온사인과 신호등, 컴퓨터 영상매체가 만들어내는 색채 등도 쓰기에 따라 매우 감흥을 일으킬 수 있다. 이에 따라 현대인의 삶의 양상도 참으로 화려하게 변신하였다. 아이들은 이런 인공적 색채의 세계와도 의미 깊게 교류할 줄 알아야 한다. 실제로 이 교류방식은 컴퓨터의 도움으로 상상할 수 없을 정도로 심화되고 있다. 하지만 이런 것들 중 좀 색다른 것으로 환등기, 흑백영화, 사진예술작품이 포착하는 빛의 세계가 있다. 흑백영화는 검은색과 백색만으로 이루어진 장면으로 오늘날의 화려한 인공적 색채의 세계를 되돌아보게 하는 힘이 있고, 또한 그 두 색의 배합만으로 말할 수 있는, 말하자면 총천연색으로는 표현하기 어려운 것을 나타내는 특별한 기능이 있다.

---

9) Adolf Portmann: *Biologie und Geist*, Frankfurt am Main 1973(Suhrkamp Taschenbuch 124), 292~314.

환등기가 불빛으로 투영하는 사진이나 잘 찍은 사진작품은 삶의 의미를 찬찬히 새겨보게 하는 힘이 있다. 하지만 아이들과 청소년들에게 이런 빛과 색채의 세계가 소외되고 있음은 안타깝다.

그런 식으로 빛을 어떻게 체험할 것인지에 관한 매우 인상적인 이야기가 하나 있다. 일 년 동안 연구차 독일에 머물고 있던 일본인 가정의 어머니가 들려준 이야기인데, 아이들을 인근에 위치한 '발도르프 학교'에 보내어 아주 좋은 경험을 하고 있던 차, 학부모와 교사들의 모임이 있었다 한다. 모임은 오후 늦게 시작하였는데, 이야기가 길어져 어둑해져 보통의 경우로는 불을 켜지 않으면 안 되었다. 하지만 회의는 그저 계속되었고, 이제는 아예 깜깜해졌다. 이 어머니는 속으로는 불을 켜야 하지 않겠는가, 생각은 하였지만 그대로 앉아있었는데, 그러다가 그녀는 차츰 다른 느낌을 감지하기 시작했다. 왜냐하면 그러는

와중에 그 어두움이 익숙해져서 말하고 대화를 나누는 데는 큰 어려움이 없다는 사실을 인지하게 되었다는 것이다. 사람들은 그저 어둠 속에서 조용조용 말을 나누고 있었고, 이렇게 대화하는 사람들을 지켜주는 것으로는 창 밖에서 희미하게 비쳐오는 가로등과 다른 집에서 켜둔 등불 빛이 비쳐오는 정도였다. 하지만 이 바깥손님들이야말로 그날의 학부모 모임의 분위기를 '은은한 빛'으로 아주 멋지게 잡아주었다는 것이다. 이 이야기는 발도르프 학교에서 아이들과 학부모들이 자연의 빛과 인공적인 빛 사이에서 어떻게 살아가는지를 잘 보여주는 예라 하겠다. 눈이 번쩍 뜨이는 아름다운 이야기였다.

자연에서 취한 색

자연에서 경험한 색을 스스로 한번 연출해보는 것인데, 여기서 핵심은 색채를 형태에 앞서 '있는 그대로' 경험하도록 해보는 것이다.

내가 가장 아끼는 사진 하나가 있는데, 그것은 몇 년 전 어느 가을 오후 담벼락에 걸친 색이 푹 익은 담쟁이를 찍은 것이다. 황혼이 가까울 무렵 햇빛을 받아 담쟁이 잎은 영롱한 색을 띠었는데, 일품은 담쟁이 잎의 '약간 검은 듯한 그림자'들이 함께 나타나 어우러져있는 모양이었다. 이 사진을 볼 때마다 특별한 느낌을 갖게 된다. 이 색은 자연에서 취한 것이다.

볼프강 라이프(Wolfgang Laib, 독일, 1950~)의 작품세계를 일견해보자. 라이프는 시류에 편승하기보다는 독보적인 길을 개척하고자 했다. 인공적 재료나 수단은 쓰지 않고 자연상태의 재료들을 뿌리거나 부어

일정한 형태로 배치하여 어떤 소우주적인 신성한 공간을 창조해내고
자 했던 것이다. 이 작품에서 발현되는 색채는 가공되지 않은 것이다.
그의 작품 〈우유·돌〉〈꽃가루·평면〉〈꽃가루·산〉〈밀랍으로 된 방〉
〈쌀·집〉 등의 연작은 가장 기본적 형태를 통해 관객으로 하여금 순수
한 감성에 이르게 하고 나아가서 영적인 체험도 가능케 하는 것으로
평가된다.[10]

자연에서 취한 색채를 현대 화학염료와 비교해보고, 또 자연현상이
나타내는 색채를 과학적으로 해명해보면 아주 흥미진진하다.[11] 아이
들은 들과 산으로 나가 땅에서 취한 돌조각을 가지고 놀다가 우연히
이 돌이 색을 내는 성질이 있음을 발견하게 되는 수가 있다. 어떤 돌들
은 표면을 긁어보면 백색이나 적색, 흑색이나 갈색으로 변한다. 프뢰
벨은 우연히 주워든 돌조각을 바닥에 긁어보다가 이러한 경험을 하게
된 한 아이가 어떠한 놀라움과 기쁨에 사로잡혔는지에 대해 다음과 같
이 쓰고 있다.[12]

보라, 저기 한 어린이가 막 발견한 돌멩이에 색을 내는 성질이 있음을
안 것이다. 그는 그 돌멩이를 긁어보았던 것이다. 그것은 석회나 진흙이나
대자석(代赭石)이나 백묵의 한 조각이다. 잘 보아라. 이 새로 발견한 성질
을 그는 얼마나 좋아하고 있는가를. 어린이는 팔과 손을 바쁘게 빨리 움직

10) 최인수의 "괴테와 미술"에 관한 해설 부분 참조. 〈괴테 탄생 250주년 기념 심포지엄 자료집〉,
　　한국독어독문학회(1999. 10. 30).
11) 이하에 소개하는 사례는 다음 자료에서 대강을 취하여 풀어 쓴 것이다. Phil Wilkinson(Hrsg.):
　　Mein Erstes Buch von der Farbe, London 1991, 8~9, 10~11, 22~23, 28~29.
12) Friedrich Wilhem Fröbel: 『인간교육 *Menschenerziehung*』, 서석남 역(이서원, 1995), 83.

이면서 이 성질을 사용하여 판때기의 표면을 거의 가득 채워 표면은 완전히 바뀌어버렸다. 처음에는 알려지지 않았던 이 성질이 어린이를 대단히 기쁘게 한 것이다. 다음에는 붉게 되고, 희게 되고, 검게 되고, 갈색이 되고 하는 표면의 변화가 그를 기쁘게 한 것이다.

이런 현상은 선생님 편에서 좀더 체계적으로 만들어 아이들에게 제시해줄 수 있겠다.

또 자연염색법은 자연으로부터 취한 색채를 경험하기 위한 아주 좋은 방법이다. 앞서 한광석의 예를 소개했지만, 이는 현대 화학염료가 도입되기 이전의 자연스러운 채색의 방법이자, 그런 점에서 색채에 대한 좀더 원천적인 자료이기 때문이다.[13] 단순히 화학염료만을 사용하는 미술시간보다는 색이 형성되는 경로를 파악하는 미술시간이 더욱 흥미로우리라는 것은 충분히 짐작할 수 있다.

비노바 바베(Vinoba Bhave)는 그런 식으로 그림 그리기 소재를 찾아내려 했다. 그는 아이들이 화학물감 대신 어떻게 '자연 속으로' 들어가서 그 아름다움에 매료되고 따라서 순수한 즐거움을 얻고, 또 거기서 '소재'를 얻으며 그것을 표현해낼 '도구'를 얻을 수 있는지에 대해서 말해주고 있다.[14]

---

13) 자연염색법은 우리 전통기법에서 화려하게 전개되었다. 여기에 대해서는 한국문화재보호재단이 펴낸 『우리 색깔을 찾아서. 전통염색공예』에서 잘 찾아볼 수 있다. 특히 이 중 김지희의 글 "우리의 색 재현을 위한 전통염색"(제1장, 85~120) 참조.
14) 여기 소개된 활동은 그의 『삶으로 배우고 사랑으로 가르치라』 4장 중 "그림 그리기의 소재"에 관한 부분(187~188).

"나는 너희들이 '홀리'(holi, 축제 때 하는 색감놀이) 놀이를 하면서 시간을 보내는 것을 반대하지 않는다. 그러나 너희들의 돈을 물감과 비누를 사는 데 쓰면 무엇이 좋겠니? 그렇게 하고서도 아직 정말로 즐겁게 놀지도 못하고 있잖아. 그렇게 하지 않고, 대신 일이 끝나고 나서 저녁 무렵에 1마일 혹은 2마일 정도를 강둑을 따라 걸으면서 '숲의 불꽃'인 팔라쉬(palasch) 나무의 활짝 피어있는 꽃을 따서 물감을 만들면 이 인조물감보다 훨씬 부드럽고 사랑스러우며, 훨씬 더 잘 지워지는 물감을 얻었을 것이다. 자, 내 방식과 너희들의 방식 중에서 어떤 것이 더 즐겁겠니?" 거기 있던 아이들 모두가 내 방식을 더 좋아한다고 말했습니다.

자연은 미술의 목적뿐 아니라 '수단'도 줄 수 있어야 하는 것이 마땅하다는 것이다. 그 수단이란 물감을 뜻한다. 나무 그 자체가 그림의 소재를 준다면 말이다. 그래서 그는 가장 섬세한 붓과 가장 아름다운 색깔을 사람들 주변에 있는 나무와 식물들에서 얻는다. 그런 뜻에서 자연은 진정한 카마데누(Kamadhenu), 즉 소원을 이루어주는 존재라 한다. "자연은 우리에게 젖을 주고 그 젖을 마시는 그릇도 주십니다. 우리는 그냥 요구하면 됩니다."

우리의 토속적 자연염색 기법은 오랫동안 잊혀져있다가 얼마 전부터 다시 살아나기 시작하고 있다. 그 생생한 현장을 한번 기억해보자. 아주 소박한 기억에 따라 채송화나 봉숭아로 손톱에 물들이는 놀이로부터 시작하여, 빨간 김칫국이나, 포도나 감에서 배어나는 천연스러운 색감은 그대로 살아있는 자료가 될 수 있다. 채소마다 색채를 띠고 있다. 이걸 가지고 무엇인가 만들어볼 수 있겠다. 우선 양파껍질을 솥에 넣고 물을 좀 부어서 15분 정도 끓인 후 식힌다. 우러난 물을 채에 걸러 담는다. 흰 수건을 이 우러난 물에 담근 후 건져서 짠다. 그리고 이 것을 깨끗한 종이 위에 놓은 후 말린다. 그러면 연한 황색 빛이 도는 수건이 된다. 양파 대신 사탕무를 가지고 할 수도 있다. 그러면 수건은 연한 자색을 띤다. 그런가 하면 아주 오래된 기법 하나! 색채를 발하는 돌을 빻아 부수어 기름을 섞어 물감을 만들 수도 있다. 이를테면 광물 질의 하나인 진사(辰砂; 적색 황화수은)를 빻아 붉은색 물감을 만들어보 자.

그림으로 그려본 색채

색채에 대한 원초적 경험에서 한 걸음 더 나아가 이것을 그림으로 표현해보는 것이다. 발도르프 학교에서는[15] 아이들로 하여금 색채만 을 가지고 그리는 기법을 발전시켰다. 채색은 다양한 도구로 해볼 수 있다. 이를테면 색연필, 색분필, 밀랍 그림물감, 그리고 수채화용 그림 물감 같은 것으로. 이 중에서 색분필로 칠판에 그려 넣은 기법은 발도 르프 학교에서 즐겨 쓰는 것으로 최근 우리나라 대안학교들에서도 시 도되고 있다. 하지만 아이들에게는 수채화용 그림물감이 그 다양한 표 현 가능성이라는 점에 있어서 가장 좋아 보인다. 물론 꽤 주도면밀한 사전작업을 요하므로 힘은 많이 들겠지만, 으레껏 먼저 형태를 그리도 록 유도하지 않고, 그저 손에 붓을 들려주고 흰 종이와 물감을 풀어서

---

15) 이하 발도르프 학교 교수-학습법에 관한 내용은 다음 자료에 의거. Brunhild Müller: *Malen mit Wasserfarben*, 12~23, 27~43, 44~45. 우리 형편에 맞게 풀어 썼다.

주기만 하면 아이들은 즐겨 채색을 한다. 한 가지 색, 혹은 두 가지나 세 가지 색으로 종이 전체를 덮을 때까지. 아이들은 여러 색을 섞어놓고는 이런저런 식으로 의미를 부여하기도 한다.

먼저 자연세계로 나가보자. 숲, 흐르는 물, 잔디, 아침과 저녁 사이의 대조가 만들어내는 장면, 천둥이 치고 폭풍이 이는 하늘을 주제로 채색을 해보자. 아침은 어떤 색일까? 저녁은? 천둥치는 하늘은? 이를테면 아침은 맑고, 강렬한, 금빛 나는 노란색을 바탕에 깔고 주홍색을 곁들이면 어떨까? 이때 형태를 먼저 그리지 않고, 바로 자연으로부터 오는 인상을 채색으로 표현하도록 하는 것이 중요하다. 형태는 뒤따라가면서 잡아 나간다.

철 따라 바뀌는 자연의 색채는 색채경험을 위해 아주 좋은 자료가 된다. 겨울에는 청색으로, 아주 옅은 청색에서 아주 짙은 청색으로, 혹은 흑색으로. 청색과 황색을 섞어보면 봄 색이 된다. 즉 녹색! 그리고 노란빛, 꽃분홍빛, 흰빛, 그리고 담담한 분홍빛 같은 색들이 어우러진 색이다. 여름이 되면 강렬한 녹색과 은은한 적색, 빛나는 황색과 투명한 오렌지색이 나타난다. 그리고 가을이 되면 자연은 갖가지 색채로 어우러진 단풍의 향연을 벌인다. 그렇게 물든 자연의 풍경을 그려보자.

색을 적절하게 배합하는 기법은 아이들에게 많은 흥미를 자아낸다. 청색과 황색을 섞어서 초록을 만들기라든지—각각의 색채에 인격을 부여하여(이야기를 만들어) 서로 헤어져있다가 만나서 그런 하나의 색깔이 되었다든지, 혹은 이 과정을 자연이라는 소재와 관련지어 자연스레 풀어내기도 한다. 이를테면 저기 저 높은 하늘을 가리키며 그 파란빛을 보고 나서 이것을 한 점 따다가(손짓으로 표현하여) 종이에 점으로 찍어보고, 또 땅위 이곳저곳에서 찾을 수 있는 노란빛을 따다가 종이에 점으로 찍어보고, 그렇게 하고 난 후 인격을 부여하여 이 두 색을 하나로 섞어본다. 그다음 세 가지 색을 서로 어우러지게 해본다. 서로 따로따로 칠하기도 하고, 새로운 색깔을 만들어보기도 한다. 새로 만들어진 색깔에 대해서는 혹 '생일날'로 명명하여 축하를 해준다든지 등…….

그렇게 해서 조금씩 개개 대상으로 범위를 넓히고, 이런저런 동물과 식물이 지닌 색채와 일상적 생활 세계의 색채를 경험하도록 하고 또 이것을 아이들 나름대로 옮겨놓도록 해보자. 우선은 강아지, 고양이, 말, 소, 오리, 그리고 꽃잔디, 개나리와 산수유, 진달래와 목련, 그리고 교통신호, 자동차, 촛불과 연등행사, 엄마 아빠와 식구들의 옷 빛 같은 것들은 모두 흥미로운 주제들이다.

수채화 기법이 앞서 거론한 여러 기법에 비해 뛰어난 표현력을 가지기는 하지만, 그래도 보통 유화에 비해서는 일정한 한계가 있는 듯도 하다. 하지만 그 방향에서 새로운 방법을 개척한 인상적인 기법과 작품들도 적지 않다. 화가 정우범의 시도는 수채화에서 "답습된 격식이나 틀"을 넘어서있는 것으로 분명 눈여겨볼 만하다. 그는 "흥건히 물에 젖은 종이에 물감을 두드려가며" 그리는 기법을 사용함으로써 "이미지"가 "서로의 영역을 침투하고 침투당하는 과정 속에서" 매혹적으로 표현되도록 한다.[16] 여기서 물의 존재와 작용은 종이를 바탕으로 두드러지게 드러나게 되고, 사물과 사물, 사물과 배경 간의 경계는

---

16) "정우범 수채화전"(2005. 7. 6~7. 19, 선화랑 · 선아트센터)의 팸플릿 중 김창실의 인사말과 이재언의 간략한 평론에 따름.

가능한 무디게 표현될 수밖에 없다. 그렇게 하여 형태는 그 윤곽이 그 저 슬쩍 뭉뚱그려 나타내지는 반면, 색조는 더욱 깊은 맛을 내며 표현 된다. 보통 수채화가 유화에 비해서 가벼운 듯한 느낌을 주는 것과는 다르다. 〈푸른 옷의 女人〉(2001), 〈환타지아〉(2004), 〈장날〉(2004) 같은 작품들은 우리가 여기서 다루는 색채경험이라는 맥락에 비추어 특히 눈에 띈다. 이를테면 〈장날〉에서 정우범은 장터에서 물건을 가지고 다 니는 흰옷 입은 아낙네들을 위쪽에서 내려다보는 시선으로 그려냈는 데, 여기서 흰색은 좀 짙거나 좀 옅은 갈색으로 표현된 흙길을 바탕으 로, 가끔 시인들이 백색을 '하이얀' 색이라고 표현하는 그런 질감을 가 지되 두터운 느낌을 주도록 표현되었다.

이런 시도들은 청소년 단계뿐 아니라, 오히려 그보다 어린 아이들에 게 더욱 호소력이 있을 수 있다.

색채, 과학적으로 해명해보기

자연색 현상을 과학적으로 해명해보면 또 다른 맛이 있다.

붉은 양배추를 잘게 썰어 병에 넣고 뜨거운 물을 부은 후 몇 분 동안 기다린다. 그 후 이것을 필터를 설치한 큰 병에 부으면, 보랏빛이 나는 즙으로 걸러진다. 이 즙의 색은 첨가되는 불실의 성분에 따라 나른 색 으로 바뀔 수 있다. 즙의 일부를 작은 병에 담은 후 여기에 레몬즙을 짜 넣는다. 레몬즙은 산성이기 때문에 보랏빛 나는 즙을 붉게 만든다. 다른 작은 병에는 즙을 담아 비누를 섞어 휘젓는다. 이렇게 하면 비누 는 알칼리성이기 때문에 보랏빛 즙을 녹색으로 바꾸어놓는다. 이런 식으로 다른 물질을 첨가할 수도 있다. 이를테면 나트륨 염, 암모니아수, 포도즙, 사과즙, 레몬수 같은 것들 모두 흥미진진한 광경을 연출할 수 있다.

땅은 산성을 함유하거나 알칼리 성분을 함유한다. 산성 땅에서는 예컨대 수국(함박꽃)이 푸른빛을 띠지만 알칼리성 땅에서는 장밋빛 색채를 띤다. 땅에다가 알칼리나 산성을 첨가하면 꽃의 색채도 변한다.

과학적 해명에 관한 또 다른 사례로 다음과 같은 것들을 들 수 있다.

무지개 색—무어라 형용할 수 없는 느낌을 자아내는 그 무지개 빛깔을 다음과 같이 재현할 수 있다. 직육면체로 된 유리그릇에 물을 반쯤 채운다. 그릇의 짧은 부분에 거울을 경사지게 고정시킨다. 손전등을 그릇에 바싹 가까이 댄다. 손전등 윗부분에(거울 반대편 위쪽에) 흰 종이 면을 수직으로 세우고, 수면 아래쪽으로 잠겨있는 거울 부분에 빛을 쏜다. 그렇게 하면 흰 종이 위에 흰빛이 파랑에서 빨강에 이르기까지 여러 색으로 갈라져 나타난다. 무지개 빛깔도 그렇게 해서 나타난 것이다. 즉, 비가 내리는 동안 햇빛이 비치면 해의 흰빛이 구름의 물방울을 통과하면서 여러 색으로 갈라지게 되는데, 이것이 바로 무지개이다.

황혼의 색—해가 저물면 하늘은 오렌지빛이나 붉은빛을 띤다. 우리가 잘 아는 황혼의 색채이다. 이것을 다음 실험에서 재현해볼 수 있다. 투명한 병에 물을 담고 한쪽 바깥 방향에서 손전등을 비추면 벽에 흰빛이 나타난다. 이 병에 우유를 첨가한 후 섞는다. 다음 손전등을 비추면 마치 하늘에서 보았던 그런 오렌지빛과 붉은빛이 벽에 나타난다. 빛의 색깔 중 어떤 것들이 우유 물빛 때문에 통과하지 못하기 때문에 나타나는 현상이다. 황혼

빛은 그렇게 해서 나타나는 것이다. 즉, 공기 안에 있는 미세한 부분들이 다른 색채를 통과하지 못하도록 하기 때문이라는 사실을 알게 된다.

이야기로 경험하는 색채의 세계

색채를 색채 그 자체로가 아니라 다른 영역과 결합시키면 또 다른 맛이 난다. 이를테면 색채를 이야기로 만들어 제시하는 것이다. 그러면 아이들은 예외 없이 눈을 반짝이며 다가온다.

그래픽 아트를 통한 동화작가로 인상적인 작품들을 남긴 레오 리오니(Leo Lionni)[17]는 이 점에 있어 탁월한 솜씨를 발휘하였다. 리오니는 아이들에게 색채의 세계에 대한 흥미를 불러일으키기 위해 몇몇 기지 번득이는 작품을 썼는데, 여기서 그는 다만 색채에 대한 관심만이 아니라, 바로 이 색채의 세계에 인생을 살아가는 데 결코 없어서는 안 될 정신적 가치가 담겨있음을 알려주고 있다.―이를테면『프레드릭』 (1968)이라는 작품에서 '색깔'이라는 주제가 '햇살'과 '이야기'와 함께 등장한다.[18]

프레드릭은 들쥐 이름이다. 들쥐 가족들은 모두 열심히 일을 하는데 오직 프레드릭만 별난 행동을 한다. 이 프레드릭이라는 들쥐는 하구한날 그

---

17) 레오 리오니(1910~1999)는 경제학자이자 그래픽 아트를 사용하는 동화작가로, 디자이너로, 조각가로 세계적으로 저명한 활동을 폈다. 대표작으로는『조금씩 조금씩』(1960),『프레드릭』 (1968),『으뜸 헤엄이』(1963),『생쥐 알렉산드라와 태엽 장난감 윌리』(1969) 등이 있다.
18) Leo Lionni:『프레드릭』, 최순희 역(시공주니어, 2003).

저 가만히 앉아있거나 저기 저 밑 풀밭을 내려다보고만 있거나 졸고 앉아 있는 듯이 보였다. 그러나 프레드릭은 그냥 그러고 있는 것이 아니었다. 겨울날을 위해 햇살을 모으고, 온통 잿빛인 겨울날을 위해 색깔을 모으고, 이야깃거리가 동이 날 겨울철을 위해 이야기를 모으고 있었던 것이다. 그러다가 겨울이 되었다. 들쥐들은 쌓아놓은 양식을 꺼내 갉아먹기 시작했다. 그렇게 해서 겨울이 깊어갔고, 그러다가 이제 양식이 바닥나고 찬바람도 스며들었다. 쪼그라들고 우울해진 들쥐들이 물었다. "네 양식들은 어떻게 되었니, 프레드릭?" 그러자 프레드릭이 돌 위로 기어 올라가서 말문을 열기 시작했다. 햇살 이야기를 하자 다른 들쥐들의 몸이 점점 따뜻해졌고, 파란 넝쿨꽃, 노란 밀짚 속의 붉은 양귀비꽃, 초록빛 딸기 덤불 얘기를 들려주자마자 들쥐들 마음속에 그려진 색깔들을 볼 수 있었다. 그리고 아주 신기한 눈송이와 얼음과 궂은 날씨와 맑은 날씨와 네잎 클로버와 어두운 밤과 달빛에 관한 이야기들을 모아서 들려주었다. 들쥐들은 박수를 치며 감탄사를 연발했다. "프레드릭, 넌 시인이야!" 프레드릭은 얼굴을 붉히며 인사를 한 다음, 수줍게 말했다. "나도 알아."

아울러 색채에 관한 그의 좀더 본격적인 작품으로 『제각기 자기 색깔』[19]이라는 작품이 있다. 여기서 그는 온 세상 만물에 색채가 있다는 것, 그리고 카멜레온이라는 동물을 등장시켜 옷을 갈아입듯 이 동물이 갈아입는 다채로운 색채의 세계로 이끌고 있다. 리오니는 색채의 배합에서 우러나오는 오묘한 색감을 이해할 수 있도록 이야기로 만들어 제

---

19) 레오 니오니: 『제각기 자기 색깔』, 김영무 역(분도출판사, 2002).

시하기도 한다.[20]

　　노랑이 파랑을 찾아내고는 소리를 쳤어: 바로 여기 있었네! 널 얼마나 찾았다구. 노랑과 파랑은 서로 부둥켜안았어요. 이렇게 두 색이 서로 부둥켜안으니까 여기서 풀빛 같은 녹색이 나왔답니다.

이 장면은 실제 그림 그리기로 이어갈 수 있겠다.

시와 동시로 경험하는 색채

　　색채는 시와 동시로 매개할 수 있다.

　　시인 한용운은 색채에 대한 섬세한 감각을 가지고 이것을 그의 시에 녹여내었다. 그의 대표작 〈님의 침묵〉의 서두는 그렇게 빛깔에 관한 언사(言辭)로 시작한다.[21]

　　님은 갔습니다. 아아, 사랑하는 나의 님은 갔습니다.

　　푸른 산빛을 깨치고 단풍나무 숲을 향하여 난 작은 길을 걸어서 차마 떨치고 갔습니다.

　　황금의 꽃같이 굳고 빛나던 옛 맹서는 차디찬 티끌이 되어서 한숨의 미풍에 날아갔습니다.

---

20) A. Schröder: *Farbgeschichten*. Stuttgart 1988에서 재인용.
21) 한용운:『님의 침묵』, 고은 편(민음사, 1999), 14.

또 같은 시 중 "논개의 애인이 되어서 그의 묘에"의 한 대목에서 한용운은 입술에 색채의 옷을 입혀 그 뜻의 비밀스런 미묘함을 표현한다.[22]

……붉은 듯 하다가 푸르고 푸른 듯 하다가 희어지며, 가늘게 떨리는 그대의 입술은 웃음의 조운(朝雲)이냐, 울음의 모우(暮雨)이냐, 새벽달의 비밀이냐, 이슬꽃의 상징이냐……

자연은 한용운에게 늘 매혹적인 진실이었던 것 같다. 시 〈일출〉[23]에서 색채는 그의 마음을 표현하는 데 없어서는 안 될 매체로 사용된다.[24]

(전략)
하늘에 비낀 연분홍의 구름은
그를 환영하는 선녀의 치마는 아니다.
가늘게 춤추는 바닷물결은
공한 가운데 음악을 조절하면서

22) 한용운: 『님의 침묵』, 68.
23) 만해사상실천선양회 편: 『韓龍雲詩全集』(장승, 1999), 138~139.
24) 색채에 대한 상은 이런 식으로 한용운의 시 도처에서 등장한다. 구암사(龜岩寺)의 초가을날 밤에서도 그는 휘영청 비추이는 달빛 받아 흰 박꽃과 저만치 겨우 붉어진 단풍나무 몇 잎새에 시선을 맞춘다.

　　옛절에 가을 되니 마음 절로 맑아지고　　　古寺秋來人自空
　　달빛 속 높이 달린 박꽃이 희다.　　　　　匏花高發月明中
　　서리 안 와 남쪽 골짜기 단풍나무 숲　　　箱前南峽楓林語
　　서너 가지 몇 잎새가 겨우 붉어져……　　纔見三枝數葉紅
　　만해사상실천선양회 편: 『韓龍雲詩全集』, 227.

붉은 구름에 반영(反映)되었다.
(후략)

　　이런 방향에서 내면에 비친 색채를 다채롭고 강렬하게 표현해낸 또 하나 멋진 사례로, 백석의 시 〈물닭의 소리〉가 있다.[25]

(전략)

夜雨小懷

캄캄한 빗속에

새빨간 달이 뜨고

하이얀 꽃이 피고

먼바루 개가 짖는 밤은

어데서 물의 내음새 나는 밤이다.

캄캄한 빗속에

새빨간 달이 뜨고

하이얀 꽃이 피고

먼바루 개가 짖고

어데서 물의 내음새 나는 밤은

(후략)

---

25)　백석:『맷새소리』(미래사, 1999), 84.

시인이 언어를 통해서 그려내는 색채의 세계는 화법(畵法)으로 시각화한 색채의 세계와는 또 다른 맛을 낸다. 시를 읽는 사람들은 이러한 묘사에 이끌려 자기 마음 안에서 색채를 맛보고 또 그렇게 따라서 표상(表象)해본다. 우리는 이 마음의 상을 가지고 다시금 시각화해볼 수 있다. 이런 기법으로 어린이가 쓴 동시 한 편을 읽어보자.

저렇게 고운 빛
왜 부서질까
빠알간 저녁하늘
곱기도 하다.
나도 저런 빛
되어봤으면.

'이정현'이라는 아이가 여덟 살 때 쓴 〈노을〉이라는 시이다. 빠알간 저녁하늘 빛을 곱다 하고 그 빛에 매혹되어 스스로 그런 빛이 되어 보고픈 아이의 마음이 거짓 없이 나타나있다. 이정현은 가까이 지내는 친구의 딸이다. 그 아이가 어릴 적부터 시 쓰기를 하도 좋아해서 눈여겨보아 두었는데, 도저히 감당할 수 없이 술술 쏟아내는 시구들을 그저 그렇게만 놓아둘 수 없어 그 딸을 위해 한번 시집을 만들었다 한다. 〈작은 섬〉이라는 제명을 달아 출간된 이 시집에는 이 아이의 시를 사랑하는 최윤정 님의 삽화가 곁들여있다. 모두 해서 쉰다섯 편의 시가 모아져 실려있는데, 나는 이 시집을 여기저기 떠들어 보다가 놀랍게도 이 아이가 그의 많은 시 작품들 속에서 얼마나 사무치게 이 아름다운 색채의 세계에 매혹되어있는지를 발견하고 놀라움을 금치 못하였다.

아홉 살 때 쓴 〈불꽃〉이라는 시에서는 이렇게 읊고 있다.[26]

활활 타오르는 불꽃
예쁜 색깔 같이 태우며
슬퍼한다.

재가 물었다
불꽃님 왜 슬퍼하시는 거예요?

불꽃이 대답했다
저의 예쁜 색깔들을
같이 태워버려서요

그러자
색깔들도
슬퍼
구슬픈 눈물방울
방안에 가득 찼다.

이 시를 이율곡이 여덟 살 때 썼다고 하는 〈화석정〉이라는 시와 비

---

26) 이 시집은 엄마 아빠의 정성을 담아 비매품(2002)으로 출간되었다. 앞의 시는 8쪽에 그리고
다음 시는 47쪽에 실려있다. 아울러 〈불빛〉, 〈다정하게 덮어주는 눈〉, 〈난초〉, 〈제비꽃〉, 〈그 빛〉,
〈단풍나무〉, 〈햇님〉, 〈달빛 III〉, 〈종이〉, 〈빨간길, 노란길〉 등 거의 모든 시에서 색채는 인상 깊게
묘사된다.

교해보면 무척 흥미롭다.

花石亭

숲속 정자엔 가을이 이미 깊었는데
글하는 나그네의 생각은 끝이 없어라.
아득히 먼물은 하늘에 닿은 듯 푸르고,
서리 맞은 단풍은 햇볕 받아 붉구나.
산은 외로운 둥근 달을 토하고
강은 만 리 바람을 머금었네.
변방 기러기는 어느 곳으로 가는가.
소리는 저문 구름 속으로 사라지는구나.[27]

역시 여덟 살 아이가 썼다고는 믿기지 않을 정도의 감수성과 필력
으로 쓰인 이 시에서, 율곡 선생은 어릴 적 깊어가는 가을날 아름다운
자연의 빛 안에서 푸른빛 물색과 햇볕 받은 붉은 단풍의 아름다움을
노래하고 있다.

어릴 적 이러한 마음의 움직임을 예리하게 간파해내고 교육적인 대
화를 시도하는 것은 결코 만만한 작업이 아닐 것이다.

---

27) 김영수 역해: 『栗谷의 思想』(일신서적출판사, 1991), 18.

가곡에서 만나는 색채

가곡은 음악과 문학이 만나서 나온 예술형식이다. 사랑과 인생을 노래하는 노래의 대목들에서 색채는 종종 매우 중요한 위치를 차지한다. 이를테면 슈베르트가 빌헬름 밀러의 시에서 영감을 얻어 그 시에 곡을 붙인 연가곡 〈아름다운 물방앗간의 처녀〉에서는 주인공과 연인이 좋아하는 색깔을 주제로 한 노래들이 여럿 나온다. 이를테면 13곡 "라우테의 초록빛 리본(Mit dem grünen Lauten Band)"에서 연인은 그가 가장 좋아하는 초록빛을 가지고 '그대에게' 사랑의 마음을 전한다. 독일 가곡의 탁월한 해석자이자 연주자인 바리톤 조병욱이 번역한 한글 가사로 읽어본다.

1절
"아름다운 초록색 리본이 벽에 걸려 색이 바래지는 것은 안타까운 일이네.
난 초록색이 좋아"라고 그대가 내게 말했지.
곧 풀어서 그대에게 보내오: 자 그대가
좋아하는 초록색을 갖으시오.

2절
그대는 흰색도 매우 좋아하지요.
그렇지만 초록색이 단연 우위에 있지.
나도 그것을 몹시 좋아하오.
우리의 사랑은 늘 초록색이고,
초록은 희망의 꽃의 색깔이니까.

3절

이제 그대의 머리에 녹색 리본으로

예쁘게 장식해요,

그대가 그토록 좋아하는 초록색을.

그러면 난 희망이 있는 곳

사랑이 군림하는 곳이

어딘지를 안다오.

난 초록색을 제일 좋아하니까.[28]

---

28) (2007. 11. 20 연주회 자료)
   Schad um das schöne grüne Band,
   daβ es verbleicht hier an der Wand,
   ich hab das Grüne so gern!
   So sprach du, Liebchen, heut zu mir;
   gleich knünpf ich's an und send es dir;
   Nun hab das Grüne gern!

   Ist auch dein ganzer Liebste weiβ,
   soll Grün doch haben seinen Preis,
   und ich auch hab es gern.
   Weil unser Lieb ist immer grün,
   Weil grün der Hoffnung Fernen blühn,
   Drum haben wir es gern.

   Nun schlinge in die Locken dein
   das grüne Band gefällig ein,
   du hast ja's Grün so gern.
   Dann weiβ ich, wo die Hoffnung wohnt,
   dann weiβ ich, wo die Liebe thront,
   dann hab ich's Grün erst gern.

   독문학자 피종호의 번역 가사도 있다. 피종호 편역, 『아름다운 독일연가곡』(자작나무, 1999), 76~77.

이어서 16곡에서는 사랑스런 색깔(Die liebe Farbe)을, 17곡에서는 불쾌한 색깔(Die böse Farbe)을 노래한다. 그리고 어느 때 죽음이 찾아오면 검은 십자가도 아니고 다채로운 꽃 색깔도 아니고, 다만 '초록빛' 잔디로 덮어주라고 노래한다. 어쩌면 사랑하는 이들에게 '볼 수 있는 아름다움의 세계'인, 이 색채보다 여기서 더 그들의 절실한 마음을 전할 수 있는 도구는 어디에도 없을게다.

학교공간의 색채

북경 시내 전통가옥이 즐비한 어느 골목 안으로 걸어 들어가면서 우리의 거리 풍경과 거반 비슷하리라는 나의 추측은 빗나갔다. 가장 두드러진 느낌은 우리와는 사뭇 다른 가옥의 형태가 나타내는 색채로부터 오는 것이었다. 잿빛. 그건 벽돌색이기도 했다. 중국인들은 회색을 좋아하기 때문이라고 했다. 밖에서 보이지 않게 안쪽으로 자리잡은 집들은 물론, 거리를 향하여 연이어 서있는 벽들 모두가 회색빛으로 단장되어있었다. 그 느낌은 바로 그 시선을 보내고 있던 내게로 거꾸로 전해져왔다. 좀 칙칙하고 어둡고 가라앉은 듯한 느낌. 그에 비해서 우아하고 밝은 색으로 단장한 한옥은 어떤가? 그 느낌은 회(灰)를 발라 만들어낸 백색이 돌과 나무의 색과 절묘하게 어우러져 나타내는 느낌이라고나 할까? 이 정서가 익숙해서 그런지는 몰라도 내게는 이것이 더 좋다. 그런 한옥의 색채감은 보통 거의 나무로만 지어진 일본식 전통가옥이 가지는 좀 가라앉은 듯 거무스름한 색채감과도 다르다.

여기에 회색빛 혹은 잿빛으로 가득한 현대식 빌딩과 아파트 숲을

한옥과 중국 서안의 집

대놓고 한번 생각해보자. 여기서 보는 색은 생기를 상실한 활기 없고 획일적인 삶의 방식과 관련이 있다. 그렇다면 학교공간의 외벽과 내벽은 어떤 색으로 칠하면 좋을까? 어떻게 하면 아이들의 감각에 호소력 있을 수 있을까? 색채를 주제로 한 그림들을 학교 내부 공간 여기저기에 걸어둔 발도르프 학교나 화려한 색감이 살아있는 궁실의 내벽, 혹은 고대의 동굴벽화로부터 배울 수 있는 점은 없을까? 러시아의 우파(Ufa)라는 지역에 있는 한 학교에서 나는 복도 한 면을 장식하고 있는 커다란 벽화와 교실 뒤켠 전체를 화폭으로 삼아 걸려있는 벽화를 본 적이 있다. 하나의 파격이었다. 덴마크 학교들을 돌아보면서는 대체로 밝고 경쾌한 색감이 살아있다는 느낌을 받았다. 최근 개교한 두레초등학교(경기도 구리시)에서는 복도를 그렇게 밝은 청색 띠로 둘러 장식했는데, 우리 현장에서는 드문 사례로 보인다.

발도르프 학교에서는 연령층에 따라 일정한 원리를 적용하여 색채를 사용하고 있다. 일견 깊은 흥미를 자아내기에 충분한 이러한 시도에 대한 비판적 견해 또한 만만치 않다. 이를테면 독일 하노버에 있는 글록제 학교(Glocksee-Schule)에서 아이들은 그저 하고 싶은 대로 창문에 색채를 넣어서 그린다. 여기에 위로부터 규정해 들어가는 식의 원리나 어떤 전제 같은 것은 없다. 더욱 중요한 것은 아이들 나름대로의 색채체험이요 색채표현이라는 것이다.

이런 대비관계를 우리나라 상황에 옮겨놓고 한번 생각해보자. 이를테면 우리나라 문화권에서 고래로 보편적 전제가 되었던 음양오행설과 같은 형이상학적 원리는 오늘날 특수한 경우를 빼고는 더 이상 설득력이 없기 때문에, 이를 근거로 색채기법을 가르치는 것은 그리 의미가 없을지 모르겠다. 다만 학교의 일상에서 색채경험이 더욱 널리 확산되었으면 하는 요청은 절실하다. 하지만 다른 한편 옛 전승에서 일정한 형이상학적 원리에 따라 색에 늘 어떤 의미를 부여하려 했다는 사실과 색 그 자체에 무게를 두어 쓴 고래의 전승은 또 다른 면에서 다시금 음미할 만한 것이라는 생각은 떨쳐버릴 수가 없다. 그것은 옛사람들의 정신세계와의 대화를 의미할 뿐 아니라 일정한 역사적 맥락에서 발현된 객관적 문제인식과의 대화를 의미한다. 그래서 한번 이렇게 생각해본다. 자유로운 색채경험과 표현 행위가 좀더 높은 연령층에서 어느 정도 말선뇌었을 때에, 앞서 비판적으로 문제 삼았던 '형이상학적 원리에 따른 채색 행위'를 예컨대 단청색 같은 것을 자유로운 행위와는 반대의 방향에서 아이들에게 소개하자는 것이다. 고궁을 방문한 외국인의 눈에 비친 단청색이 아주 인상적이고 특별한 경험으로 다가가는 사례는 드물지 않다. 볼수록 흥미진진하고 볼수록 인상적이라는 것이다. 이러한 색채경험은 아름다움으로서뿐 아니라 나아가서 동양 고래의 형이상학에 대한 관심으로 이끌 수 있다.

옷 색과 화장 색

사람들은 다만 자기 몸을 보호하려 옷을 입을 뿐 아니라 아름답게 치장하려 하고 적어도 그럴듯하게 보이려고 한다. 여기서 몸과 옷은 혼연일체가 되고, 보다 원초적인 문화에서 발견되는 문신에서와 같이 옷은 정신적인 표현을 위한 매체가 된다. 우리는 사람을 벌거벗은 채로 만나는 게 아니라 옷을 입은 사람을 만난다. 그의 옷은 그의 사람 됨의 일면을 느끼게 해준다. 수수하게, 거칠게, 화려하게 사람들은 옷을 입는다. 그리고 이러한 형식에는 그럴듯하게 보이도록 하는 미적인 의식이 반영되어있다. 옷의 여러 가지 형태, 다양한 무늬와 문양, 색채는 정성을 기울여 표현한 것이다. 사람들은 아무 옷이나 입지 않고 골라서 입는다. 이러한 옷의 미적인 기능은 사람들의 미적인 감각과 의식을 발전시키는 데 기여하고 이는 다시금 교육적 의미를 가진다. 맵시 있는 옷 입기를 통해서 아이들의 미적인 기능을 발전시킬 수 있는 것이다. 처음에는 물감을 들이지 않은 엷은 무명색 옷으로부터 시작해서 차츰 무늬와 문양 그리고 색을 다양하게 배열한 옷을 입게 할 수 있는데, 아이들이 직접 도안을 하고 색을 집어넣어 옷을 입게 할 수도 있다. 한국의 전통문양과 색채는 흥미로운 착상을 불러일으킬 수 있다. 하나의 독특하고 심오한 정신적 표현이 여기서 나타나고, 이를 통해 한 개인의 개성적 문화를 보다 다양하게 표현하는 길이 열린다. 그것은 단순한 옷 입기가 아니라 '문화를 입는 것'이다.

우리나라에서 중등학교의 교복을 폐지하고 자유화했다가 다시 교복을 채택하게 된 데에는, 비록 좀더 개방된 복식형태를 택하긴 했지만, 옷 때문에 빈부의 차이가 드러난다는 이유 때문이었다. 너무 자주이 옷 저 옷 갈아입고 오고, 좋은 옷, 화려한 옷을 입고 오는 학생들이있는가 하면 전혀 딴판인 학생들도 많았기 때문이다. 그러나 옷이 자기표현의 한 양식이고, 한편 청소년 시절에 개성 발달과 자기표현이교육학적으로 중요한 사안이라면 이 문제는 결코 그렇게만 볼 수는 없다. 꼭 교복을 입어야 할 것이라면 그 구태의연한 형태와 그 의례적인,칙칙한 색깔들만은 재고했으면 한다. 그것은 군복인지, 경찰복인지,신사복인지, 혹은 수도승의 의복인지 도대체 알 수 없다.

화장술은 자기의 용모를 색을 통해서 아름답게 만들기 위한 기예(技藝)이다. 이 점에 있어서는 모두가 예술가이다. 많은 시간을 들여서나의 얼굴은 또 다른 품격을 띨 수 있게 된다. 하지만 요즈음 우리 사회에서 흔히 접하게 되는 여성들과 젊은이들의 화장술에 대하여는 종종 동의할 수 없다는 느낌이다. 대체로 그 기법이 비슷하고, 또한 출처를 알 수 없을 때가 종종 있다. 너무 진하지 않은가? 대중소비사회적취향에 감염된 것은 아닌가? 화장 때문에 제 얼굴을 알아볼 수 없을때도 많다. 요즈음에는 중학교 여학생들도 1학년부터 화장을 하고 다닌다. 발그레하고 생기 있는 얼굴은 어디 두고 화장을 하는 이유가 무언지 알 수 없다. 이 점은 사람의 얼굴이 자연 그 자체로 발산하는 아름다움이 그 때문에 훼손된다는 이유 말고도, 건강상의 이유로 유감스럽다. 즉, 이렇게 어릴 적부터 화장에 노출된 얼굴들은 나이를 채 먹지도 않아서 망가져버린다는 사실 때문에 말이다.

화장의 묘(妙)는 자연이 부여한 얼굴을 가벼운 기교로 뒷받침해주는 것이라 생각한다. 화장은 가면이나 변장과는 다른 것이다. 화장술은 미학적으로 인간학적으로 중요한 문제로서, 이 기법은 가정에서부터 그리고 학교에서도 가르쳐야 할 생활의 기법임에 분명하다. 이때 중요한 것은 청소년과 젊은이들의 미적 체험이 자유롭게 전개될 여지가 있어야 한다는 점과, 한편 대중소비사회가 '지정'하는 기법으로부터 어떻게 자유롭게 화장할 수 있도록 아이들을 도울 수 있겠는가 하는 물음이다.

머리염색도 마찬가지다. 요즈음 거리에서 종종 노란색으로 머리를 물들인 젊은이들을 본다. 절로 드는 의구심을 어쩔 수 없다. 그것은 그들의 자유로운 표현행위이기 이전에, 분명한 모방이자 흰 피부색을 선망하는 이데올로기에 감염된 흔적이 더 역력하기 때문이다. 즉, 그런 모습은 우리 사회에 존재하기 이전에 일본사회에 존재하는 것이었기 때문에, 혹은 그런 유는 이미 서구의 젊은이들 사이에 유행하는 것이었기 때문에 그렇다. 자연의 섭리를 거스르는 것은 본래적인 뜻에서 자유로운 표현 행위와는 별 관계가 없다. 우리 사회에서 적지 않은 이들이 백인을 향해서 혹은 검은 피부색의 외국인을 향해 가지는 특정한 감정들은 매우 모순된 것이다. 요컨대 문화적 고유성에 대한 물음이다. 색은 고래로 세계 여러 문화권에서 '다양하게' 존재해왔던 것이다. 오늘날에도 흰 피부색은 가장 진보된 문명과 인종의 우수성과 아름다움을 대표하는 표지로서 존재한다. 나는 식민지 시대가 시작된 이래로, 지금까지 이 문제가 깨끗이 해결되었다는 그 어떤 명백한 징후도 알지 못한다. 여기서 색은 이데올로기 비판적 주제로 다룰 수 있다.

옛 선비들 공부방은 되도록 북향으로 했다. 북향은 적막한 느낌이 들기도 하지만 빛의 색이 너무 밝지 않다는 점을 고려한 것이 아닐까 생각된다. 나도 책을 읽을 때면 방이 너무 밝은 것보다는 은은한 색채가 좋다. 하지만 시각을 위한 조명은 충분히 밝아야 한다. 남향은 너무 밝아서 좋지 않다. 너무 밝으면 산만한 느낌이 들고 집중이 잘 안 된다. 그렇지만 몸을 움직여 일할 때나 운동을 할 때는 밝은 곳이 좋다. 이런 느낌은 개인적인 취향이기는 하지만 실생활에서 마음에 끼치는 색채문제를 생각해본 것이다. 이 주제는 괴테의 색채론(앞서 살폈듯이)을 기점으로 그 이후 전개된 다양한 색채심리학에서 매우 심도 있게 연구되어왔다.

색채와 마음 간에 놓여있는 이러한 관계에서 고려할 몇 가지 양상이 있다.

마음이 색채에 다양하게 반응할 경우 그 양상에 대한 유형별 판단이 가능하다. 이는 어떤 색채는 어떤 유형의 반응을 일으킨다는 판단의 객관적 측면을 고려해본 것이다. 이를테면 "빨강은 열정적이고 적극적이며, 노랑은 낙관적이고 즐거운 성격이며, 파랑은 정돈되어있으며 정확하고 철저하다."라는 식으로. 이걸 가지고 '성격 진단'을 해볼 수 있다. 우리 현장을 바탕으로 한국의 전통색채 이론을 발전시킨 장형준은 빨강을 주도형(정열, 활동, 혁명)으로, 노랑은 사교형(쾌락, 희열, 명랑)으로, 녹색은 안정형(평화, 안정, 휴식)으로, 파랑은 신중형(경계, 침착, 냉철)으로 대별하여 소개했다.[29]

하지만 그 유형을 비껴가는 경우도 얼마든지 있다. 개인차가 존재하기 때문이다. 이는 문제의 주관적 측면이다. 그것은 색채를 자기 자신과 연관하여 갖게 되는 인상에 따른 것이다. 이런 문제는 보통 제대로 인식되지 못하는 경향이 있는데, 예컨대 색채심리학자 파버 비렌(Faber Biren)은 이 점에 대해 주의를 환기하면서, 이를테면 자주색은 보통 위엄과 거만함, 애도, 신비함의 인상을 준다지만, 개인에 따라서는 고독, 절망, 자포자기 등의 인상을 줄 수 있다든지, 초록색은 보통 서늘하고 신선하고 맑아서 유쾌한 인상을 준다지만, 혐오감을 불러일으킬 수도 있다든지 하는 문제를 지적했다.[30]

사람들의 마음에 일정한 교육적 영향을 끼치기 위해 색채를 제시할 수 있다. 집에서 아이들이 입는 옷, 방안 벽지의 색, 커튼 색을 가지고 그렇게 볼 수 있다. 우리 집은 종종 도배를 직접 하는데 하나의 공간을 한 가지 색으로 하지 않고 동색 계통으로 약간의 색깔 톤의 차이를 두고 벽면을 처리하여 잔잔한 율동감이 있게 한다. 이를테면 아이보리색과 아주 연한 녹색 톤의 벽지를 각 벽면에 차이를 두고 도배하는 것이다. 커튼도 연한 하늘색과 연보라를 배열하여 산란하지 않으면서도 안정된 율동감을 줄 수 있게 했다. 앞서 장형준의 집도 그런 식으로 했는데 특히 계단이 인상적이다. 1층에서 2층으로 오르는 나무 계단의 각 단을 아래에서부터 맨 위까지 연한 연두색에서 진한 연두색이 되도록 다양한 변화를 주었다. 이렇게 비록 작은 공간이지만 그리 비싸지 않은 비용을 들여서도 얼마든지 삶의 뜻을 새기며 살 수 있는 길이 있다. 학교건축물의 색, 교실의 색, 유리창 색, 교재의 디자인과 색, 조명

---

29) 장형준: "한국전통색의 이론습득 및 배색연구 강의록—건강한 관계형성을 위한 Human Color DNA"(홍익대학교 산업대학원 색채학과).
30) Faber Biren: 『색채심리』, 김화중 역(동국출판사, 2003) 181~184.

장형준의 모닝필 건물 내부

도, 옷 색 같은 것 모두 그렇게 해볼 수 있다.

한 걸음 더 나아가 그림을 가지고 이지러진 마음상태를 치료할 수도 있다는 견해도 있다. 이른바 20세기에 개화된 '미술치료요법'이 그것이다. 그 핵심은 환자가 그려낸 '표현'에서 그들이 겪고 있는 문제를 심리학적 눈으로 통찰해내고 이를 다시금 그림 그리기를 이용한 표현활동을 통해 치유하는 데 있다. 그림 그리기에 언어, 연극이나 음악 등 다른 예술형식과 매체를 결합할 수도 있다. 이 문제에 대한 폭넓은 시야와 이론을 구축한 미국의 주디스 A. 루빈(Judith A. Rubin)이 소개하는 다음 세 가지 견해에는 그 요지가 잘 드러나있다.

- "뇌의 좌반구적인 열쇠로 우반구 문을 열 수 없다."(심리학자 레이)
- "미술 심리치료의 비언어적인 면은 내담자들에게 자신들의 눈을 통하여 들을 수 있는 기회를 주기 때문에 정신건강 분야에서 중요하고 독특한 위치를 차지한다."(정신과의사 제이캅)
- "미술치료실에서 나의 병든 자아가 온전한 자아와 만났다. 그리고 내가 그린 것들과 나를 전적으로 무조건 받아들여준 치료사는 나 자신이 건전한 사람이라고 믿도록 격려해주었다."(영국의 한 정신병원 환자가 미술치료사 리디엣에게 한 말)

　미술치료가 미술교육과 동일한 것은 아니지만 미술교육에도 치료적 요소가 있다. 그림 그리기는 "긴장을 풀게 하고, 규율에서 자유를 느끼게 하고, 금단의 생각들과 감정을 표현하게 하고, 마음속에 감추어진 것을 가시화하고, 말로 옮기는 것이 어렵거나 불가능한 생각들을 표현하게 하는 등의 여러 가지 이유로 '치유적 힘'을 내재하고 있"기 때문이다.[31] 따라서 교사는 그림 그리기라는 내적 능력의 개화를 목적으로 한 시간에도 그러한 징후를 인식할 줄 아는 능력을 기르는 것이 중요하다. 이 미술작업에서 색이 중요한 부분을 차지함은 의심의 여지가 없다.

---

31) Judith A. Rubin: 『미술치료학 개론 Art Therapy. An Introduction』, 김진숙 역(학지사, 2006), 93~97, 217~218. 치료요법의 실제 개요에 대해서는 5장 전체 참조. 아울러 정여주: 『미술치료의 이해—이론과 실제』(학지사, 2006) 참조.

우리의 색은 어디에
—교육적 물음으로서

앞서 슈타이너가 형태에 앞서 색을 두드러지게 인식하는 문제를 언급하였거니와, 그러한 안목은 일정 부분 우리네 선인들의 식견에도 해당하는 것이다. 이를테면 선인들은 기물을 제작할 때 그 형태나 재질을 신중히 고려하였지만, 그에 못지않게 색채에도 역시 큰 비중을 두었으며, 혹은 별도의 독자적인 의미를 부여하였기 때문이다. 오늘날 우리 교육현장에서 색채문제가 올바르게 다루어지기 위해서는 이 점에 대해서도 한번 짚어보아야겠다.

옛사람들은 색을 방위와 관련지어 설정했는데 이는 '음양오행설'에 근거한 것이다.[32] 방위란 오방, 즉 중앙(中央)과 이를 기본으로 삼아 설정된 사방, 즉 동서남북을 합한 방위들을 뜻한다. 동쪽은 해가 솟아오르는 곳으로 생명의 탄생을 상징하고, 남쪽은 그 생명력이 왕성한 곳으로 인식된다. 그 각각의 의미를 부여하여 동은 파랑(靑), 서는 하양

(白), 남은 빨강(赤), 북은 검정(黑/玄), 중앙은 노랑(黃)으로 정했는데, 이를 바로 모든 색의 바탕을 이루는 기본색이라 보고, '오방(정)색'이라 했다. 이 기본색을 바탕으로 '오방간색'이라 불리는 다른 중간색들이 나오는데, 초록(綠), 벽(碧)색, 주홍(紅), 자(紫)색, 유황(硫黃)색이 그것이다. 오방간색은 오방잡색으로도 불린다. 그 중간색들에서 색조가 끊임없이 새로이 전개된다. 이 모두를 오행의 작용 때문이라 했다.[33]

오방색의 특징을 뚜렷이 보여주는 기물은 오색 한지공예품이다.

오색 한지공예 색

상자나 반짇고리 같은 것은 오늘날 통칭하여 색지공예품으로 불린다. 그중 오색 한지공예는 "명칭 그대로 색채감각이 가장 풍부하게 담겨있는 예술작품"으로, 하나의 기물이 가지는 멋은 형(形)과 선(線)과 색(色)이 함께 통일, 표현되어야 하겠지만, 이 셋 중 작품의 예술적 아름다움과 가치를 높이는 데 특히 중요한 것이 색이라는 해석이 있다. 여기에 쓰인 색채는 음양오행설에 바탕을 두고 빨강, 파랑, 노랑, 하양,

---

32) 동양에서 예로부터 우주 자연만물, 세상의 이치와 현상을 해석하기 위해 도입했던 논리적 틀을 지칭한다. 중국과 조선의 철학사조에서 다양하게 해석되었다. 상이한 학자들의 관점 때문에 하나로 정해서 설명하기 어렵다. 조선시대 음양오행설을 규정한 것은 중국의 주자학이었다. 실학자들은 이 논리를 비판적으로 넘어서고자 했다. 자세한 것은 홍원식의 "음양오행—둘과 다섯으로 해석한 동양의 세계" 참조, 한국사상사연구회 편: 『조선유학의 개념 틀』(예문서원, 2003), 69~95.

33) 이재만: 『한국의 색』(서울: 일진사, 2005), 108~109. 아울러 김영숙: "전통복식을 통해서 본 색채의식", 『우리 색깔을 찾아서—전통염색공예』, 한국문화재보호재단 편(예맥출판사, 1997), 123~124.

검정의 다섯 가지 기본색과 여기서 파생된 2차색과 3차색이다. 전래된 것으로 보면 색지공예에서 가장 많이 쓰인 색은 빨강색이고, 그다음이 파랑색이다. 일상적으로 빨강색은 '태양, 불, 심장'을 뜻하고, 파랑색은 '하늘, 물, 식물'을 뜻하여 생명체에게 가장 절실하게 필요한 것이고, 음양오행설에 따르면 전자는 '온화와 무성'을, 후자는 '창조와 신생'을 상징하였다고 한다.[34]

흰옷과 흰색

흰색은 우리나라 사람들이 고래로 즐겨하는 색이었다는 우리 사회에 널리 유포된 견해가 있다. 우리 민족이 고래로 즐겨 입었다는 '흰옷'[白衣]의 흰색[白色] 말이다. 이런 풍습은 일본이나 중국과 비교해 볼 때 아주 특이한 현상이다. 이런 풍습에도 불구하고 나라가 정책적으로 청색이나 담청색 옷을 입도록 했던 시기도 있었다. 이를테면 고려 충렬왕 원년(1275년) 6월에 오행설의 방위개념에 따라 의복색은 청색으로 해야 할 것이라 하였는바, 그 이유는 우리나라가 동방에 속하는 고로 당연히 청색이 마땅하기 때문이라는 것이었다: "동방은 木의 자리이니, 색은 마땅히 청색을 숭상해야 합니다. 白이란 金의 색인네, 나라 사람들이 스스로 융복(戎服)을 입고 흰 모시옷을 많이 입으니, 이는 木이 金에게 제어 받는 형상입니다. 청컨대 흰옷을 금하게 하

---

34) 상기호: 『오색한지공예』(한림, 1995), 64.

소서." 하니 그대로 따랐다 한다.[35] 또 조선조 시대에는 성리학이 융성하여 흰옷에 대한 금령이 자주 내려졌는데, 선조(1567~1608)와 현종(1659~1674)때에는 그러한 상소가 그치지 않아서, 사인(士人)과 사대부(士大夫)는 모두 이를 따라 담청색 옷을 지어 입었는바, 이때 백색을 금한 이유는 흰옷이 '슬픔'을 나타내는 '상복'이라는 생각 때문이었다 한다.[36] 그러나 이러한 조치에도 불구하고 역사적 자료(특히 풍속화)에 의거해볼 때, 실제 조선조 시대 전반적으로 주종을 이루었던 평상복은 흰옷이었던 것으로 보인다.

그러나 이 말을 다만 흰옷만을 입었다는 식으로 이해해서는 안 된다. 흰색은 주조색이었던 것이고, 아울러 다양한 색상의 옷도 곁들여 입었기 때문이다. 이를테면 조선조 후기에는 활동성을 고려한 소매폭의 넓이 등 문제와 함께 "색에 대한 논의도 지속적"으로 이루어졌다고 한다.[37] 그리하여 창작된 색채들은 전혀 어울릴 것 같지 않은 강렬한 원색들을 대비시켜 아주 특징적인 조화의 세계를 연출하였다. 녹의홍상, 황의홍상, 녹의청상 같은 사례들을 보라. 또 축제 때 입는 색동옷에 사용된 원색 대비 방식 역시 놀라움을 안겨주기에 충분하다. 이화여자대학교가 소장하고 있는 녹원삼(綠圓衫; 조선조 19세기 말. 중요민속자료 63호)에 대한 묘사를 들어보면 그 특유한 색상의 아름다움과 다채로움이 어떤 것인지 가히 상상해볼 만하다(원삼은 혼례, 수연(壽涎), 대소 의식에 여인이 입는 대례복이다).[38]

또 이러한 화려함들 사이에서 남자들이 쓰고 다니던 검은 모자와

---

35) 김영숙: "전통복식을 통해서 본 색채의식", 124~125.
36) 김영숙: "전통복식을 통해서 본 색채의식", 126.
37) 김영숙: "전통복식을 통해서 본 색채의식", 122.

흑색은 어떠한가. 복식에 사용된 색감이 예사롭지 않다는 것은 다양한
건축물에 사용된 단청에서, 매듭이나 자수 혹은 조각보나 삼합상자나
팔각반짇고리와 같은 공예품들에서, 그리고 무엇보다도 도자기 등에
서 여실하게 나타나있다. 이런 점을 살펴볼 때, 우리 선조들의 색의 취
향을 그저 대충 흰색이라 말하는 것은 거칠 뿐 아니라 그 자체 문제의
본질을 호도할 위험을 내포한다. 하지만 이런 이야기에는 일정한 제한
을 가하여 좀더 자세히 살필 필요가 있다.

먼저 주조색이 흰색이었다는 점에 대해서: 그간 우리의 이 흰옷을
둘러싸고 제기된 주장은, 심리학적 이유에서부터 정치적, 경제적 이유
와 종교적 이유에 이르기까지 구구하다. 근대기 조선미를 탐닉했던 일
본의 저명한 야나기 무네요시는 이를 우리 민족의 색감의 빈약성으로
돌리며 또한 이를 상복이라 하여 "쓸쓸하고 조심성 많은 마음의 상징"
으로 치부하였다.[39] 야나기 무네요시만 그렇게 생각한 것이 아니라 그
흡사한 것을 국문학자 최현배에게서도 찾아볼 수 있다. 그는 흰빛을
비애를 의미하는 것이자 상복에 쓰이는 색으로 규정하면서 망국민을

---

38) 겉감은 연녹색 도류불수문사(挑榴佛手紋紗)이며 안감은 다홍색의 모란·국화문사, 선(襈)은
구름과 박쥐 문양의 남색사로 둘렀다. 속이 들여다보일 듯 투명하고 가벼운 느낌의 겉감은 안감
의 다홍색과 어우러져 붉은빛이 도는 은은한 연녹색으로 보이기도 하고 또 남색선과 겹쳐져 생
동감 있는 녹색으로 살아나기도 하다 젓갈하게 짜여진 문사(紋紗)가 주는 느낌은 차오료 부드
럽고 우아하다. 더불어 금직(金織)으로 시문된 다홍끝동의 연꽃과 모란문, 황색끝동의 용(龍)
과 만(卍)자문, 그리고 전면에 일정한 간격으로 찍힌 금박의 수복자문(壽福字紋)과 봉황흉배는
이 원삼에 화려함과 권위를 더하여 주며 왕실의 유물임을 과시하고 있다. 특히 가슴과 등에 달
린 한 쌍의 흉배를 보면 봉황은 금사(金絲)로, 주변의 구름, 파도, 바위는 색사(色絲)로 수놓고
가장자리는 다시 금사를 둘러 마무리하였는데 그 색상은 화려하면서도 깊이가 있고 바느질 또
한 매우 정교하다─김주연(담인복식미술관 학예연구실), 『박물관문화』 4(2003년 가을/겨울)
뒷면 표지 해설.
39) 야나기 무네요시: 『조선을 생각한다』, 심우성 역 (학고재, 1996).

상징하는 색이 아닌가라고 물은 적이 있다.[40]

그러나 장례식에 쓰이는 이 흰색이 순전히 슬픔만을 표현하는 것은 아니다. 흰색은 또 다른 각도에서 중국의 풍습과 연관하여 생각해볼 때 죽은 이를 완전무결한 육체의 상태로 준비시켜 청정한 차안의 세계로 호송한다는 의미도 담고 있었기 때문이다.[41] 이 점을 다음 종교적 해석과 일정 부분 연계하여 생각해본다. 즉, 이 풍습은 고래로 태양을 숭배하던 우리 민족이 그로부터 나오는 흰빛에 신성함을 부여하여 숭배하고 따르고자 하는 마음에서 비롯되었다는 것이다(최남선). 이런 성격은 흥미롭게도 세계의 여러 종교적 의례에서 두루 찾아볼 수 있다. 기독교회에서 흰색은 부활과 정결함을 입은 새로운 생명을 상징한다. 부활절이 되면 교회의 제단은 흰색의 여러 기물로 장식된다. 프랑스 '떼제 공동체'의 수사들은 기도회에서 늘 그런 흰옷을 입는다. 앞의 두 가지 견해가 심리학적인 설명이라면 이것은 종교적인 설명이다. 하나가 우리의 의식을 아련한 비극으로 이끈다면, 다른 하나는 이 빛 안에서 스스로의 고양을 지시한다.

그런가 하면 이 색채감을 유교적 예문숭상(禮文崇尙)의 논리와 결부하여 인간의 감정을 제어하기 위한 금욕적 생활철학과 관련해 설명하려는 견해도 있다. 그래서 백학(白鶴)을 지조 있고 청빈한 삶의 태도와 연결시키고, 학춤을 추는 노인에게 근접할 수 없는 고상함을 부여하기도 한다.

또 다른 맥락에서 볼 때, 다채롭게 옷을 지어 입은 지배계층과 달리

---

40) 강영희:『금빛 기쁨의 기억―한국인의 미의식』(일빛, 2004), 214~217에서 재인용.
41) Johannes Itten:『색채의 예술―색채의 주관적 경험과 객관적 원리 Kunst der Farbe』, 김수석 역(지구문화사, 1997), 18.

그저 대체로 흰옷만을 입었던 평민들의 풍습에만 국한하여 그 까닭을 추정해볼 수도 있겠다. 그것은 혹시 정치적 이유 때문은 아니었을까? 당시 평민들에게 색채의 변주가 자아내는 아름다움을 향유할 자유와 여유는 거의 없었던 것으로 보인다.—단, 평민들은 축제 때만은 색이 들어간 '색동옷'을 지어 입을 수 있었다. 실상 사회계층 전반에 걸쳐서 그리고 왕족과 귀족(관직의 서열에 따라), 그리고 평민에 이르기까지 의복의 형태와 색채, 문양에 관해 엄격한 서열과 제한이 있었음은 잘 알려진 사실이다. 앞서 인용한 '원삼'의 경우만 보아도, 민간에서는 다만 혼례복으로만 입게 되어있었으며 왕실의 원삼과는 달리 소매에는 홍(紅), 청(靑), 황(黃), 분홍, 녹(綠)의 색동과 흰 한삼(汗衫)만을 달았고, 그 양식 또한 궁중과는 비교할 수 없이 단순하였던 바, 직금(織金)이나 부금(附金) 따위는 꿈에도 할 수 없는 일이었다.[42] 이렇게 지배층이 색을 다채롭게 사용하는 권한을 자기들에게만 제한적으로 귀속시켰다는 증거는 여러 군데서 찾아볼 수 있다. 궁궐에 화려하고 장엄하게 수놓인 단청 같은 것은 민가에서는 결코 사용할 수 없었다. 그것은 궁궐 말고는 다만 사찰에 사용되었고 국학이나 사학기관에 부분적으로 적용되었을 뿐이다. 그렇다면 여기서 색은 왕족 및 귀족과 평민의 경계를 표시하는 하나의 지배이데올로기로서 존재하지 않았는가? 지배층이 향유하던 색은 본질적으로 평민들은 가까이 할 수 없는 '신성함'을 늦하는 것이자 하나의 '금기사항'이었던 것은 아닌가?

또 다른 좀더 유력한 경제적 이유들도 댈 수 있겠다. 당시에는 염료를 풍부하게 구하기 어려워 이를 민간에서 널리 구사할 수는 없지 않

---

42) 이화여자대학교 편: 『박물관문화』 4(2003년 가을/겨울) 뒷면 표지 해설.

았겠는가 등—여기에는 한 가지 단서를 달아야겠다. 즉, 화려한 염색
옷은 귀족들이 지어 입었겠으나 실제로 염색작업을 한 것은 평민이거
나 노비였을 터, 이 민간의 일정한 문화적 수준을 가늠해볼 수 있을 것
이다. 다만 그러한 작업에 참여한 사람들의 범위가 얼마나 넓었겠는가
하는 물음은 여전히 남는다. 다른 한편 자기가 입고 다닐 수 없는 옷을
염색한다는 것이 그들에게 무슨 의미가 있었겠는가 하는 물음도 가능
하다.[43)

　이렇게 여러 각도에서 볼 수 있겠지만, 그러나 이 흰옷의 흰빛에 대
한 각별한 취향 역시 옛 사회에 널리 퍼져있었고, 그 자체 심오한 뜻이
음미되고 있었음도 결코 간과할 수 없다. 흰빛이란 실상 좀더 자세히
보자면 소색(素色)의 흰빛이다. 그것은 옷감 자체가 가진 바탕색으로
아직 다른 색으로 물들이지 않은 상태에서 내비치는 흰빛을 뜻한다.
이 소색은 옷감의 종류에 따라 제각기 다르다. 그래서 배어나는 색상
들 간의 미묘한 차이와 그 맛이 독특하니 옛사람들이 향유한 것이 바
로 이 맛일 터이다. 이 점을 강영희는 앞서 인용한 『금빛 기쁨의 기억
—한국인의 미의식』에서 설득력 있게 풀어내고 있다. 저자가 보기에
한국인의 소색에 대한 미감이란 이런 것이다.

　　다양한 질감을 지닌, 미묘한 뉘앙스의 매력. 천연 그대로의 색을 간직한,
　　격 있고 깊이 있는 아름다움. 이것은 태토(胎土)의 종류에 따라 눈빛 같은
　　설백이나 젖빛 같은 유백, 잿빛이 도는 회백을 띠는 백자의 색이나 지백이

---

43)　하용득: 『한국의 전통색과 색채심리』(명지출판사, 2001), 1장, 특히 23~29에서 필자와 흡사
　　한 주장을 찾아볼 수 있다.

라 불리는 한지의 색, 모시나 삼베, 옥양목이나 광목 같은 옷감의 색을 통틀어 가리키는 것으로, 한마디로 규정할 수 없는 복합적인 뉘앙스를 지닌 것이다.

강영희는 이 미감이야말로 한국인의 색 취향의 '무미건조함'이 아니라 도리어 그 '섬세함'을 말해주는 것이라 강조하면서, 아울러 이 대목에서 자신의 주장을 뒷받침하기 위해 프랑스의 저명한 화가 드 라네지에르(1902년 조선을 방문하여 고종의 초상화를 그림)의 인상기를 인용, 소개한다. 이에 따라 앞서 야나기 무네요시의 논지는 일본적 시각에 붙잡힌, 피상적인 견해일 뿐인 것으로 논파된다.

청색이 중국의 색이라고 한다면 흰색은 한국의 색이다. 조선의 고유 의상에서는 생동감이 넘치는 백옥 같은 밝은 흰색부터 왕목처럼 거칠고 투박한 흰색에 이르기까지 아주 다양한 종류의 흰색을 만나게 된다. 따라서 조선의 거리 어디에서나 볼 수 있는 다양한 흰옷 물결이 만들어내는 조화는 마치 음색의 향연 그 자체인 것이다.

이 견해는 그 은은한 빛으로 인해 찬미의 대상이 되는 이조백자 사례를 들어 강력하게 뒷받침할 수 있으리라. 이 문제는 다음 도자기를 논하는 맥락에서 다시 자세히 살펴볼 것이려니와, 여기서 한국인의 다채로운 색채 미감은 또 다른 시각에서 좀더 심도 깊게 다룰 수 있겠다. 강영희는 다만 흰색 안에서 변주되는 다채로운 색감뿐 아니라, 이를 넘어서 우리가 다채로운 색상을 구사해왔던 민족으로 이해한다. 단, 명도와 채도가 높은 색채를 구사함에 있어서 그 어느 민족이나 문화권

에서도 유래를 찾아보기 힘든 사례에 속한다는 점을 다양한 자료를 통해서 입증하였다.[44]

강영희의 시각은 역시 고구려 벽화나 고려시대 불화, 조선시대 민화 같은 작품들을 통해서 넉넉히 뒷받침할 수 있다. 이를테면 민화에서 우리는 선명한 원색들을 서로 강렬하게 대비시킨다든지 색면의 평면성을 강조하는 기법을 볼 수 있는데—다양한 주제들 중 화조 그림은 그 색채의 풍요로움과 화려함이라는 점에서 으뜸이다—, 이는 형태와는 별도로 색채가 가지는 독자적 의미를 드러낸 것이라 볼 수 있는 동시에, 우리 전통사회가 향유했던 색채감의 정도가 어떤 것인지를 잘 보여주는 것이다.

도자기 색

복식이나 색지공예, 그리고 벽화, 불화, 민화와 더불어 색채가 중시되는 사례는 자기(瓷器)와 도기(陶器)이다. 널리 회자되듯 고려청자와 이조백자가 그것이며, 최근에는 '영암'의 도기도 그러한 범주로 일컬어진다. 이들 경우에 있어서도 형태와 아울러 혹은 '그 이상으로' 색채를 둘러싼 논의가 거듭되었다. 이들 모두에 있어서 다양한 의미가 부여되거나 비유로 사용되는 무수한 사례를 열거할 수 있다.

이를테면 청자를 두고는 송나라 사람들은 비색(秘色)이라 하여 형용할 수 없이 미묘한 것으로 묘사했고, 혹자는 "우후청천색(雨後靑天

---

44) 강영희: 『금빛 기쁨의 기억—한국인의 미의식』, 206~208.

色)", 즉 "비가 개이고 난 다음 산마루 위에 담담하고 갓 맑은 하늘 빛"으로 표현하기도 했는가 하면, 잔잔한 호수 물빛 같다고도 했다. 그것은 분명 외적인 것이 아니라, 선지식(善知識) 내면 깊이 투영된 사색의 그림자로 보이기도 하고 혹은 자연으로의 회귀를 추구하는 고려인들의 생활관을 반영하는 것으로 읽히기도 한다. 한편 이조백자에서는 사치하지 않은 단순함과 여유를 읽어낸다. 이 흰빛은 그저 흰 것이 아니라 유백(乳白), 청백(淸白), 순백(純白)들로서 젖빛이 감돌거나 물빛이 감돌아서, 중국 명대의 백자와 같이 분 바른 창백함이 아니라, 순박하고 수더분한 아름다움으로 일컬어지기도 한다.[45] 그 아름다운 느낌에 대한 내적 감응은 어느 순간 좀더 깊은 명상적 동기를 유발시키기도 한다. 바라보는 이의 마음은 천천히 그 불결함을 걷어내고 순화되기 시작한다. 이런 견지에서라면 오늘날 흰색은 다양한 삶의 자리에서 다시금 심도 있게 논의될 수 있을 것이다.

한 가지 매우 흥미로운 점은 선인들이 자기를 종종 실용적 목적보다는 감상용으로 소장하고 있었던 바, 이때 그들은 방안에 놓인 자기의 색채와 실내의 배색이 묘하게 어우러지도록 했다는 것이다. 이를테면 고려시대 매병(梅瓶)과 방안 전체가 연출하는 장면이 그것이다.

청자나 백자와 더불어 도기가 있다. 도기란 일상생활의 필요에 따라 만들어진 단지, 항아리, 병, 접시, 옹관 등을 일컫는다. 1987년 이화여대 박물관 연구팀이 영암에서 찾아낸 이 특유한 유산에 대해서는 최근 학계가 그 다양한 면모에 대해 각별한 관심을 기울이고 있거니와, 이 자리에서 그 원형들이 보여주는 색채에 대해 살펴보자. 그것은 "녹갈

---

45) 임영주: "우리 전통 공예의 색깔과 상징", 『전통염색공예』, 142~143.

색, 황갈색의 단색조 도기"라 일컬어지는 것으로 그 기물들을 처음 대하였을 때 사무쳐 들어왔던 색조의 깊은 맛은 자기의 그것과는 또 다른 것이었다. 청자색이 내면 깊이 투영된 사색의 그림자요, 백자색이 순박하고 수더분한 아름다움이라면, 이 영암의 도기색은 땅과 자연에서 우러나는 평속한 진리와 안식의 아름다움이었다.[46]

오늘날은 어떠한가?

전통에 대해서는 이렇게 살펴볼 수 있겠거니와 오늘날은 어떠한가? 이 점에 대해서는 좀 답답한 감이 있다. 사회 전반에 걸쳐 민간의 예술의식이 고양되어있다는 증거는 잘 찾아보기 어렵고, 미술과 색채에 관한 전문 분야에서도 그 상응하는 증거를 찾아보기도 쉽지 않다. 주종을 이루는 것은 서양화와 서양 색채이론인 것으로 보인다. 그러니까 실제나 이론에 있어서, 즉 전통화법과 또 그에 관련된 안료 제작법, 전통 색채이론의 체계적인 연구는 그리 만족스럽지 못한 상태에 있지 않은가? 그래도 일단은 과문한 탓으로 돌리고 싶다. 그런 와중에 최근 나온 역작 하나는 내게 기쁨이 되었다. 그것은 전통 색에 관한 이론과 실체를 전통화의 견지에서 학문적으로 천착한 연구로서 정종미의 『우리 그림의 색과 칠』(2001)이라는 책 때문이었다. 저자는 여기서 문제의 성격을 전통회화 표현기법상의 '기본구조'와 '형식면'에 초점을 맞추

---

46) 나선화 편:『영암의 토기전통과 구림도기—영암도기문화센터 개관기념 특별전 1999 자료집』(이화여자대학교 박물관, 1999), 86~88.

되 이를 동양 삼국을 배경으로 하여 수미일관하게 파악해내고자 했다. 고구려시대 벽화, 고려시대 불화, 조선시대 수묵화, 그리고 민화를 둘러싼 그녀의 논의로부터 우리의 전통 수묵화와 채색화가 현대사에서 어떻게 그 핵심을 상실하게 되었는지, 또 왜, 어떻게 다시 시작할 수 있겠는지에 대한 물음과 현장을 바탕으로 한 살아있는 이론적 안목, 그리고 그 실제적 해결방안의 면면을 대하게 된다. 배움이 컸다.

그래도 이런 방향에서 기억하고 싶은 이들이 있다. 이 대목에서 아마도 가장 중요한 사례는 화가 박생광(朴生光, 1904~1985)일 것이다. 배움을 구하던 중 처음 접하게 된 그분의 예술세계 앞에서 나는 화폭으로부터 엄습해 들어오는 장려한 색채의 세계에 압도되어 우뚝 멈추어 설 수밖에 없었다. 전해 듣기로 수묵화가 지배적이던 한국의 전통화단과 일본화의 틈바구니에서 한국의 민중과 민족적 삶을 바탕으로 오래된 전통적 색채를 현대적으로 탄생시켜 전혀 독창적 작품세계를 연 화가로 평가된다 하였다. 그의 작품은 혹 '진채화(眞彩畵)'의 개성적 구현으로 해석된다. 과문한 나로서 그 자세한 평론을 가할 만한 입장에 있지 않다. 다만 대중 속 평속한 관람자의 한 사람으로 말할 수 있을 뿐이다. 색채의 화려함과 그 생동감이라는 점에서는 민화가 그렇지 않았던가? 혹은 고구려 벽화나 고려시대 불화가 그렇지 않았던가? 또 단청이 그렇지 않은가? 그러한 그림들에서 종종 한국인의 일상생활이나 자연이나 종교적 삶이 소재가 되고 있다면, 그의 그림들은 그러한 전승의 맥을 타고서도 역사적 주제들을 치열하게 추구한 흔적이 역력해보였다. 〈명성황후〉〈무속시리즈〉〈청담대종사〉〈吐含山 해돋이〉〈가야금 타는 여인〉 같은 작품들이 그러했고 그중에서도 〈전봉준〉이 그러했다. 우리 근대사에서 민중의 비극적 삶을 주제로 한 것이다.

화폭 전체에서 꿈틀거리는 힘찬 기세와 박동하는 생명력은 무어라 견줄 수 없이 역력히 표현되어있으되, 형태는 형태대로 색채는 색채대로 치밀한 전체 구도 안에서 자리잡고 있다.

그의 그림들에서 나는 형태와 어울리면서도 별도로 확연한 자기 존재 이유 속에서 마음 다해 말을 걸어오는 색채의 세계를 읽어냈다. 강렬한 원색의 세계였다. 감청과 황과 주는 그가 즐겨 사용한 세 가지 색채라 한다. 그러한 색채들 사이 어느 부분에 느닷없이 백색이 배치되어있다. 사람의 얼굴과 옷 부분이 특히 그러하다. 그 백색은 그렇게 하여 더할 나위 없이 선명하게 자기를 드러내며, 화폭 전체 중 어느 초점을 지시한다. 한국인이 예로부터 애호하던 백색 말이다. 그렇게 그의 색채는 마치 나의 가슴을 꿰뚫어보는가 하면 파고들고, 파고드는가 하면 밀려들었다. 전봉준 부분도에서는 얼굴과 옷이 모두 백색이다. 금붕어 떼의 유영을 묘사한 〈금붕어〉라는 작품은 무색 바탕에 몸통은 빨강으로, 두 개의 눈은 검정으로 강조하여 두드러지게 했다. 여기서 형태는 먼저 선이 아니라 그저 색만으로 뭉텅뭉텅 표현되었다. 귀엽지만 힘찬 박동이 느껴진다. 금붕어 그림에서 이런 물고기의 기세는 이례적이다.

그의 '색'은 모두 '힘'을 동반하여 표현되어있다는 인상이다. 그는 이렇게 말했다. "일본화를 잘 몰라서 그렇지. 무조건 색채만 있으면 일본화로 생각하는데 그건 그렇지가 않아. 일본화의 특징은 골격 없는 부드러운 선, 도서민적인 나약성이 있지. 안개 같다고나 할까. 그림이 생리적으로 약한 게 흠인 것 같아."(1981) 그 힘은 민중과 민족적 삶의 뿌리에서 나온 것이다. 그러니까 "촉석루가 있는 유서 깊은 곳에서 논개(論介)의 이야기를 들으면서 민족으로 생각하고 고색창연한 원색

COLOR DNA 복합 30색상 기호

MCM 기호		계통색명 (우리말)	C/M/Y/K
(33:67)%	MR	Magenta RED 자(주)빨강	0/100/66/0
(0:100)%	R	RED 선빨강	0/100/100/0
(33:67)%	OR	Orange RED 주(황)빨강	0/83/100/0
	RO	Red ORANGE 빨(강)주황	0/66/100/0
	O	ORANGE 선주황	0/50/100/0
	YO	Yellow ORANGE 노(랑)주황	0/29/100/0
	OY	Orange YELLOW 주(황)노랑	0/12/100/0
	Y	YELLOW 선노랑	0/0/100/0
	LY	Lime YELLOW 연(두)노랑	12/0/100/0
	YL	Yellow LIME 노(랑)연두	29/0/100/0
	L	LIME 선연두	50/0/100/0
	GL	Green LIME 초(록)연두	66/0/100/0
	LG	Lime GREEN 연(두)초록	83/0/100/0
	G	GREEN 선초록	100/0/100/0
	CG	Cyan GREEN 시(안)초록	100/66/0/0
	GC	Green CYAN 초(록)시안	100/33/0/0
	C	CYAN 시안	100/0/0/0
	BC	Blue CYAN 파(랑)시안	100/17/0/0
	CB	Cyan BLUE 시(안)파랑	100/33/0/0
	B	BLUE 선파랑	100/50/0/0
	UB	Ultra marine BLUE 남(색)파랑	100/66/0/0
	BU	Blue Ultra marine 파(랑)남색	100/83/0/0
	U	Ultra marine 선남색	100/100/0/0
	PU	Purple Ultra marine 보(라)남색	83/100/0/0
	UP	Ultra marine PURPLE 남(색)보라	66/100/0/0
	P	PURPLE 선보라	50/100/0/0
	MP	Magenta PURPLE 자(주)보라	33/100/0/0
	PM	Purple MAGENTA 보(라)자주	17/100/0/0
	M	MAGENIA 선자주	0/100/0/0
	RM	Red MAGENTA 빨(강)자주	0/100/33/0

단청을 늘상 생각하면서 자랐기 때문"이라고 한다.[47]

이 절(節) 서두와 군데군데에서 나는 한국의 옛사람들이 형태와 더불어 색채의 존재 그 자체의 의미를 모르지 않았고 오히려 그 세계 자체를 독특하게 경험하였음을 살폈거니와, 오늘날에 와서 그 강력한 증언을 박생광 선생에게서 대할 수 있었음은 커다란 놀라움이자 기쁨이었다.

최근 아주 특별한 작품을 대하게 되었는데 그것은 앞서 짧게 소개하기도 했지만 디자인 작가이자 색채 연구가인 장형준의 'COLOR DNA'다. 그는 디자인에서 색을 가지고 작업하다가 세계 여러 나라에서 그간 개발되어 사용되어오던 색체계에 문제를 느끼고 한국 상황에서 독자적인 색체계를 연구한 분이다. 탐구를 거듭한 끝에 그는 "무채색을 통해 색체계를 재해석

---

47) 박정 편저: 「박생광」(예원, 1997), 특히 어록 부분 274~276과 그의 작품세계에 대한 여러 해석(290~316).—2004년에는 박생광 선생을 추모하는 이들이 그의 탄생 백주년을 맞이하여 그의 작품을 집중적으로 조명하고 학문적으로 평가하기 위해 전시회를 열었다(박생광 탄생 100주년 기념행사 추진위원회, 이영미술관).

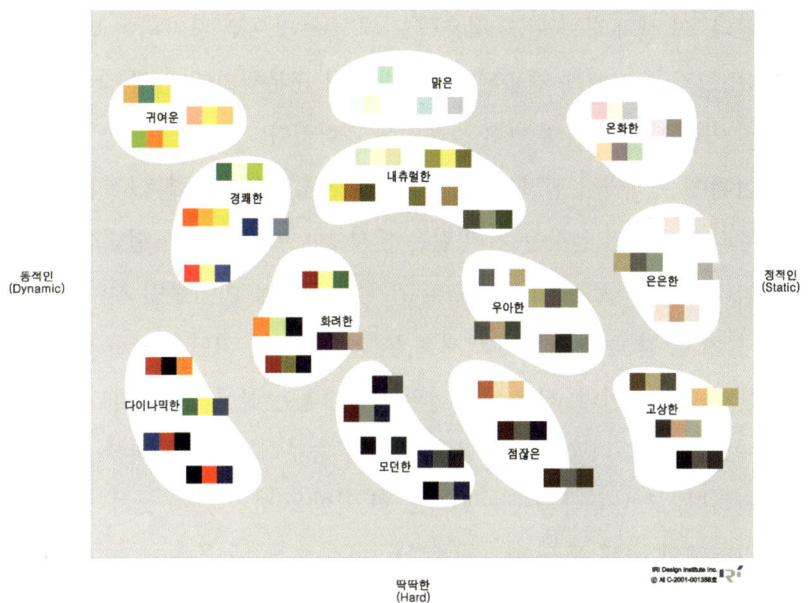

해 나가기 (위한)" 단서를 포착했다. 그리하여 "복합 30색상환을 만들어 그 색상 및 하양, 검정의 포화도의 비율에 의해 순색에서부터 변화되어가는 과정을 체계화하여" 제시하였다. 이것이 바로 COLOR DNA 색체계이다. 이 색체계는 "3색(2원색 + 검정)만으로 모든 색채의 표현을 가능하게 하여 색채조합 및 색명체계를 단순화한 색채 시스템으로 색채의 계통(색상, 명도, 채도)이 한눈에 들어오게" 정리했다.[48] 색채문제에 관한 한 한국적 솜씨의 표현이자 세계적 색이론 영역에 있어서도

---

48) 박연선: "비움, 채움, 쌓임의 공간"—COLOR DNA 책 소개 글 중 일부, 장형준, 『COLOR DNA』(모닝필디자인, 2008), 3. 본문의 설명 정도로는 장형준의 작품세계를 잘 이해하기 어려울 것이다. 자세한 것은 http://www.moing.co.kr 참조.

의미있는 독창적 시각으로 그 근본원리와 체계를 잡아낸 걸작이라 생각된다. 이 색체계는 현장 적용성도 뛰어난 것으로 평가되어 더욱 값지다. 그간 우리에게 결핍된 것이 바로 이 근본원리에 관한 작업이었다면 이는 분명 주목할 만한 사례임에 틀림없다.

여기에 일상에서 접하게 된 사례 하나도 곁들여야겠다. 그것은 얼마 전부터 전통적인 인사동 거리 같은 데서 선보이기 시작한 현대식 조각보이다. 이 조각보는 여러 색으로 된 천 조각들을 이어붙인 것이다. 쪽이나 치자, 감 등의 천연염색재로 물들인 모시나 비단 조각을 이용한 것들이 대부분이다. 전통 보자기의 아름다움은 물론이려니와 그 색채의 현대적 아름다움은 놀라움을 주기에 충분하다. 그 섬세한 미감이 대단하다. 그 아름다움에는 모시도 한 역할을 하고 있는 듯하다. 색은 오방정색의 원색 틀을 따르지 않고 '파스텔 톤 배색'을 따르고 있다. 하지만 그 배색은 전통 보자기 방식은 아니지만, 전통 보색 배합의 감각을 배경으로 이를 현대적으로 절묘하게 재구성한 결과이다. 처음 거

상상력으로 교육에 말걸기

리에 선을 보인 이후 그 기법은 차츰 발전되고 대중화되어가는 단계에 있다. 그 종류로는 일반 보자기, 밥상보, 이불보, 책상보, 식탁보 등 다양하다.[49]

전체적으로 보아 그리 시원한 정황은 아니지만, 앞서 몇몇 매우 인상적이고 창조적인 국면을 짚어보았다. 이런 시도들을 보면 어쩌면 우리는 새로운 기점에 와있는지도 모르겠다. 그 기점에서 두 가지 방향이 전개되는 형국이다. 하나는 잃어버린 과거를 충실히 재현하는 것이고, 또 다른 하나는 전통색을 현대적으로 재해석하여 재구성하는 것이다. 앞서 조각보 같은 게 그런 것이다. 흥미로운 것은 이런 작업이 연구실이 아니라 일상적 필요와 감각에 의해서 거리에서 또한 상점에서 만들어지고 있으며 또 사람들에게 종종 커다란 반향을 불러일으키곤 한다는 것이다. 어느 대화의 맥락에서 장형준은 이런 현상에서 한국색의 미래를 보고자 했다. 이런 식의 일상적 접근이 향후 색채를 둘러싼 논의에서 매우 중요할 것이라 했다. 그는 이런 착상도 꺼내놓았다. 그러니까 원색에 흰색을 배합하여 색을 옅게 하는 식이 아니라 색의 '농도'를 '비워가는' 방식도 있다는 것이다. 이는 다시 말해서 파스텔 기법은 아니지만 그와 흡사한 그렇지만 또 다른 효과를 내도록 할 수 있는 기법을 뜻한다. 그리고 그렇게 했을 때 한국의 오방색은 전혀 다르게 나타날 수 있으며, 이런 식으로 집이나 자동차를 비롯한 다양한 생활의 기물들을 전혀 다른 방식으로 표현할 수 있겠다는 희망도 토로했다. 얘기를 들으면서 행복한 느낌이 잔잔히 솟아났다. 어쩌면 이런 걸 아이들과 해보면 더욱 매력적인 결과를 얻을 수 있을지 모르겠다. 그

---

49) 이재만:『한국의 색』(일진사, 2005), 188.

리고 그 결과는 우리들 마음에 미칠 것이다. 인간성의 미적, 도덕적 형성을 위해서 말이다.

어쩌면 조금은 장황하게 다양한 영역에 걸쳐 색채문제를 둘러보았다. 전문적 논의는 다른 자리로 돌리고 다만 '우리 교육현장에서' 어떤 점에 특히 주력해야 할는지 그 윤곽을 짚어내고 싶었다. 우리 색채미감에 대한 논의와 사례들은 서구문화의 미감에 익숙해진 우리 세대에게 전혀 다른 식으로 말을 걸어올 수 있다. 선비들이 썼던 검은 관, 그들이 입었던 옅은 청색 빛이 도는 옷이나 백의와 오늘날의 교복 간의 대비, 명상적인 백자와 교실 복도와 벽의 흰빛, 한지공예의 다채로움 그리고 창덕궁의 은은한 단청과 현대적인 학교건물에서 흔히 찾아볼 수 있는 잿빛이나 벽돌색 간의 뚜렷한 대비, 서원의 나무와 흰 벽의 색, 자기뿐 아니라 영암의 도기의 색, 그리고 옹기의 색, 서양의 유화와 우리의 진채화, 일본과 중국을 배경으로 본 우리의 그림, 재료학, 색채이론, 그리고 현대적 상황을 위한 전통의 재해석과 재구성이라는 작업, 이 모두 교육적 일상을 위해 가치 있는 주제들이리라. 그러한 색채들은 우리 자라나는 세대들을 한국인으로 키워내기 위해 필수불가결한 자료인 것이다.

잃어버린 진실― 종교적 색채와 빛

유럽의 오래된 교회당 안에 들어가 앉아있으면 범상치 않은 신비로운 생각이 떠오르는 것은 빛을 잘 이용한 종교건축적 안목 때문이다. 아주 정교하게 만들어져 교회당 여기저기에 잘 배치된 스테인드글라스는 그러한 색과 그러한 빛으로서 존재한다. 예컨대 고딕 양식으로 지어진 교회당은 위에서 내려다보면 십자가 형태로 되어 있는데, 정문은 바로 그 십자가 끝에 위치하고 있다. 정문을 들어서면 어두운 공간이 자리하고 있고 정문 위로 둥근 형태의 스테인드글라스 하나가 있을 뿐이다. 정문 반대편 제단이 위치한 정면(십자가 머리 부분)을 정문 쪽에서 바라다보면 여러 개의 스테인드글라스가 배치되어 밖에서 들어오는 햇살을 내부 공간으로 신비롭게 비쳐준다. 이는 어두움에서부터 (정문 부근의) 빛을 향해(정면으로부터 비쳐오는) 나아가도록 한 종교건축적 의도를 반영한다.

어두움 속에서 비쳐오는 빛은 늘 종교적인 주제로서 신화와 전설 속에서 그리고 동화와 민담 속에서 존재하였다. 희망과 생명과 그리고 길 같은 것을 나타내는 이 상징은 다양한 종교적 전통 속에서 흥미진진한 장면들을 그려내고 있다. 학교에서는 보통 이런 식의 고도의 종교건축적 의미를 경험하기 어렵다. 하지만 접근하기에 따라 불가능한 것만은 아니다. 한번은 경기도 광능내 가까이 위치한 '꾸러기학교'를 방문한 적이 있는데, 이 학교를 운영하는 '사랑방교회'당은 내부의 불빛을 한식과 양식을 결합하여 아주 미학적으로 조성하여서 방문한 이들의 짙은 감동을 자아냈다. 여기서는 제단을 창호지 문을 사용하여 올렸는데, 불빛은 이 창호지를 통해 아주 은은하고 감싸안는 듯한 분위기를 자아내면서 흘러나왔다. 보기 드문 구성이었다. 그러한 색채는 아이들 마음을 종교적으로 자극하리라는 것은 충분히 짐작할 수 있다. 일반 학교에서도 교실공간 하나를 내어 그러한 종교적 색채경험이 가능하도록 할 수 있다면 얼마나 좋을까?

이런 통찰에 힘입어 다음과 같은 광경을 한번 마음속으로 그려본다. 달빛 고요한 낙동강 변에 자리한 병산서원과 동터오는 햇살을 받아 자태를 드러내는 병산서원. 해가 뉘엿뉘엿 질 무렵 창호지를 통해 비쳐오는 햇살로 만들어진 방안, 가을 추수 때 휘영청한 달밤에 논밭을 휘젓는 풍물패가 입은 옷과 두른 삼색 띠, 그리고 햇빛도 없고 달빛도 없고 별빛소차 없는 싙니싙은 어누움이 깔린 산야의 엄숙함. 색채와 빛은 입술을 움직여 명백하게 말하지 않는다. 다만 우리 마음자리에 '말 없는' 말로 강렬한 인상을 주거나 깊이 흔들거나, 혹은 가만히 '말' 걸어온다. 이 모두 오늘의 교육적 일상에서는 흔치 않은, 잃어버린 진실이다.